W0066796

HAMBURGER ZEITREISE

Matthias Gretzschel · Sven Kummereincke

Hamburger Zeitreise

12 JAHRHUNDERTE STADTGESCHICHTE

Mit Illustrationen von Kati Krüger

Inhalt

Liebe Leserinnen, liebe Leser!

Noch ein Buch über Hamburgs Geschichte? Eine berechtigte Frage. Denn es gibt bereits eine Menge von Büchern, die sich mit der Historie dieser Stadt befassen. Und die Historiker und Archäologen haben in den vergangenen Jahren zwar viele neue Details zutage gefördert, allerdings keine bahnbrechenden Erkenntnisse, die ein neues Geschichtsbuch erforderlich machten.

Dennoch sind wir der Meinung, etwas Neues zu bieten. Denn in diesem Buch geht es weniger um die „große Geschichte" – um Kriege, Fürsten und Stadtherren –, sondern in erster Linie um die ganz normalen Bewohner, die die Auswirkungen der großen Politik erlebt und erlitten haben: um Fischer und Arbeiter, Brauer und Studenten, Kaufleute und Gärtner. Nur hin

und wieder taucht in unseren Erzählungen auch eine wichtige Persönlichkeit auf, wie zum Beispiel Hamburgs Oberbaudirektor Fritz Schumacher. Wir haben die Schicksale all dieser Menschen in den Mittelpunkt der Darstellung gehoben.

Dazu bedurfte es allerdings eines Kunstgriffs. Denn wir wissen zwar im Ungefähren, welche und wie viele Menschen beispielsweise im Jahr 1494 in Hamburg gelebt haben, was für Berufe es gab und wie sie sich ernährt haben. Doch biografische Quellen über einzelne Personen gibt es so gut wie gar nicht. Das Schicksal eines Webers, der im 9. Jahrhundert neben der Hammaburg lebte, bleibt ebenso im Dunkel der Geschichte wie das einer Hure im 14. Jahrhundert. Kein des Schreibens kundiger Zeitgenosse hat sich je die

6

Mühe gemacht, das Leben der einfachen Leute zu überliefern. Deswegen haben wir uns entschlossen, diese Lebenswege mit schriftstellerischer Freiheit nachzuzeichnen: In einigen Fällen erzählen wir daher die Geschichten von Menschen, die so nie existiert haben. Die aber genau so hätten leben können.

Denn an diesem Punkt endet auch die Fantasie. Alle Ereignisse, die wir beschreiben, vom Papst, der im 10. Jahrhundert nach Hamburg verbannt wurde, über die Pest, die 1350 wütete, bis zum Hungerwinter 1916/17 basieren auf dem aktuellen historischen Forschungsstand. Innerhalb dieses Rahmens ist es unser Ziel, Geschichte möglichst interessant und unterhaltsam zu vermitteln, sie – im besten Fall – erlebbar zu machen, statt sie zu referieren.

Zur Einordnung gibt es in jedem Kapitel Chroniken mit den wichtigsten Ereignissen in Hamburg, Deutschland und Europa, außerdem einen Hamburg-Steckbrief mit den grundlegenden Daten, Beschreibungen zur Alltagsgeschichte sowie Mini-Biografien zu bedeutenden Persönlichkeiten, die mit Hamburgs Geschichte verbunden sind.

Unser besonderer Dank gilt den Historikern Dr. Ortwin Pelc und Dr. Ralf Wiechmann vom Hamburg Museum, ohne deren unermüdliche Hilfe dieses Buch nicht hätte geschrieben werden können.

Matthias Gretzschel
Sven Kummereincke

Dr. Ralf Wiechmann (links) und Dr. Ortwin Pelc im Innenhof des Museumsgebäudes am Holstenwall.

Wie man der Geschichte auf die Spur kommt

Ein Gespräch mit den Historikern Dr. Orwin Pelc
und Dr. Ralf Wiechmann vom Hamburg Museum

Wir wissen bis heute nicht, wo sich die Hammaburg genau befunden hat. Warum gibt es so wenig gesichertes Wissen aus Hamburgs Frühzeit?
Ralf Wiechmann: Es kommt darauf an, was man
unter der Hammaburg versteht. Die Hammaburg des 10. Jahrhunderts ist gefunden und
ausgegraben worden. Wo sich die Hammaburg
aus der Ansgar-Zeit befunden hat, wissen wir
bis heute tatsächlich nicht. Da gibt es eine
Diskrepanz zwischen den archäologischen und
den schriftlichen Quellen, die sich momentan
noch nicht auflösen lässt.

Wiechmann: Entweder haben wir bisher einfach an der falschen Stelle gegraben, oder es
ist alles weg. Auf dem Bereich des Domplatzes,
wo sie sich ja mutmaßlich befunden hat, könnten umfangreiche Planierungen stattgefunden
haben. Es könnte tatsächlich alles weg sein.

Wiechmann: Zum einen gab es damals einfach
wenig schriftliche Quellen. Im 9. Jahrhundert
gibt es die Vita Ansgari und die Fränkischen
Reichsanalen und sonst eigentlich nichts. In
der unmittelbaren Nachkriegszeit hat es ja
immer mal wieder Ausgrabungen gegeben,
dabei hat man das Steinfundament des sogenannten Bischofsturms gefunden. Inzwischen
macht man es den Archäologen ziemlich
schwer. Es gibt zwar immer wieder Grabun-
gen, aber dafür bleibt so wenig Zeit, dass man
überhaupt keine Chance mehr hat, wirklich
etwas zu finden. Die Investoren haben natürlich ein sehr starkes Interesse, ihr Bauvor-
haben so zügig wie möglich durchzuführen,
die stehen dem archäologischen Erfolg völlig
entgegen.

Kann es auch sein, dass archäologische Zeugnisse nicht richtig gedeutet wurden? Denn man
wird ja kein Klingelschild mit der Aufschrift
Hammaburg finden.
Wiechmann: Die archäologischen Methoden
sind inzwischen so verfeinert, dass man Irrtümer weitgehend ausschließen kann. Aber in
einer Großstadt wie Hamburg, in der es immer
wieder Eingriffe in den Boden zum Beispiel für
die verschiedenen Infrastrukturmaßnahmen
gab und das Terrain regelrecht zerstückelt
ist, hat man es als Archäologe natürlich sehr
schwer. Im Bereich der Petrikirche sind die

mittelalterlichen Schichten zwei Meter unter dem heutigen Niveau. Wenn Sie da ein Kabel legen, sind Sie mit dem Bagger schnell mitten in der Geschichte.

Aber in Hamburg gab es doch auch Klöster. Wurde da nichts geschrieben? Gibt es da keine Hoffnung, dass doch noch schriftliche Quellen aus der Frühgeschichte auftauchen?

Wiechmann: Davon kann man zumindest im Moment kaum ausgehen. Die Geschichtsschreibung beschäftigt sich vor allem mit großen Ereignissen und Personen. Woher wissen wir, wie die einfachen Menschen etwa im 11. oder 12. Jahrhundert gelebt haben? Es gibt Analogien, man kann also nach vergleichbaren Plätzen suchen. Fahren Sie mal nach Haitabu, die berühmte Wikingerstadt bei Schleswig. Dort sind die Befunde gut, das dortige Museum hat auch Häuser nachgebaut und vermittelt einen recht guten Eindruck vom Alltag. So ähnlich dürfte es auch in Hamburg ausgesehen haben. Es sind frühstädtische Plätze, die in den Fernhandel eingebunden sind, wobei Haitabu natürlich ein herausragendes Beispiel ist. Hamburg hatte nicht diesen Rang.

Aber manches, was wir zu wissen meinen, wissen wir in Wahrheit gar nicht. So wurde Hamburgs Aufstieg stark durch einen angeblich von Friedrich Barbarossa erteilten Freibrief gefördert. Das Dokument ist inzwischen als Fälschung entlarvt, war tatsächlich alles Lug und Trug?

Wiechmann: Nein, das klingt so, als ob alles falsch gewesen wäre. So ist es auch nicht. Wir wissen, dass diese Urkunde später ausgefertigt wurde und einen Zustand heraufbeschwört, der älter ist. Aber man kann mutmaßen, dass die darin beschriebenen Privilegien tatsächlich erteilt, nur ursprünglich nicht schriftlich dokumentiert worden sind.

Das ist eine These, der einige Historiker widersprechen und der Ansicht sind, dass Barbarossa in Wahrheit Hamburg niemals irgendwelche Privilegien gewährt hat.

Wiechmann: Das kann man mutmaßen, ich kann mir aber nicht vorstellen, dass sich die Hamburger das alles nur aus den Fingern gesogen haben.

Im Mittelalter wurde aber bekanntlich gefälscht, was das Zeug hält.

Wiechmann: Das stimmt, das gehörte damals ganz selbstverständlich dazu.

Oben: Neben dem Treppenaufgang in der oberen
Halle stehen zwei Reiterfiguren mit Rüstungen
des 17. Jahrhunderts aus dem ehemaligen Zeug-
haus der Hansestadt.

Links: In der Mittelalter-Abteilung vermittelte
die Rekonstruktion einer Kogge von 1380 einen
Eindruck von den Größenverhältnissen und der
Ladung der Schiffe der Hansezeit.

Oben: Der Nachbau einer Kapelle bildet den atmosphärischen Rahmen für die Präsentation sakraler Kunstwerke.

Links: Diese aus Holz geschnitzten Apostelfiguren aus dem 17. Jahrhundert gehörten ursprünglich zur Taufe in St. Petri.

Waren die Hamburger damals besonders clever?

Wiechmann: Das haben auch andere Städte gemacht, denn alle wollten ihre Eigenständigkeit betonen und sich Stapelprivilegien und Handelsrechte sichern. Das ist nicht ungewöhnlich.

Für Hamburger steht fest, dass 1400 der Pirat Klaus Störtebeker auf dem Grasbrook hingerichtet worden ist. Können wir sicher sein, dass es ihn überhaupt gegeben hat?

Wiechmann: Das Problem ist eher, dass es ihn vielleicht zweimal gegeben hat. Es gibt zwei archivalische Quellen, die zeitgenössisch sind. Einmal das Wismarer Verfestungsbuch von 1380, in dem von einem Nikolaos Störtebeker berichtet wird, der Opfer eines körperlichen Übergriffs wurde. Dann gibt es englische Klageakten, die auf eine Zeit kurz vor 1400 zurückgreifen. Nachdem die Hamburger die Vitalienbrüder gefangen genommen hatten, wollte der englische König aus deren Besitz entschädigt werden, zumal die Piraten zuvor englische Schiffe überfallen und ausgeraubt hatten. In diesen Klageakten taucht als Pirat auch der Name Störtebeker auf, allerdings wird sein Vorname nicht genannt.

Wo ist das Problem?

Wiechmann: Wir haben zwar Quellen zu einem Piraten namens Johann Störtebeker, nur wurde der nachweislich nicht 1400 in Hamburg hingerichtet.

Und wann entstanden der Robin-Hood-Mythos und die Geschichte von dem Enthaupteten, der noch an seinen Kameraden vorbeigelaufen ist?

Wiechmann: Die ersten Störtebeker-Lieder tauchen im 16. Jahrhundert auf. Und da deutet sich der Mythos bereits an. Um 1700 gab es schon die erste Störtebeker-Oper, die hier auf dem Gänsemarkt aufgeführt worden ist. Und da geht es schon ziemlich blutig zu.

Damals war Hamburg schon eine reiche und mächtige Stadt. Aber warum hat sich Hamburg überhaupt so entwickelt und nicht andere Städte in der Region wie zum Beispiel Stade?

Wiechmann: Am Anfang war Stade, das ja näher an der Elbmündung liegt, deutlich größer als Hamburg. Für Hamburgs Aufstieg spielten aber die Privilegien des Hochmittelalters die entscheidende Rolle, allen voran das Stapelrecht.

Dieses rekonstruierte Schiffswrack stammt aus dem Ende des 16. Jahrhunderts und verdeutlicht die weit gespannten Handelsbeziehungen Hamburgs.

Bild rechts: Blick in die aus Originalteilen bestehende Kaufmannsdiele von 1680.

Also doch der Barbarossa-Freibrief?

Wiechmann: Letztendlich schon, denn die Dinge, die darin verbrieft werden, haben den Ausschlag gegeben. Hamburg hat allerdings auch den Vorteil, direkt an der Elbe zu liegen. Stade dagegen Probleme mit der Schwinge, die immer mehr versandet ist, sodass es Probleme mit größeren Schiffen gab.

Orwin Pelc: Für Hamburg hatte die geostrategische Lage in Richtung Ostsee eine wichtige Rolle. Stade hatte quasi kein Hinterland, Hamburg aber auf dem Landweg und über den Elbe-Trave-Kanal und den Stecknitzkanal einen günstigen Zugang zur Ostsee.

Aber im 15. Jahrhundert stand Hamburg doch im Schatten von Lübeck.

Wiechmann: Ja, denn ausschlaggebend war zunächst die Ostsee. Hamburg war eine zwar bedeutende, aber eben nur mittelgroße Hansestadt, während Lübeck ganz klar dominierte. Im Grund änderte sich das erst mit der Entdeckung der Neuen Welt und den dadurch erfolgten Veränderungen der internationalen Handelswege. Plötzlich war die Ostsee ein Randmeer und Lübeck eine Stadt am Rand, während Hamburg über die Nordsee an dem gesamten Atlantikhandel teilhaben kann.

Es ist viel vom Hamburger Bürgerstolz die Rede. Wo hat diese Eigenschaft ihre historischen Wurzeln?

Pelc: Fangen wir mal mit dem Reichtum an. Man hat ja etwas erwirtschaftet und war

natürlich stolz darauf. Vor allem seit dem 16. Jahrhundert, als die Kolonien eine Rolle zu spielen begannen und Hamburg Verbindungen zum Beispiel nach Indien und nach Afrika aufbaute. Da entwickelte sich schon ein gewisses Statusdenken, das aber natürlich nur einen kleinen Teil der Hamburger betraf.

Wie groß war denn das entscheidende Besitzbürgertum in der Stadt?

Pelc: Im 17. Jahrhundert hatte Hamburg etwa 40 000 Einwohner. Davon waren vielleicht 400 reiche Kaufleute, also nicht mehr als ein Prozent.

Wiechmann: Bis ins 19. Jahrhundert hinein kann man von etwa 30 bis 40 großen Familien ausgehen, die in der Stadt das Sagen hatten.

Wie konnten diese Familien ihre Macht sichern?

Wiechmann: Man blieb unter sich, heiratete clever.

Pelc: Allerdings gab es immer mal wieder Proteste, nicht von den Armen, sondern von den weniger wohlhabenden Schichten, die sich um den sozialen Aufstieg betrogen sahen. Manchmal ist es auch gelungen, die Macht des Senats zu beschneiden. Aber das Weltbild wurde nicht infrage gestellt.

Aber mit der Reformation, die in Hamburg recht geräuschlos über die Bühne ging, wurde doch recht viel infrage gestellt.

Wiechmann: Es gab keinen Bildersturm, andererseits etablierte sich schon bald ein orthodoxes und ganz und gar nicht liberales

Luthertum. Mit Glaubensfreiheit hatte die Reformation nichts zu tun. Katholiken, Reformierte und Juden hat man, so weit es ging, aus der Stadt herausgedrängt.

War Hamburg im Vergleich mit anderen Städten eher konservativ?
Pelc: In gewisser Hinsicht schon, das zeigt sich zum Beispiel an der Attitüde, mit der sich die Führungsschicht am Lebensstil und der Repräsentation des Adels orientiert hat. Wiechmann: Bis etwa 1800 hat hier schon ein sehr starker Konservatismus geherrscht.

Und dann kamen die Franzosen und haben ziemlich viel über den Haufen geworfen. Im kollektiven Gedächtnis ist die Franzosenzeit eine Ära des Schreckens. Aber sie brachte doch andererseits auch einen Modernitätsschub mit sich.
Pelc: Ja, aber es war eben eine Besatzungszeit, mit der man sich teilweise zu arrangieren versuchte. Wirtschaftlich gab es Probleme, aber in der Gesetzgebung und der Verwaltung änderte sich manches zum Guten. Trotzdem war es eine Fremdherrschaft, der viele Hamburger sehr reserviert gegenüberstanden. Kaum waren die Franzosen wieder weg, hat man versucht, die alten Zustände wieder herzustellen. Bis zur Verfassungsreform von 1860 hat es noch Jahrzehnte gedauert.

War der Große Brand eine im Prinzip notwendige Voraussetzung dafür, dass sich Hamburg zur modernen Stadt entwickeln konnte?

Dieses großartige Modell zeigt
Hamburg im Jahr 1644. Die
damals neun Wall-und Festungsanlagen sind gut zu erkennen.

Pelc: Man kann sich kaum ausmalen, was ohne den Brand alles nicht passiert wäre. Ob es der Welthafen des späten 19. Jahrhunderts geworden wäre, ist sehr fraglich. Als die Innenstadt abgebrannt war, konnte sie nicht nur nach modernen Gesichtspunkten neu gebaut werden, es wurden auch neue Verwaltungsstrukturen etabliert: Feuerlöschwesen, Nachrichtenwesen und Wasser-Ver-und entsorgung. Hamburg war dann eine vorbildliche Stadt, an der sich viele europäische Metropolen orientierten.

Es gibt Verschwörungstheoretiker, die annehmen, dass der Brand bewusst gelegt worden sei, um diese Entwicklungen in Gang setzen zu können.
Pelc: Nach allem was wir wissen, ist das abwegig. Entsprechende Gerüchte kamen schon während des Brandes auf. Dabei ging es vor allem darum, Sündenböcke zu finden. Beschuldigt wurden englische Ingenieure und Maschinenbauer, und das waren diejenigen, die den Fortschritt repräsentierten und tatsächlich vom Brand profitierten. Aber irgendwelche Belege für Brandstiftung sind nirgends aufgetaucht.

Einerseits hat Hamburg in der zweiten Hälfte des 19. Jahrhunderts einen enormen Modernitätsschub erlebt, andererseits konnte noch 1892 eine Choleraepidemie die Stadt heimsuchen? War das nur ein Betriebsunfall?
Pelc: Nein, man war eben nicht konsequent genug gewesen. Man hat sich zurückgelehnt und sich gesagt: So, jetzt haben wir genug getan.

17

War das Ignoranz?

Pelc: Ja, andererseits brauchen Entscheidungen in Hamburg manchmal sehr lange. Und man hatte schon eine Sandfilteranlage in Planung, nur ging es eben nicht schnell genug.

Der Hamburger Senat ist deutschlandweit von der konservativen Presse aufgrund seiner Verschleierung der Katastrophe und der zögerlichen Bekämpfung geradezu zerrissen worden. Und ausgerechnet die örtliche Parteipresse der SPD, die nicht im Verdacht stand, mit den herrschenden Klassen zu sympathisieren, hat lokalpatriotisch den Senat verteidigt. Wie ist das zu erklären? Stand im Zweifel Lokalpatriotismus in Hamburg dann doch über allem?

Pelc: Wenn man sich mit der Arbeiterbewegung in Hamburg beschäftigt und denkt, die SPD sei die linke, fortschrittliche und antibürgerliche Kraft in der Stadt gewesen sei, ist man dann doch erstaunt, wie bürgerlich, wie konservativ, wie hanseatisch die SPD tatsächlich gewesen ist. Es waren eben nicht die linken Revoluzzer, die Ende des 19. Jahrhunderts immer mehr an Einfluss gewannen. Und wenn man sich die Revolution von 1918 ansieht, ist das in Hamburg doch relativ gemütlich abgelaufen, zumindest im Vergleich mit anderen Regionen in Deutschland.

Für den Bau der Speicherstadt hat Hamburg nicht nur ganze Stadtviertel, sondern auch wertvolle Barockarchitektur geopfert. Hat man das damals als Verlust empfunden oder leichten Herzens getan?

Pelc: Ein Bewusstsein für den Verlust war schon in Teilen der Bevölkerung vorhanden. Hamburg war damals schon eine Großstadt und ein Medienzentrum, in dem es natürlich viele Meinungen gab, die auch artikuliert wurden. Nicht umsonst hat der Verein für Hamburgische Altertümer noch vieles zu retten versucht und Teile von abgerissen Gebäuden gesichert, die dann teilweise später in unserem Museum eingebaut worden sind. Außerdem haben die Behörden den Fotografen Georg Koppmann extra beauftragt, alles noch zu dokumentieren, bevor es abgerissen wird. Ein Bewusstsein war schon vorhanden, aber der Gedanke, einen neuen Freihafen zu bauen und damit Geld zu verdienen, stand natürlich im Vordergrund.

Alfred Lichtwark wird die Bezeichnung von Hamburg als Freier und Abrissstadt zugeschrieben.

Oben: Blick in den Zunftsaal, an dessen Stirnseite das Originalportal des 1842 zerstörten Hamburger Rathauses eingebaut ist.

Jedes Kirchenspiel stellte ab dem 17. Jahrhundert ein eigenes Bürgerregiment, das einen Abschnitt der Stadtbefestigung zu verteidigen hatte. Hier sind die Harnische des Nikolai-Regiments zu sehen.

Beim großen Stadtbrand im Mai 1842 fochten die Hamburger „Weißkittel" einen schier aussichtslosen Kampf gegen das Flammenmeer.

Unten: Die Figurinen stellen Auswanderer auf dem Zwischendeck eines Hamburger Schiffs in den 1880er-Jahren auf ihrem Weg in die Neue Welt dar.

Hat früher Hamburg zu wenig Wert auf
die Zeugnisse seiner Geschichte gelegt?
Pelc: Bauten wurden in ihrer Funktion gesehen. Darüber hinaus hat man ein paar repräsentative Bauwerke wie die Kirchen, die für Kontinuität und Identität stehen. Aber bei funktionalen Bauten hat man abgerissen und modernisiert, wie es den praktischen Notwendigkeiten entsprach.

Wiechmann: Anfang des 19. Jahrhunderts hat man ja noch den Dom abgerissen. Das wäre 50 Jahre später wohl nicht mehr passiert. Aber ein denkmalpflegerisches Bewusstsein hat sich erst Ende des 19. Jahrhunderts überhaupt herausgebildet, nicht nur in Hamburg, sondern allgemein. Trotzdem hat man noch 1910 das älteste noch bestehende Hamburger Haus abgerissen. Das stand am Pferdemarkt.

Pelc: Das letzte erhaltene Fachwerkhaus an der Mönckebergstraße wurde erst 1960 abgerissen.

Manchmal dient Geschichte auch der Rechtfertigung, so wurde zum Beispiel nach 1945 behauptet, Hamburg sei aufgrund seiner Weltoffenheit nicht anfällig für die NS-Ideologie gewesen. In Wahrheit gibt es nur wenige Städte, die Hitler so oft besucht hat wie Hamburg

Pelc: Das ist ein Image, das sich Hamburg selbst gegeben hat. Das war Teil des Verdrängungsprozesses nach 1945. Die Wahrheit sah anders aus. Nirgendwo wurden in der NS-Zeit so viele Todesurteile verhängt wie in der angeblich so liberalen Stadt Hamburg. Das sind Indizien dafür, dass es doch sehr viel anders war, als die Hamburger bis in die 1970er-Jahre gern geglaubt hätten. Aber bis sich Erkenntnisse aus der Forschung im öffentlichen Bewusstsein festsetzen, dauert es sehr lang.

Die Operation Gomorrha ist die zweite große Katastrophe der Stadtgeschichte gewesen. Hat man sich mit dem Wiederaufbau in den 1950er-Jahren nicht mitunter sehr bewusst gegen die eigene Geschichte entschieden?

Pelc: Man wollte möglichst schnell Prosperität und Wirtschaftswachstum bekommen. Deshalb hat man sich beim Wiederaufbau vielfach auf schon vorhandene Planungen gestützt, die in den 1920er- und 1930er-Jahren entwickelt worden sind. Aber zunächst ging es um ganz praktische Dinge, denn man musste Menschen ernähren und Arbeit schaffen. Der Hafen musste aufgebaut, Flüchtlinge mussten mit Wohnraum versorgt werden. Deshalb musste

Schon seit Mitte des 19. Jahrhunderts konnte man
in Hamburg exotische Produkte aus fernen Ländern
kaufen. Dieser Kolonialwarenladen von 1830 befand
sich ursprünglich an der Steinstraße.

schnell gehandelt werden. Heute sehen wir die Grindelhochhäuser, die ja ursprünglich für englische Offiziere geplant wurden, schon als geschichtliches Zeugnis der 1950er-Jahre.

Wie planvoll oder wie zufällig war das alles?
Pelc: Es gab natürlich Bebauungspläne, zum Beispiel 1950 und 1960. Und man staunt, wie weit voraus damals bereits gedacht wurde. Da wurden Großsiedlungen wie die City Nord oder Mümmelmannsberg, die dann erst in den 1970er- oder 1980er-Jahren fertiggestellt wurden, bereits ausgewiesen. Aber natürlich gab es immer auch konkurrierende Interessen: private Investoren, Wohnungsbaugesellschaften, Industrie-Investoren, die alle mitmischen wollten. Und die Stadt versuchte, diese Interessen unter einen Hut zu bekommen.

Das Hamburg Museum ist das größte stadtgeschichtliche Museum in Deutschland. Was interessiert Ihre Besucher an der Geschichte?
Pelc: Die Originale. Es gibt viele Medien, man kann sich in virtuelle Welten versetzen, aber wir haben die Originale. Und selbst ein scheinbar banales Ding wie ein Lederschuh aus dem 14. Jahrhundert hat eine ganz eigene Ausstrahlung. Aber es gibt ganz unterschiedliche Interessen. Bei den vielen auswärtigen Besuchern, die in unser Haus kommen, spielt sicherlich das Bedürfnis eine Rolle, überhaupt zu erfahren, wie diese Stadt entstanden und gewachsen ist. Wenn heute ein Tourist durch die Stadt geht, denkt er – anders als etwa in Lübeck, Lüneburg oder Stade – , dass Hamburg nur vielleicht 200 Jahre als ist. Mehr sieht man ja nicht. Aber bei uns erfährt der Besucher, dass Hamburg eine viel längere Geschichte hat und mal eine bedeutende mittelalterliche Stadt gewesen ist.

Was ist an der Stadtgeschichte für ein junges Publikum besonders interessant? Und wie stellen Sie sich als Museum darauf ein?
Wiechmann: In den vergangenen 15 Jahren haben wir angefangen, Räume in Räumen zu bauen und eine erlebnishafte Gestaltung zu kreieren. Wir sind zwar ein Museum mit einem Bildungsauftrag, befinden uns aber in Konkurrenz mit zahlreichen Freizeitangeboten. Des-

100 Jahre Schifffahrtsentwicklung dokumentieren diese Modelle in der Abteilung „Taktgeber Hafen".

Nächste Doppelseite: Dieses Gemälde mit dem berühmten Luftschiff „Graf Zeppelin" entstand 1930 im Auftrag der Hapag. Es zeigt alle Schiffe der Reederei, die in Wahrheit natürlich nie gleichzeitig im Hamburger Hafen versammelt waren.

halb müssen wir so attraktiv sein, dass auch junge Leute das Gefühl haben, dass sie bei uns etwas sehen und erleben, was es anderswo nicht gibt. Und das scheint zu funktionieren, wenn man sich die Besucherzahlen ansieht.

Pelc: Unser Angebot sind andere Welten. Lehrer und Erzieher kommen zu uns, um etwas über andere Zeiten zu erfahren, und das geschieht gar nicht unbedingt in erster Linie unter Hamburger Gesichtspunkten. Bei uns kann man mit Objekten und visuellen Medien etwas über den Nationalsozialismus, aber eben auch über das Leben im Mittelalter oder in den 1950er-Jahren erfahren.

Wir hatten am Anfang festgestellt, dass es aus der frühen Hamburger Geschichte nur relativ wenig Belege gibt. Für unser Projekt haben wir aus dieser Not eine Tugend gemacht und teilweise fiktive Geschichten und Personen erdacht und in einem historisch hoffentlich korrekten Umfeld platziert. Ist das legitim, darf man das machen?

Wiechmann: Ich finde das in Ordnung. Im Museum machen wir ja auch etwas Ähnliches. Wenn wir eine Kogge nachbauen, mutet das zwar original an, ist aber auch nur eine Darstellung. Und das ist eine Möglichkeit, sich einer Zeit zu nähern. Wenn die Rahmenbedingungen, das Gerüst und die historischen Fakten korrekt sind, ist das ein guter Weg. Allerdings muss man wissen, dass es sich eben um den Versuch handelt, die Dinge möglichst so darzustellen, wie sie sich ereignet haben könnten.

Leider kann man das manchmal gar nicht so genau wissen.

Wichmann: Das wird immer dann schwierig, wenn sich schriftliche Zeugnisse mit den archäologischen Befunden nicht in Einklang bringen lassen. Das betrifft etwa Ihre Geschichte aus dem 11. Jahrhundert über den Bau der erzbischöflichen und der herzoglichen Burg. Hier haben Sie sich an schriftlichen Quellen orientiert, die archäologischen Befunde bestätigen diese jedoch bisher nicht. Dennoch vermittelt Ihre Geschichte einen lebendigen Eindruck in ein Kapitel unserer Stadtgeschichte, das noch zu weiten Teilen im Dunkeln liegt.

Pelc: Es geht darum, Medien und Methoden zu finden, um Menschen Geschichte anschaulich zu machen, damit sie die Gegenwart besser verstehen. Und dafür sind alle Mittel recht.

Hamburger Zeitreise

800 – 2000

9. Jh.

Glanzvoll begann dieses 9. Jahrhundert, als Karl dem Großen 800
in Rom die Kaiserkrone aufs Haupt
gesetzt wurde. Doch sein riesiges
Reich zerfiel nach seinem Tod, weil
Brüder gegen Brüder und Söhne
gegen Väter um die Macht kämpften.
Unsichere Zeiten, vor allem am
nördlichen Ende des Reiches, rund
um die Hammaburg, wo etwa 200
Siedler in ständiger Gefahr lebten,
die aus dem Norden drohte. Denn die
Wikinger aus Dänemark, Schweden
und Norwegen gingen in ganz
Europa auf Raubfahrt. Auch die
Hammaburg sollte nicht verschont
werden ...

STECKBRIEF

Stadtgebiet **0,08 qkm**
Einwohner **200**
Berufe **Bauern,
Fischer, Handwerker**
Speisen **Fisch, Getreide**
Währung **karolingische
Denare (Pfennige),
Hacksilber nach Gewicht**

Seit dem Mittelalter, vor allem aber
seit dem 16. Jahrhundert, waren sehr
viele verschiedene Münzen gleichzeitig in Hamburg im Umlauf. So waren
um 1790 im Deutschen Reich nicht nur
311 unterschiedliche Rechnungsmün-
zen im Gebrauch, sondern darüber
hinaus auf den Märkten und Messen
auch 166 deutsche Gold- und Silbermünzen und mindestens ebenso viele
ausländische Münzen. An diesem
Zustand änderte sich bis ins 19. Jahrhundert hinein nichts Grundsätzli-
ches. Der Währungswirrwarr wurde
erst mit der Gründung des Deutschen
Reiches 1871 überwunden.

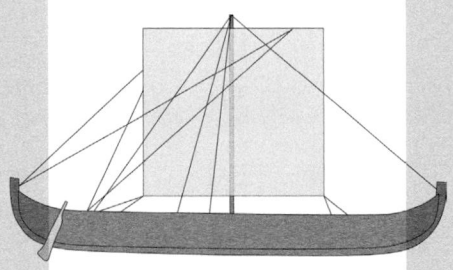

„Roar Ege"

814 stirbt Karl der Große, der mit seiner Krönung zum Kaiser im Jahre 800 die antike Idee des universellen Kaisertums für West- und Mitteleuropa wiederbelebt. Sein Reich umfasst riesige Gebiete, so die heutigen Beneluxländer, Frankreich, Deutschland und Norditalien. Damit entsteht die Keimzelle Europas, aber auch der Gegensatz zum oströmischen Reich, dessen Kaiser in Byzanz ihre Ansprüche als Nachfolger der antiken römischen Kaiser gefährdet sehen.

843 teilen Karls Enkel nach langen Bruderkämpfen das Reich auf. Nominell bleibt die Reichseinheit erhalten, praktisch entwickeln sich das Ost- und das Westfrankenreich auseinander. Aus ihnen gehen im Laufe der Jahrhunderte Deutschland und Frankreich hervor. Zwischen beiden herrscht in der Mitte Kaiser Lothar, dessen Land nach ihm bald Lothringen genannt wird – und für mehr als 1000 Jahre zum Zankapfel zwischen Deutschen und Franzosen wird.

Die Zentralmacht der Könige wird im Laufe des Jahrhunderts geschwächt, die *Regionalmächte* erstarken. Die Herzöge, vor allem in Bayern, Schwaben und Sachsen (die den Norden Deutschlands beherrschen), steigern ihren Einfluss und ihr Selbstbewusstsein. Die *Wikingergefahr* bleibt das ganze Jahrhundert durch akut, wirksame Gegenwehr gegen die Überfälle der „Nordmannen" (Normannen) kann nur vereinzelt durch den Adel vor Ort organisiert werden. Auch dies trägt entscheidend zum Ansehensverlust der fränkischen Könige bei.

Nord- und Mitteleuropa

sind vergleichsweise dünn besiedelt und arm. Kulturell und ökonomisch führend sind das islamische Spanien und Italien, das besonders umkämpft ist: Franken, Griechen, der Kirchenstaat und Araber streiten um die Vormacht.

Deutschland

besteht zu größten Teilen aus Wald- und Sumpfgebieten. Städte und Siedlungen wirken wie Oasen im Urwald. Straßen gibt es nur wenige, und die sind meist schlecht. Hauptverkehrsadern sind die Flüsse.

810 Baubeginn der Hammaburg.
In ihrem Schutz entsteht eine
kleine Siedlung, in der vor allem
Kaufleute, Handwerker und
Fischer leben.

832 Papst Gregor IV. gründet das
Erzbistum Hamburg.

834 Die hölzerne Hammaburg ist als
Festungsanlage fertiggestellt.

845 Wikinger überfallen und zerstören
die Hammaburg und die benach-
barte Siedlung. Bischof Ansgar
kann fliehen.

848 Die Bistümer Hamburg und
Bremen werden zusammengelegt.
Bischofssitz ist Bremen.

Räuber und Ruinen

Bodowin nimmt es nicht besonders wichtig. Was geht es ihn an?
Er hatte ohnehin noch nie etwas
mitbekommen von diesem Krieg. Der war
weit weg. So weit, dass man viele Wochen, wahrscheinlich mehrere Monate,
reisen müsste, um mittendrin zu sein.
Nun sei er jedenfalls vorbei, der Bruder-
krieg, sagt sein Vater Bodobert. Die Söhne
des toten Königs Ludwig hätten sich
geeinigt und das Reich geteilt. Das hatte er von Chlotar gehört, dem Diakon, der
drüben in der Feste lebt, und der hatte
es direkt von Ansgar, dem Erzbischof und
Herrn der Siedlung. „Und wer ist jetzt
unser König?", fragt Bodowin seinen
Vater. „Ludwig", anwortet der. Derselbe
Ludwig, der es auch schon vorher gewesen war. Bodowin zuckt mit den Schul-
tern. Was geht es ihn an? 17 Jahre ist er

jetzt alt, und sein ganzes Leben hat er hier in der Hammaburg verbracht. Bodowin ist Weber, wie sein Vater. Der war 826 mit seiner Frau Odilgard aus dem Weserbergland nach Norden gezogen: Schon der alte Kaiser Karl hatte an der Alster eine Kirche bauen lassen, damit von hier aus die Slawen und die Germanen des Nordens zum Christentum bekehrt werden; sein Sohn, Kaiser Ludwig der Fromme, hatte sogar einen Erzbischof in den Norden geschickt. „Das hat Zukunft", hatte das junge Ehepaar gedacht.

Das Leben ist wirklich nicht schlecht in der kleinen Siedlung mit ihren gut 200 Bewohnern. Schweine, Gänse und Hühner hält die Familie; in Alster und Elbe gibt es reichlich Fisch, die riesigen Wälder bieten Wild, Pilze und Beeren: Es gibt genug zu essen für die vier Kinder. Regelmäßig kommen auch Händler in die Hammaburg, bei denen man eiserne Werkzeuge, Töpfe aus Speckstein, Salz und Wein bekommen kann – wenn man etwas zu tauschen oder womöglich sogar Geld hat. Und sicher ist es hier auch: Wer wohnt schon direkt neben einer großen Burg? Da ist es auch nicht weiter schlimm, dass die Soldaten schon vor ein paar Jahren abgezogen sind, um mit Ludwig in den Krieg gegen sei-

ne Brüder zu ziehen. Krieg, das ist etwas für adlige Herren, das weiß Bodowin. Und dass er immer weit weg ist, das denkt er – an diesem Sommertag im Jahr 845 nach Christus.

20 Kilometer weiter sitzt Ragnar am Lagerfeuer und hängt seinen Gedanken nach. Das Los hatte ihn als Nachtwache bestimmt. Mehr als 300 Männer liegen in dem provisorischen Nachtlager am Flussufer, er ist einer von knapp 20, die wachen müssen. Doch schlafen hätte er wohl so-

wieso nicht können, obwohl sie den ganzen Tag an den Rudern gesessen hatten.
Seine Gedanken kreisen um den nächsten
Morgen. Wird er sich bewähren im Kampf?
Und vor allem: Welche Beute erwartet
ihn? In seinen Träumen hatte er sich immer große Schatzkisten ausgemalt, voll
mit Gold, Silber und Edelsteinen. So war
es immer gewesen, seit damals ...

Ragnar ist vielleicht sieben Jahre alt,
als er die erste Geschichte hört. Sein Onkel Thorwald erzählt sie, und wie zum Beweis zeigt er die Silbermünze mit dem Bild
eines Kaisers darauf herum. Sie sitzen
am Feuer im Langhaus seines Vaters, und
Ragnar weiß, dass er diese Geschichte nie

vergessen wird: die Fahrt aufs Meer mit 25
Schiffen, den Sturm, die Kämpfe und die
Reichtümer, die sein Onkel mit nach Hause gebracht hatte. Gold, Schmuck, Waffen,
eiserne Töpfe, Gewürze. Thorwald ist ein
gemachter Mann. Er hat die Frau eines reichen Bauern aus Angeln geheiratet, und
beim Thing, der Versammlung der freien
Männer, wird er als einer der Ersten gehört.

Sieben Geschwister hat Ragnar, vier
Brüder, drei von ihnen älter als er. Nur der
älteste wird den Bauernhof erben, der gerade mal genug abwirft, damit sie nicht
hungern müssen. Als er 13 ist, nimmt ihn
sein Vater zum ersten Mal mit nach Ribe.

Die Stadt an der Nordsee ist Dänemarks Tor zur Welt. Und ungeheuer reich. Händler aus England sind hier, aus dem Frankenreich und manchmal sogar aus Al Andalus, aus dem maurischen Spanien. Ragnar hört fremde Sprachen, sieht dunkelhäutige Menschen, bestaunt im Hafen große Schiffe aus dem Süden. Die Rückkehr in das strohgedeckte Lehmhaus seines Vaters fällt ihm schwer. Wann immer die Arbeit auf dem Feld und in den Ställen es zulässt, trainiert er nun mit einem alten Schwert und übt sich zusammen mit den Brüdern im Speerwerfen. Sein Entschluss steht fest: Ragnar will auf Viking, auf Raubfahrt, gehen. Wie Onkel Thorwald.

19 Jahre alt ist Ragnar, als er hört, dass Krieger gesucht werden, um in der Fremde Beute zu machen. Björn, der wichtigste Häuptling hier im Westen Jütlands, will im Frühjahr in See stechen – mit 20 Schiffen und dem Segen des Königs. Ragnar ist ungewöhnlich groß, selbst für einen „Nordmann", wie die Skandinavier in Mitteleuropa genannt werden: Mit 1,85 Meter überragt er viele um Kopfeslänge. Er ist jung, stark, ungebunden, abenteuerlustig – ein idealer Kandidat. Björn wählt ihn als einen der Ersten aus. Zwei große

Raubzüge der Dänen gibt es in diesem Jahr – doch Ragnar hat Pech. Nicht ins ferne, sagenumwobene (und sagenhaft reiche) Paris geht es für ihn. Auf Ragnar wartet nur eine eher kurze Reise: die Elbe hinauf. Ein paar Dörfer hatten sie auf ihrem Weg überfallen, um Vieh zu erbeuten. Das Ziel der Reise ist aber eine Burg: die Hammaburg. Denn dort gibt es eine Kirche und einen Erzbischof. Und die Kirche ist unermesslich reich, hatte Björn versichert. Und Sklaven würden sie finden, die sind immer ein sicheres Geschäft. Und vor allem: Es würde nicht viel Gegenwehr geben. Denn das so mächtige Frankenreich führt Krieg gegen sich selbst. Bodowin will gerade Wasser holen, als er das Geschrei hört: Ein Fischer hat die Segel der Drachenboote gesehen, nur noch gut einen Kilometer entfernt. Die kleine Glocke wird geläutet, auf einmal rennen alle wild durcheinander. Viele raffen alles Wertvolle zusammen und rennen in die Burg. Plötzlich kommt sie ihm so klein vor. Der Graben ist doch nur eine Mulde, der Wall nur ein paar Meter hoch, die Holzpallisade so dünn und misst gerade mal 2,50 Meter …

„Der Antichrist kommt über uns", hört er einen Mönch jammern. Fast alle Bewoh-

Als Arbeiter die Elbe bei Lühesand ausbaggern, kommt dieses reich verzierte Schwert zum Vorschein. Es besitzt eine Klinge, bei der in einem speziellen Verfahren abwechselnd mehrere Bänder von kohlenstoffarmem Eisen und kohlenstoffreichem Stahl zusammengeschmiedet wurden. Dadurch ist sie biegsam und hart zugleich. Der aufwendige Schmuck durch Zierniete und Kupferstreifen deutet darauf hin, dass der Besitzer begütert gewesen sein muss. Wahrscheinlich stammt diese Waffe aus Skandinavien.

800   900   1000   1100   1200   1300

ner sind jetzt in der Burg versammelt. Nur wenige fehlen: Einige sind fischen, zwei sind auf der Jagd – und der Erzbischof Ansgar ist auf der Flucht. Mit den Reliquien und etwas Silber ist er zusammen mit ein paar Getreuen elbaufwärts geritten. Auch andere fliehen jetzt in die Wälder. Bodowin hat sich noch nie so verlassen gefühlt. Seine Mutter betet – aber nicht zum Christenherrn, sondern zu den alten Göttern.

Als der erste Däne an Land geht, herrscht Panik in der Hammaburg. Allen ist klar: Wenn die Wikinger eindringen, werden sie sterben oder in der Sklaverei enden. Der Großteil der Nordmänner umstellt die kleine Fluchtburg, rund 100 Krieger stürmen das Dorf. Es dauert nicht lange, bis die ersten die Pallisaden mit Leitern überwinden und das Haupttor öffnen. Als Ragnar mit seinem Trupp hindurchläuft, sieht er schon zwei Dutzend Tote herumliegen. Niedergestreckt von Streitäxten, einige von Speeren durchbohrt. Ragnar ist dabei, als das hölzerne Hauptgebäude erstürmt wird: das Haus des Bischofs. Einen alten Mann, der betend und angsterfüllt vor einer Tür kauert, tötet er mit seiner Axt. Doch dahinter befindet sich nicht die erhoffte Schatzkam-

mer, nur ein Schlafraum. Das kleine silberne Kreuz über dem Bett steckt er ein.

Mehrere Stunden dauert das Morden und Stehlen. Gegenwehr haben nur wenige geleistet – und die sind jetzt tot. Viele der Flechtwerkhäuser stehen in Flammen. Einige Dutzend Bewohner liegen gefesselt auf dem Boden. Viele Hammaburger schauen apathisch, manche schluchzen. Ein Mönch sagt, dies sei die Strafe Gottes für ihr sündiges Leben. Eine Alte erwidert, der Christengott sei eben schwach – dies sei Thors Werk.

Am Abend ist das Gelage der Wikinger weit zu hören. Nur zwei von ihnen sind getötet worden. Die anderen haben Vieh geschlachtet und etwas Wein und reichlich Bier erbeutet; alle betrinken sich, und in der Nacht holen sich einige von ihnen

1500   1600   1700   1800   1900   2000

gefangene Frauen auf ihr Lager – manche von ihnen werden den nächsten Morgen nicht erleben.

Bodowin erwacht mitten im Wald, seine zehn Jahre jüngere Schwester Mechthild liegt an ihn gekuschelt. Die Wunde an seinem linken Arm ist blutverkrustet. Er kann sich kaum mehr erinnern, wie lange er mit der Kleinen auf dem Arm gelaufen ist, bis er erschöpft zusammenbrach. Wie er es in dem Chaos des Angriffs geschafft hat, doch noch aus der Hammaburg zu fliehen. Wie er plötzlich diesen riesigen jungen Nordmann sah, der seine Wurfaxt nach ihm schleuderte und ihn am Arm traf. Alles kommt ihm jetzt so unwirklich vor.

Vier Tage bleiben die beiden in den Wäldern, ernähren sich von Beeren und ein paar Wurzeln, bis sie sich zurückwagen. Die Drachenboote sind verschwunden. Wie sein Zuhause. Gerade mal eine Handvoll Häuser stehen noch, alles andere ist Opfer der Flammen und der Zerstörungswut geworden. Die Hammaburg ist nurmehr eine Ruine, noch immer liegen Leichen herum, es stinkt entsetzlich. Dann entdeckt Bodowin den toten Körper seines Vaters – grässlich entstellt von den Hieben der Wikinger und den Bissen der Krähen.

Von der Mutter und den Geschwistern gibt es keine Spur – sie wurden verschleppt. Bodowin und seine Schwester stehen vor dem Nichts.

Ragnar ist mit sich zufrieden. Er hat sich im Kampf bewährt, und es war ein gelungener Raubzug. Nur Anführer Björn ist nicht ganz glücklich. Der Erzbischof hatte fliehen können – wurde er gewarnt? Er wäre eine wertvolle Geisel gewesen. So hält sich die Beute in Grenzen: ein wenig Gold, 20 Pfund Silber, einige wertvolle Bücher, viele Werkzeuge und Kochgeschirr, Vieh und Wein – und knapp 80 Sklaven. Sie werden sie in Ribe verkaufen.

Dort trifft Ragnar im Herbst des Jahres seinen Onkel Thorwald wieder, der im Sommer beim Zug gegen Paris dabei war – und der war für die Wikinger sogar ohne Kampf ein gigantischer Erfolg. 5000 Pfund Silber hatten die Pariser für den Abzug der Nordmänner bezahlt. Ragnar hatte einen kleinen Beutel Silbermünzen und ein Fass Rheinwein nach Hause gebracht. Er schließt sich Thorwald an, der nun ein eigenes Schiff bauen und ausrüsten kann.

In den kommenden Jahren gehen Onkel und Neffe fast jeden Sommer auf Raubzug: nach England, Frankreich und sogar Spanien. Dort ist Ragnar auch 861

KARL DER GROSSE
(742–814)

regiert 768 bis 814 zunächst als fränkischer König und seit 800 als weströmischer Kaiser. Unter seiner Herrschaft erreicht das Frankenreich seine größte territoriale Ausdehnung. 798 erringt Karl in der Schlacht bei Bornhöved einen entscheidenden Sieg gegen die Sachsen und kann damit den Bereich nördlich der Elbe ins Frankenreich eingliedern. Sein Herrschaftsgebiet reicht nun von der Nordsee bis nach Mittelitalien, von den Pyrenäen bis in die ungarische Tiefebene. Doch Karl ist nicht nur ein großer Stratege und Feldherr, er konsolidiert sein Reich auch mit Reformen und leitet eine enorme kulturelle Blüte ein.

BISCHOF ANSGAR
(801–865)

gilt als der „Apostel des Nordens". Der Benediktinermönch wird 834 zum ersten Hamburger Erzbischof geweiht. In der Hammaburg lässt er den hölzernen Mariendom sowie ein Kloster und eine Kirche erbauen. Bei einem Wikingerüberfall 845 kann Ansgar nur knapp entkommen, anschließend vereinigt er das Erzbistum Hamburg mit dem Bistum Bremen und nimmt seinen Sitz an der Weser.

ERZBISCHOF RIMBERT
(830–888)

ist Nachfolger von Ansgar als Erzbischof von Hamburg und Bremen. Mit taktischem Geschick kann er das Bistum finanziell und wirtschaftlich konsolidieren. 884 erringt er in der Schlacht bei Norditi einen entscheidenden Sieg gegen die Wikinger, die er aus Ostfriesland vertreiben kann. Mit der Biografie seines Vorgängers, der Vita sancti Ansgarii, verfasst er eine der wichtigsten schriftlichen Quellen des Mittelalters.

1500   1600   1700   1800   1900   2000

dabei, als eine große Wikingerflotte von den Arabern geschlagen wird. Thorwald stirbt in der Schlacht. Ragnar, der 853 eine Händlertochter aus Haithabu geheiratet hatte und vier Kinder hat, geht noch Ende der 60er-Jahre auf Viking-Fahrt, dann setzt er sich in Schonen, wo er einen großen Hof gekauft hatte, zur Ruhe. Gicht und Rheuma plagen ihn schon lange, er hat kaum noch Zähne. Doch sein ältester Sohn Zwend behandelt ihn gut und meist respektvoll – solange er sich nicht einmischt. Und seine Enkel lieben den alten riesigen Mann. Vor allem wenn er abends am Feuer Geschichten von seinen Abenteuern erzählt und das silberne Kreuz zeigt, das er damals nach heldenhaftem Kampf einem Erzbischof geraubt hat ...

Die Hammaburger haben ihre Siedlung da schon längst wiederaufgebaut. In den Tagen nach dem Überfall kommen immer mehr Geflüchtete zurück, 27 sind übrig geblieben. Sie beerdigen die Toten und richten ein paar Häuser mühsam wieder her. Es dauert viele Wochen, bis sie etwas von Ansgar hören, dem geflohenen Erzbischof. Er schickt seinen Diakon Chlotar, und der versucht, Optimismus zu verbreiten.

Die ersten Jahre sind hart. Doch nach und nach kommen neue Siedler aus dem Süden, und die Kirche hilft beim Wiederaufbau, mit Vieh und Saatgut, mit Werkzeug und etwas Geld. Ohne solche Privilegien will niemand in das gefährliche Land nördlich der Elbe, wo nicht nur Wikinger, sondern auch feindliche Slawenstämme eine ständige Bedrohung sind.

Nach 20 Jahren aber leben sogar mehr Menschen rund um die Hammaburg als vor dem Überfall. Die Kirche ist neu erbaut, nur der Erzbischof ist nie zurückgekehrt – dem erscheint das Leben in Bremen sicherer. Bodowin heiratet die Tochter eines Schmieds, der aus der Gegend von Ramelsloh gekommen war. Er ist Weber wie sein Vater, und Bauer ist er auch. Die Priester sagen, er habe Gottes Segen, denn von seinen elf Kindern sterben nur drei im Kindesalter. Sein ältester Sohn Liudolf geht mit einem Händler auf Reisen. Bodowin erlebt noch, dass er 870 zurückkehrt und sich als Kaufmann in Hammaburg niederlässt, und er sieht voller Stolz, dass sein Sohn es zu etwas Wohlstand bringt. Nur nachts, da wacht Bodowin manchmal schweißgebadet auf. Und dann sieht er diesen riesigen jungen Nordmann, der seine Axt nach ihm schleudert.

Bekleidung Knielange Hosen aus
Wolle, Leinen oder Fell, ärmellose
Kittel und rechteckige Mäntel, die
mit einer Fibel zusammengehalten
wurden – das war über Jahrhunderte
das Erscheinungsbild der einfachen
Leute in Norddeutschland.
Die ersten Hamburger dürften ebenfalls so ausgesehen haben, auch
wenn im 9. Jahrhundert die Adligen
und Reichen längst römische und
byzantinische Moden übernommen
hatten. Kleidung war noch viel mehr
als heute ein Statussymbol, ja, es
war Bauern und Bürgern teilweise
sogar verboten, „unstandesgemä-
ße" Kleidung zu tragen.

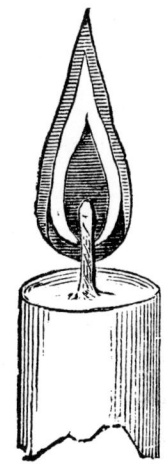

Beleuchtung Der Begriff des finsteren
Mittelalters hat durchaus seine
Berechtigung – denn nach Sonnenuntergang war es wirklich zappen-
duster. Einzige Lichtquelle in den
Häusern war oft ein Herdfeuer.
Kerzen waren meist aus Rinder-
talg, die ziemlich arg stanken und
oft rußten (noch Goethe sollte im
19. Jahrhundert darüber klagen).
Kerzen aus Bienenwachs wiederum
waren teuer und wurden vor allem
in Kirchen und Klöstern verwendet.
So lebten die Menschen gezwun-
genermaßen im Rhythmus und im
Lichte der Natur.

1500 1600 1700 1800 1900 2000

10. Jh.

Es ist das Jahr 919, als der Hochadel des Gebietes zwischen Elbe, Rhein und Alpen den Sachsenfürsten Heinrich zum König erhebt. Er herrscht nicht über einen Staat, sondern über locker verbundene Stammesgebiete, aus denen sich später das Deutsche Reich entwickeln wird. Sein Nachfolger Otto macht Hermann Billung zum Markgrafen, damit er den Norden des Reiches an der Niederelbe schützt. Doch Slawen und Wikinger widersetzen sich – und die Hammaburg wird zum Ziel ihrer Überfälle ...

STECKBRIEF

Stadtgebiet 0,10 qkm
Einwohner 500
Berufe Bauern,
    Fischer, Handwerker
Speisen Fisch, Getreide
Währung ottonische Denare
    (Pfennige), Hacksilber
nach Gewicht

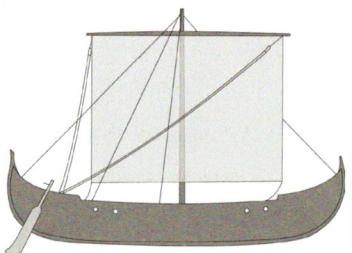

Wikinger-Handelsschiff

918 stirbt mit Konrad I. der letzte fränkische König auf dem ostfränkischen Thron. Der Hochadel wählt 919 den Sachsen Heinrich zum Nachfolger. Dieses Datum kann als Geburtstag des Deutschen Reiches angesehen werden – auch wenn der Begriff Deutsch erst Jahrhunderte später üblich wird.

933 gelingt Heinrich ein wichtiger Sieg über die Ungarn. Diese aus Asien stammenden Reiternomaden sind mindestens so gefürchtet wie die Wikinger ein Jahrhundert zuvor. Bis dahin hatten die Fürsten den Ungarn hohe Tribute zahlen müssen, um sich von Plünderungen freizukaufen. Es ist der erste militärische Erfolg über die Ungarn, deren Macht aber keineswegs gebrochen ist.

955 führt Heinrichs Sohn Otto (seit 936 König) den entscheidenden Schlag gegen die Ungarn, die er auf dem Lechfeld endgültig besiegen kann. Zuvor hatten lange bürgerkriegsähnliche Zustände geherrscht, weil Teile des Hochadels Otto nicht als König anerkennen wollten. Insofern war es schon eine große Leistung Ottos, überhaupt ein Heer mit Rittern aus allen Teilen des Reiches aufgestellt zu haben. Manche Historiker sehen dies als die eigentliche Geburtsstunde Deutschlands. Die Ungarn ziehen sich nach der Niederlage in den Osten zurück, werden sesshaft und nehmen bald das Christentum an.

973 lässt sich Otto in Rom vom Papst zum Kaiser krönen. Damit verbunden ist der Gedanke eines universellen christlichen Reiches und die Oberhoheit über die christlichen Könige Europas (die das freilich anders sehen). Ottos Reich umfasst ein Gebiet von Hamburg bis Norditalien und vom Burgund bis zur Elbe. Bis 1805, dem Ende des „Heiligen Römischen Reiches Deutscher Nation", werden ausschließlich deutsche Könige die römische Kaiserkrone tragen.

In Nordeuropa beginnt langsam die Christianisierung der Wikinger und die Staatsbildung. Spanien erlebt unter islamischer Herrschaft eine nie gekannte kulturelle Blüte. Auch in Osteuropa breitet sich das Christentum unter den slawischen Völkern aus. Viele aber wehren sich gegen die Zwangsbekehrung, zumal sie oft mit brutalen Eroberungszügen einhergeht.

Die *Bevölkerungzahl* steigt in ganz Europa wegen sehr günstiger klimatischer Bedingungen. Um die Jahrtausendwende ist der Weinbau etwa in England und sogar Südskandinavien verbreitet. Die Wikinger besiedeln neben Island auch Grönland (Grünland) und erreichen sogar Nordamerika (Neufundland).

915   Erneuter Überfall der Wikinger

936   Der sächsische Adelige Hermann
       Billung erhält von Otto I. den
       Auftrag, die Grenze an der unteren
       Elbe zu schützen.

937   Der Priester Adaldag, ein enger
       Vertrauter von Otto I., wird Erzbi-
       schof von Hamburg-Bremen.

953   Otto I. macht Hermann Billung
       zum Markgrafen, er festigt damit
       seine Macht im Raum der Unterelbe.
       Der von Kaiser Otto I. abgesetzte
       Papst Benedikt V. wird nach Ham-
       burg verbannt.

983   Die Abodriten überfallen Hamburg.
       Anschließend beginnt man mit
       dem Bau einer Stadtbefestigung.

Typisch Bremer, dachte Radoslaw.
Ständig wollen sie einen veräp-
peln. Für wie blöd halten die einen eigentlich? „Du willst einen Narren
aus uns machen. Nicht mit mir", sagte er
ärgerlich. Er saß mit zwei Freunden in der
kleinen Schenke, Fischer wie er, und trank
mit Holunder gewürztes Bier, als der kleine dickliche Mann hereinkam, sich an ihren Tisch setzte und als Thilgard vorstell-
te. Gehilfe des Stallmeisters sei er und im
Gefolge des Diakons von Bremen mit nach
Hamburg gekommen. Ein netter Kerl, da
waren die drei Elbfischer sich einig. Doch
nach ein paar Krügen Bier fing er dann an,
wichtigtuerisch von der „geheimen Mission" zu erzählen, in der sein Herr unterwegs sei. Der müsse die Hamburger Brüder nämlich darauf vorbereiten, dass der
Heilige Vater in ihre Stadt komme. Der
Papst nach Hamburg? Das war doch mal
ein guter Witz, dachte Radoslaw. Doch als

800   900   1000   1100   1200   1300

Ein Papst am Rande der Welt

der Bremer darauf beharrte und beim heiligen Martin schwor, dass er die Wahrheit sage, da wurde er böse und stand auf.

Viel wusste Radoslaw nicht über den Papst. Aber dass er Tausende Meilen entfernt in Rom lebte und Kaisern die Krone auf den Kopf setzte, das wusste er schon. Und Hamburg mit seinen 500 Einwohnern, das ist tiefste Provinz am Rande der christlichen Welt. Und was, bei allen Heiligen, sollte der Papst hier wollen?

Doch bald gibt es in der ganzen Stadt nur noch ein Thema. Die Marketender, die Höker, der Barbier, die Böttcher, sie alle erzählen, dass Benedikt V. auf dem Weg nach Hamburg sei, als Gefangener des Bremer Erzbischofs Adaldag. Schon bald würden sie da sein. Der Papst als Gefangener des Bischofs? „Gott steh uns bei", murmelt der Mönch und sieht zu, dass er rechtzeitig zur Abendmette ins Bethaus kommt.

*In der Wikingerzeit werden Glasperlen gern als
Ketten getragen. Oft entdeckt man sie bei Grabfunden.
Wikingerfrauen tragen die Ketten einreihig oder
mehrreihig um den Hals. Hergestellt werden die
gläsernen Perlen von spezialisierten Handwerkern.
Grüne Glasperlen mit roten Fäden und gelbem oder
weißem Zickzackband sind für die Wikingerzeit
besonders typisch.*

800   900   1000   1100   1200   1300   1

Radoslaw lebte jetzt seit elf Jahren in der kleinen Stadt. Seine Familie stammte aus der Gegend von Lauenburg. Weder Dänen noch Sachsen hatten dem slawischen Stamm der Abodriten, der hier seit mehr als 150 Jahren lebte, die Eigenständigkeit nehmen können. Doch die Zeiten waren unruhig, immer wieder gab es gegenseitige Überfälle. Radoslaw gehörte zu den wenigen Abodriten, deren Familie das Christentum angenommen hatten. Er fühlte sich als Außenseiter und war in ständiger Angst vor Überfällen – also fuhr er die Elbe hinab. Als 955 dann König Otto I. die verbündeten Slawenstämme besiegte, war er froh, in Hamburg untergekommen zu sein. Und Lachs, Stint und Aal zu fischen war hier auch nicht schwieriger als ein paar Meilen flussaufwärts.

32 Jahre alt war er jetzt und zufrieden mit seinem Leben. Sein Weib heißt Luba, was Liebe bedeutet, und der Name passt ganz gut, findet er. Sie ist fleißig, selten krank, neigt nicht zum Jammern und hat ihm sieben Kinder geschenkt, von denen nur drei gestorben sind. Jaropolk, sein Ältester, ist für seine zwölf Jahre ziemlich stark und sehr geschickt beim Fischen. Und die Geschäfte gehen viel besser, seit König Otto den Billunger Grafen mit Soldaten geschickt hat, um das Land im Norden zu schützen. Seitdem kommen viel

OTTO I.
(912 – 973)

erhält als einer der bedeutendsten Herrscher des Mittelalters
den Beinamen der Große. Der
Liudolfinger ist Sachsenherzog,
König des Ostfrankenreichs, ab
951 König von Italien und wird elf
Jahre später römisch-deutscher
Kaiser. 955 gelingt ihm auf dem
Lechfeld bei Augsburg ein spek-
takulärer Sieg gegen die Ungarn.
937 bestätigt er die Privilegien
des Hamburger Domstifts.

HERMANN BILLUNG
(ca. 900 – 973)

ist ein sächsischer Adeliger mit
guten Beziehungen zu Otto I. Er
nimmt an mehreren Kriegszügen
teil und besitzt das Vertrauen des
Königs. Seine wichtigste Aufgabe
ist die Sicherung der Elbgrenze
gegen die Slawen und Dänen.
966 erhebt ihn der inzwischen
zum Kaiser gekrönte Otto I.
zum Markgrafen und weist ihm
Hamburg als Residenz zu. Er ist
einer der mächtigsten Fürsten im
Norden des Reichs.

BENEDIKT V.
(gest. 965)

hat Pech im Machtpoker gegen
Kaiser Otto I. Er ist ein gebildeter
Mann und wird 964 zum Papst
gewählt. Das geschieht gegen
den Willen des Kaisers, der sich
durchsetzen kann, Benedikt
absetzen und verbannen lässt.
So kommt der entmachtete
Papst nach Hamburg, wo er von
Erzbischof Adaldag beaufsichtigt
wird. Schon nach kurzer Zeit
stirbt Benedikt in Hamburg.
Sein Leichnam wird später
nach Rom gebracht.

800   900   1000   1100   1200   1300

mehr Händler, um getrockneten und eingesalzenen Fisch zu kaufen. Und wenn jetzt tatsächlich der Papst erscheint – dann muss es ja noch viel besser werden.

Vier Tage nach dem Gespräch in der Schenke sitzt Radoslaw vor seiner Hütte am Alsterufer und kontrolliert seine Reusen auf undichte Stellen, als ein Junge angerannt kommt und immerzu schreit: „Er ist da, er ist da …" Radoslaw ist ein ruhiger, meist wortkarger Mann. Doch jetzt packt ihn die Neugier. Er läuft zwischen den Hütten und kleinen Häusern hindurch zu dem Platz vor dem Haupttor der Burg. Dass die ganze Stadt sich versammelt hat, ist keine Übertreibung – sogar die Mönche haben pflichtvergessen alles liegen gelassen, um ihn zu sehen: Benedikt V., Ex-Papst und Gefangener des Bremer Erzbischofs. Erschöpft sieht er aus auf seinem grauen Wallach. Und es sind verzweifelte Blicke, mit denen der 53-Jährige in seinem schweren roten Umhang seine neue Heimat mustert.

Kalt, klein, karg – so sieht Hamburg in diesen Apriltagen 965 für den hochgebildeten Patriziersohn aus, den man in Rom „Grammaticus" nannte. Und auch wenn Adaldag ihn sehr respektvoll behandelt, ist es ein gebrochener Mann, der nach vier Monaten Reise von den Hamburgern bestaunt wird. Und es vergeht kein Tag, an dem er nicht voll Bitterkeit an den 22. Mai des Vorjahres denkt: den Tag seiner Wahl zum Papst. Sein Vorgänger Leo VIII. war von den Römern aus der Stadt gejagt worden, und damit hatten sie den Zorn des Kaisers provoziert, der in die Ewige Stadt kam und dessen Wiedereinsetzung forderte. Benedikt hatten sie nach nur einem Monat auf dem Stuhl Petri dem Kaiser ausgeliefert, und der schickte ihn in die Verbannung an den entferntesten Ort des ganzen Reiches: nach Hamburg.

In der Öffentlichkeit lässt Benedikt sich nur selten blicken, meist bleibt er in dem Wohntrakt für die Geistlichen direkt neben dem Kloster, wo er sein kleines Domizil hat. Doch Redestoff gibt es genug, denn eine so kleine Stadt ist ein Ort ohne Geheimnisse. Das Essen verabscheue er, erzählt eine Magd Radoslaw, als sie Stinte für die Freitagsspeisen der Kirchenoberen kauft. Und der Stallmeister weiß zu berichten, dass „der Römer" ständig nach Oliven, Orangen und Toskana-Wein frage. „Dabei bekommt selbst der Kaiser so etwas nur selten auf den Tisch!" Schon bald erzählt man sich, dass Benedikt sehr krank sei – und wohl vor Kummer sterben werde. „Bei euch Hyperboreern kann kein italisch Herz warm werden", soll er gesagt haben. So nannten die Griechen ein kaltes, windiges, sagenhaftes Land weit im Norden. Doch bevor er für immer die Augen schließt, sagt er noch etwas, was viele Hamburger zutiefst beunruhigt: „Solange meine Gebeine hier ruhen, wird die Stadt zerstört und verwüstet, und wilde Tiere hausen in den Trümmern." Das jedenfalls verbreitet ein alter Mönch. Radoslaw ist nicht wohl zumute, als Benedikt nach seinem Tod am 4. Juli 965 in der hölzernen Marienkirche beigesetzt wird. Den meisten anderen geht es genauso. Gudrun, die uralte Mutter des Fassmachers, murmelt seitdem immer etwas verdächtig nach den alten Göttern Klingendes, wenn sie am Portal der Kirche vorbeigeht ...

Doch die meisten beginnen bald, diese Geschichte zu vergessen. Der Stadt ergeht es nicht schlecht in den nächsten Jahren. Die Wikinger hatte man seit 50 Jahren nicht mehr gesehen (außer als Kaufleute), und die Slawen waren besiegt. Und weil der Handel floriert, interessiert sich auch Radoslaw nicht mehr für die alten Geschichten mit Benedikt.

Der Fischer ist schon ein alter Mann, der seinen Söhnen nur noch sporadisch beim Fang im Fluss helfen kann, als eine Nachricht die Stadt erreicht: Kaiser Otto II. hat die Huld Gottes verloren – ein Sarazenenheer hat ihn in Süditalien vernichtend geschlagen. Die schlimmste Niederlage seit Menschengedenken, heißt es. Die bösen Vorahnungen, die mancher hat, werden bald brutale Realität, denn die Slawen nutzen die vermeintliche Schwäche des Reiches und erheben sich. Mistiwoj, ein Abodritenfürst, wütet im ganzen Norden und überfällt auch Hamburg. Die Stadt wird zwar nicht völlig zerstört, aber es gibt viele Tote – unter ihnen auch Radoslaw und seinen zweitältesten Sohn. Trümmer und Verwüstung – war das nicht der Fluch des Benedikt?

Die Hamburger beheben die Schäden ziemlich rasch, doch die Worte des Papstes geraten nicht mehr in Vergessenheit. Für viele ist es dann der glücklichste Tag seit Langem, als endlich im Jahr 999 der neue Kaiser Otto III. die Gebeine Benedikts aus der Marienkirche holen lässt, um sie nach Rom zu bringen. Die Hamburger sind so dankbar, dass sie ihm ein Denkmal errichten. Nicht dem Kaiser – sondern Benedikt.

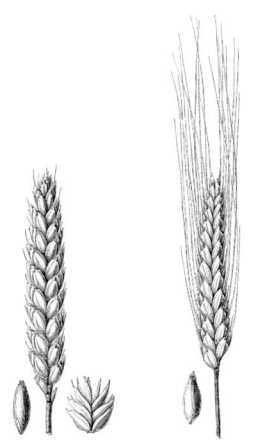

Ernährung Unser täglich Brot – diese Formulierung aus dem Vater unser wurde im Mittelalter wörtlich genommen. Denn Brot machte den Hauptteil der Ernährung aus, vor allem der ärmeren Schichten, und das waren ja fast alle. Das Frühstück bestand in der Regel aus einem Getreidebrei, oft aus Hafer oder Gerste, manchmal aus einer Biersuppe. Fleisch kam nur selten auf den Tisch, Gemüse nur im Frühjahr und Sommer – als zerkochter Brei. Das Brot war oft aus Roggen, Weizen galt ab dem Hochmittelalter als Privileg der Reichen.

Stadtluft macht frei – und krank. Denn die mittelalterliche Stadt war ein Schweinestall. Fast jeder Bürger hielt Vieh, das umherlief und auf die Straßen kotete, was manch Bürger übrigens auch tat. Da auch die Nachttöpfe direkt vor der Tür entleert wurden, roch es nicht nur im Sommer abenteuerlich. Paradiesische Zustände waren das nur für Krankheitserreger aller Art. Dabei legte der hochmittelalterliche Mensch durchaus Wert auf Körperwäsche – Badehäuser waren extrem beliebt. Vielleicht auch, weil Männer und Frauen gemeinsam ins Wasser stiegen. Die Prüderie wurde erst später erfunden ...

1500   1600   1700   1800   1900   2000

11. Jh.

Es herrscht freundliches Klima
im Mitteleuropa des 11. Jahrhunderts, gute Ernten lassen die
Bevölkerungszahl steigen, die
Sterblichkeit nimmt ab. Und
während die deutschen Kaiser im
fernen Italien mit den Päpsten um
die Macht ringen, wächst Hamburg
langsam zu einer Stadt heran.
Beziehungsweise zu zwei Städten.
Denn direkt neben der bischöflichen
Altstadt grenzen die Billunger
ihren eigenen Machtbereich ab.
Der Konkurrenzkampf geht so weit,
dass es bald auch zwei steinerne
Burgen geben wird – als Zeichen
unversöhnlicher Rivalität...

STECKBRIEF

Stadtgebiet 0,12 qkm
Einwohner 750
Berufe Fischer, Handwerker
Speisen Fisch, Getreide
Währung Denare aus
dem Niederelbegebiet,
Hacksilber nach Gewicht

„Mora"

1024 geht die Königs- und Kaiserwürde von den Sachsen auf die Salier, ein fränkisches Adelsgeschlecht, über. Der politische Schwerpunkt verlagert sich von Italien auf den deutschen Reichsteil. Die Könige können nicht einfach regieren, sondern müssen mit den mächtigen Fürsten stets Kompromisse ausloten. Sie sind Reisekönige und ständig im Sattel, weil es keine Hauptstadt gibt.

In der Kirche breitet sich vom burgundischen Cluny eine mächtige Reformbewegung aus, die gegen die Verweltlichung der Kirche (Luxusleben der Bischöfe, Priesterehe, Machtstreben) predigt, aber auch die Vorherrschaft des Papstes über den Kaiser propagiert. Die Praxis etwa Heinrich III. (Kaiser *1039* bis *1056*), der nach Belieben Päpste ein- und absetzt, wird scharf kritisiert.

Der Kampf Kaiser gegen Papst erlebt seinen Höhepunkt *1077*. Kaiser Heinrich IV. und Papst Gregor VII. haben sich gegenseitig für abgesetzt erklärt. Als sich viele Fürsten gegen den exkommunizierten Kaiser stellen, wirft sich Heinrich in Canossa dem Papst im Büßergewand zu Füßen.

In Nordeuropa erlebt ein dänisches Großreich seine kurze Blüte. Unter König Knut dem Großen werden Dänemark, Norwegen und England vereint, nach Knuts Tod *1035* zerfällt das Reich aber rasch wieder.

1066 erobern Normannen, die in Frankreich sesshaft geworden waren ("Normandie"), unter Herzog Wilhelm "dem Eroberer" die britische Insel.

In Spanien wird "El Cid" (gestorben *1099*), ein christlicher Ritter namens Rodrigo, zum Nationalhelden, weil er entscheidend an den Kämpfen gegen die Araber beteiligt ist. Die Legende verschweigt allerdings, dass er manchmal auch auf Seiten der Araber gegen Christen kämpfte. Die "Reconquista" (Rückeroberung) wird erst *1492* abgeschlossen.

1095 ruft Papst Urban II. zum Kreuzzug auf, mit dem die heiligen Stätten in Jerusalem von den "Sarazenen" (christlicher Name für Araber) erobert werden sollen. *1099* gelingt die Eroberung Jerusalems, nach der ein Massaker an der arabischen Bevölkerung angerichtet wird. Diese Kreuzzüge werden sich mit Unterbrechungen 200 Jahre hinziehen.

1012	Erste historisch nachweisbare Sturmflut im Bereich der Unterelbe
1013	Unwan wird Erzbischof von Hamburg-Bremen.
1020	Erzbischof Unwan lässt einen neuen Mariendom samt Stiftsgebäude errichten, allerdings noch aus Holz.
1020	Libentius II. wird als Erzbischof Unwans Nachfolger. Er reist häufig nach Hamburg, wo er sich um kirchliche Angelegenheiten kümmert.
1035–43	Der Billunger Bernhard II. lässt an der Alster eine steinerne Burg bauen und grenzt damit den weltlichen gegenüber dem erzbischöflichen Machtbereich ab.
1043	Adalbert wird Erzbischof von Hamburg-Bremen.
1061	Der Billunger Ordulf vollendet am Alsterufer die Neue Burg und sichert damit die Alsterfurt als Verkehrsweg.
1072	Magnus verlässt als letzter Billungerherzog Hamburg.
1093	Nach der Niederschlagung des Aufstands bei Schmillau ist die Gefahr eines Überfalls von Abotriten auf Hamburg für die nächsten Jahre gebannt.

Wortkarg ist der hohe Herr, der sich nur von seinem Ratgeber und zwei bewaffneten Dienern begleiten lässt. Arnulf läuft einen halben Schritt hinter dem Herzog, er weiß genau, dass er seinen Herrn jetzt nicht ansprechen darf. Er kennt Bernhards Wutausbrüche, die vor allem dann drohen, wenn es um den Erzbischof und dessen Macht geht, die wie in Stein gemeißelt zu sein scheint. Der Nebel, der seit dem frühen Morgen auf der Alster liegt, beginnt sich langsam zu lichten. Arnulf fröstelt, verschränkt die Arme vor der Brust, der Herzog ist stehen geblieben. Breitbeinig steht der da, ein kostbarer Zobelpelz schützt ihn vor der Kälte dieses Wintermorgens. Bernhard spricht noch immer nicht, er blickt hinüber auf das steinerne Haus des Bischofs. Es ist mehr als ein Haus, es ist ein Zeichen der Macht mit Mauern und Wällen. Feste Steine, dicke Wände und ein Haus, das in den Himmel ragt. Holz kann viel leichter brennen, und oft genug hat es gebrannt. Wenn die Feinde kamen und Hamburg überfallen haben, wenn sie mit brennenden Pfeilen auf die Häuser schossen und lodernde Fackeln

800 900 1000 1100 1200 1300

Der Fürst und der Pfaffe

über die Palisaden warfen, war die Not groß und alles dahin.

„Auch wir brauchen Stein", sagt Bernhard II. mehr zu sich selbst, sodass Arnulf nicht weiß, ob er antworten soll. „Der Pfaffe hat es richtig gemacht, er hat auf Stein gebaut. Vor allem darauf gründet sich seine Macht. Der Dom ist aus steinernen Quadern zusammengefügt, und sogar der Turm, in dem der Pfaffe sein Haupt bettet, in dem er schläft und isst und seine Intrigen ausheckt, sogar dieser Turm mit seinen Mauern und Zinnen ist aus festem und hartem Stein erbaut", sagt der Billungerherzog, der in Hamburg die Macht ausübt. Er ist es, der die Grenze an der Elbe mit seinen kampferprobten Männern schützen muss. Stets ist er auf der Hut, hat seine Späher weit im unsicheren Umland postiert, wo sie Ausschau halten nach den Horden der Wegelagerer und Räuber, denen meistens leicht beizukommen ist. Vor allem aber müssen sie erkennen, wann die wirkliche Gefahr droht, von den Slawen. Denn das sind keine undisziplinierten Horden, sondern gefährliche Kämpfer, die das Schwert zu führen verstehen. Sie fürchten nichts, und der eigene Tod schreckt sie nicht, wenn sie Siedlungen überfallen und über Palisaden klettern. Und sie bringen Tod und Verderben, nicht nur über die Männer, die sie im Kampf niederstrecken, auch die Weiber sind nicht sicher vor ihnen, und nicht einmal gegenüber den Kindern zeigen sie Erbarmen. Aber der Pfaffe da drüben, denkt Bernhard, der ist hinter seinen steinernen Mauern sicher. Stein brennt nicht, die Flammenpfeile prallen ab, und die Zinnen geben den Soldaten des Bischofs jenen Schutz, den sie brauchen, um jeden Angreifer wirksam abzuwehren. Und sie bauen noch weiter, Stein um Stein, Mauer um Mauer, Zinne um Zinne. Die Mauern rich-

ten sich nicht nur gegen die Heiden von außen, nein, sie richten sich auch gegen ihn, den Billunger. Der Herr über Hamburg beherrscht die Stadt eben nicht zur Gänze, denkt Hermann grimmig und stampft mit dem Fuß auf. Seine Macht endet dort, wo der Bischof seine Mauern errichtet hat.

„Arnulf, komm her", befiehlt der Herzog in herrischem Ton, obwohl der Ratgeber schon direkt neben ihm steht. „Was müssen wir tun, um eine Burg zu bauen?", fragt er und beginnt schon, mit der Stiefelspitze im Sand Mauerverläufe zu zeichnen, Türme und Wälle, Häuser und Zinnen. „Schwer wird das und teuer zudem", sagt

Diese Scherbe ist Teil eines jener irdenen Gefäße gewesen, die im Mittelalter zu den wichtigen Handelsgütern gehörten. Die typische Importkeramik mit ihrer charakteristischen Bemalung stammt aus Pingsdorf, einem heute zum rheinländischen Brühl gehörenden Stadtteil. Die dort gefertigte Keramik wird damals im gesamten Ostseeraum und bis nach England verkauft. Grund dafür dürfte ihre besondere Qualität sein: Der hervorragend gebrannte Ton ist offenbar gar nicht oder kaum wasserdurchlässig und eignet sich daher besser zur Aufbewahrung von Flüssigkeiten wie Öl oder Wein als die einheimischen Gefäße.

1500   1600   1700   1800   1900   2000

Arnulf, der genau weiß, dass der Herzog keine Einwände hören will. Trotzdem muss er ihm sagen, dass der Bau einer steinernen Burg eine enorme Kraftanstrengung bedeutet. Alle verfügbaren Männer werden daran arbeiten müssen, sie werden Tausende Bäume fällen und Steine herbeischaffen müssen, werden Erdwälle ausheben und Mauern aufrichten müssen. Arbeit ist das für Jahre, und Ungeduld kann da nur schaden. Hermann hört den Ausführungen seines Ratgebers mit außergewöhnlicher Geduld zu, fällt ihm nicht einmal ins Wort und legt ihm schließlich sogar die Hand auf die Schulter. „Arnulf, ihr müsst es tun. Ihr müsst alles in die Wege leiten, was notwendig ist. Ihr seid der Stein, auf den ich baue. Und es wird ein großes Bauwerk sein, mindestens dem ebenbürtig, das der Erzbischof da drüben errichtet", sagt der Herzog, dessen Hand auf Arnulfs Schulter nun immer schwerer zu werden scheint.

Welche Last er mir aufbürdet, denkt er und genießt doch zugleich das Vertrauen, das der Billunger in ihn setzt. Vom Mariendom ist jetzt die Glocke zu hören, der Nebel hat sich gelichtet, auf der Alster fährt ein einsames Boot und macht dann an einem Steg fest. Dort wird der Fischer schon von seiner Frau erwartet, die den morgendlichen Fang sofort in Augenschein nimmt.

Bald wird er sehr viel weniger Zeit zum Fischen haben, denkt Arnulf, der mit seinem Herrn zurückgeht, gleich darauf sein eigenes Haus betritt und mit den Planungen beginnt. Bald werden die Fischer und die Handwerker, die Händler und selbst die Wirte neben ihrem eigentlichen Handwerk an der Burg bauen. Doch der Bau von Burgen aus Stein ist neu, und Arnulf hat keine Erfahrung darin.

Nachdenklich sitzt er in seinem Zimmer und muss zugeben, dass er keine Ahnung hat, wie er vorgehen soll. Er wird sich alles abgucken müssen, wird immer wieder hinübergehen in die Bischofsburg, mit den Bauleuten reden und sich alles einprägen. Aber kann der Berater des Herzogs sich überhaupt auf der Baustelle des Erzbischofs blicken lassen? Würde das nicht Verdacht erwecken? Da kommt ihm eine Idee. Er klatscht in die Hände und ruft Gunter, seinen zwölfjährigen Sohn, der eben noch der Mutter geholfen hat, das Feuer im Herd zu schüren. „Komm her, Gunter. Ich brauche dich", sagt er, und der Junge, der froh ist, der Küchenpflichten ledig zu sein, lässt den Schürhaken fallen und rennt zum Vater.

„Du wird mein Spion sein", sagt Arnulf und legt seinem Sohn die Hand auf den Kopf. „Niemand darf es wissen, niemand etwas erfahren, denn ich betraue dich jetzt mit einer geheimen Mission." Der Sohn hängt an seinen Lippen. Arnulf erzählt ihm, dass er ab jetzt hinüber zur Bischofsburg gehen soll. Er soll dort mit seinen Freunden spielen, aber alles genau beobachten. Er soll die Arbeiter zählen und die Baumstämme, die sie verbauen. Er soll sich einprägen, wie sie die Findlinge platzieren und die vom Wasser glatt geschliffenen Steine einfügen in die Wälle und in die Mauern. Keine Einzelheit sei unwichtig, je mehr er entdecke, desto besser. Aber niemand, wirklich niemand, dürfe von seiner Mission erfahren.

Mit Eifer ist Gunter in den nächsten Tagen auf der Baustelle der bischöflichen Burg unterwegs. Die Arbeiter verscheuchen ihn, manchmal tritt einer sogar nach

Gunter, der nie allein unterwegs ist, sondern immer Freunde bei sich hat. Er sieht, wie sie die schweren Steine anpacken und sie aufrichten. Er prägt sich die Befehle der Aufseher ein, und einmal wird er gar Zeuge, wie der Erzbischof selbst die Baustelle inspiziert und sich vom Aufseher den Fortgang der Arbeiten erklären lässt. Gunter steht allzu nah neben dem Erzbischof und wird von dessen Diener wie eine lästige Fliege vertrieben. Aber Verdacht hat niemand geschöpft. Sobald sich die Sonne neigt, rennt der Knabe nach Hause zum Vater, der die Tür sorgsam verriegelt, denn nun darf sie niemand stören. Gunter ist ein guter Beobachter, der Zusammenhänge schnell erfasst. Erst erzählt er, was sich am Tage ereignet und was er entdeckt hat, dann beantwortet er die Fragen des Vaters. Der macht sich auf einem großen Pergament Notizen, kratzt ein ums andere Mal mit der Feder über den Bogen. Und dann ist es so weit: Ein Diener des Grafen verliest überall in der Stadt einen Befehl, den die Menschen erst kaum glauben wollen. Doch jeder Mann muss ihm Folge leisten. Schon vom nächsten Tag an werden Arbeiter gebraucht für ein großes Werk, eine Burg aus Stein, die bald in den Himmel wachsen wird. Und dann schuften sie

tatsächlich nicht weniger als drüben die Arbeiter des Erzbischofs. Sie fällen Bäume, schleppen die schweren Stämme. Steine, die im Fluss zu finden sind, werden in Körben herangebracht und zu Haufen gestapelt.

Die Arbeiten sind eine schwere Last für die Menschen, die auch sonst für ihr Auskommen zu schuften haben. Aber Arnulf ist unerbittlich, inspiziert und kontrolliert, tadelt und lobt und stellt zu jedem Sonnenuntergang fest, wie weit das Werk an jedem Tag vorangeschritten ist. Und auch der Billungerherzog kommt oft, um die steinernen Mauern beim Wachsen zu beobachten. „Nun, Pfaffe, das wird dir nicht gefallen", sagt er, wenn er hinüber zu den Zinnen des Erzbischofs blickt. Jahre dauert es, bis die herzogliche Alsterburg, die Herzog Ordulf nach dem Tod von Bernhard II. vollendet hat, der Burg der Bischöfe ebenbürtig ist. „Die beiden Burgen sehen fast aus wie feindliche Brüder", denkt Gunter, als er am Alsterufer entlanggeht und sich daran erinnert, wie er die bischöfliche Baustelle einst ausspioniert hat. Inzwischen ist er ein reifer Mann, hat selbst drei Söhne und berät Herzog Ordulf ganz so, wie sein Vater einst Ratgeber bei Herzog Bernhard gewesen ist.

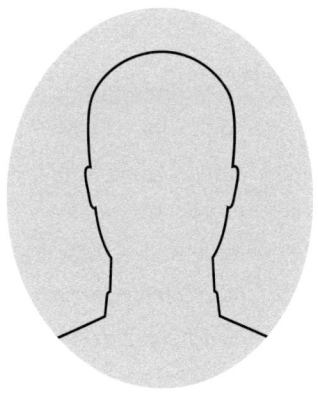

PAPST LEO IX.
(1002–1054)

*heißt ursprünglich Bruno
von Egisheim-Dagsburg und
entstammt einem elsässischen
Adelsgeschlecht. Er wird zum
Priester geweiht und tritt in die
Kanzlei von Kaiser Konrad II. ein.
Schon im Alter von 24 Jahren
erhält er die Bischofswürde. Als
er 1049 zum Papst geweiht wird,
nimmt er den Namen Leo IX. an
und erweist sich als weitsichtiger
Reformer und kluger Herrscher.
Im Januar 1053 bestätigt er Hamburgs kirchliche Privilegien.*

ERZBISCHOF ADALBERT
(um 1000–1072)

*entstammt einem sächsischen
Grafengeschlecht und wird in der
Domschule zu Halberstadt erzo-
gen. Als Nachfolger von Becelin
wird er Erzbischof von Bremen und
Hamburg. Zu Kaiser Heinrich III.
hat er ein enges Vertrauensver-
hältnis, seine Beziehung zu den
Billungern ist dagegen gespannt.
Um 1060 erbaut er auf dem
Süllberg eine Festung, um seinen
Machtanspruch auf das Hambur-
ger Gebiet zu demonstrieren.
Bald wird die Burg zum Ausgangs-
punkt von Raubzügen. Aufgrund
übersteigerter Machtansprüche
wird Adalbert 1066 gestürzt.
Beim großen Slawenaufstand wird
Hamburg geplündert und auch die
Burg auf dem Süllberg zerstört.*

ADAM VON BREMEN
(vor 1050–1081)

*stammt zwar aus der Nähe von
Würzburg, hat seine Ausbildung
aber in Bremen absolviert. Er ist
Theologe und Domherr in Bremen, macht sich aber vor allem
als Geograf und Historiker einen
Namen. Er reist viel, zum Beispiel
nach Skandinavien, und studiert
alle vorhandenen Geschichts-
quellen. Im Zeitraum von 1072
bis 1076 verfasst er die vierbän-
dige „Gesta Hammaburgensis
ecclesiae pontificum", die erste
umfassende Geschichte der
Mission im Norden und der
Bistümer Hamburg und Bremen.*

Haferstroh *sollte es schon sein. Denn der ist weicher. Sonderlich bequem dürfte es aber dennoch nicht gewesen sein, wie sich die Mehrheit der Hamburger bettete. Von ein paar Holzbalken zusammengehalten, diente das Stroh als Matratze, manchmal für die ganze Familie. Und selbst eine Wolldecke war nicht für alle eine Selbstverständlichkeit. Das Nachtlager unterschied sich jedenfalls gewaltig von dem reicher Leute: Die kannten seit dem Frühmittelalter Federdecken und -kissen, richtige Matratzen und hölzerne Betten, oft auf einem Podest – für höhergestellte Persönlichkeiten eben.*

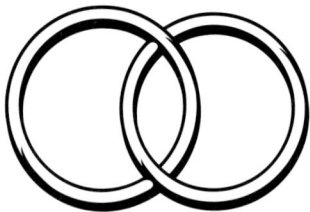

Ehebruch *war schon immer ein heikles Thema und konnte, vor allem für Frauen, schon mal mit dem Tod enden. Männer hatten es, natürlich, leichter und konnten ganz legal polygam leben: mit einer „Friedelehe". Im Gegensatz zur normalen Ehe heirateten beide aus freien Stücken (und auch die Frau konnte sich scheiden lassen). Diese Form der „Vielweiberei" war gesellschaftlich akzeptiert, wurde aber ab der Jahrtausendwende zunehmend von der Kirche bekämpft. Dennoch wurde sie vereinzelt bis ins 18. Jahrhundert praktiziert.*

12. Jh.

STECKBRIEF

Stadtgebiet 0,16 qkm
Einwohner 1900
Berufe Kaufleute, Handwerker
Speisen Fisch, Getreide,
zu Festtagen Fleisch

Währung Denare (Pfennige)
und Brakteaten (einseitig
geprägte Münzen) aus
Hamburg, Lübeck und
dem Niederelberaum

Küstenschiff von Schloss Kalmar

Nach dem Aussterben der Billunger sind es nun die Schauenburger, die über Holstein und damit auch Hamburg herrschen. Sie siedeln Auswärtige in ihrer Neustadt an, die rasch wächst, so wie die ganze Stadt als Handelszentrum an Bedeutung gewinnt. Die Alster wird aufgestaut, aus Holland kommen erste Siedler ins Alte Land. Und als der alte Kaiser Friedrich 1188 zum Krieg gegen die Sarazenen im Heiligen Land aufruft, da folgen ihm auch Hamburger auf die lange Reise nach Palästina ...

1137 kommt mit Konrad III. ein Schwabe aus dem Geschlecht der Staufer auf den Thron. Er beteiligt sich am erfolglosen 2. Kreuzzug.
1152 folgt ihm sein Neffe Friedrich I., dem spätere Generationen den Namen Barbarossa (Rotbart) geben. Auch dank vieler Legenden-bildungen wird er in Deutschland zum popu-lärsten Kaiser des Mittelalters – im Ausland steht er eher für deutsches Hegemoniestreben und besondere Brutalität.

Barbarossa kämpft während seiner 38-jährigen Herrschaft fast ständig gegen die mächtigen norditalienischen Städte, die sich zum lombardischen Bund unter Führung Mai-lands vereint haben. Die italienischen Städte sind viel größer und reicher als die deutschen und dementsprechend wichtig als Steuerzahler.

Während der Kaiser oft in Italien ist, erarbeitet sich der welfische Herzog von Sachsen und Bayern, *Heinrich der Löwe*, in Norddeutschland eine fast königgleiche Stellung. Er führt viele Kriege im Slawengebiet zwischen Elbe und Oder, drangsaliert aber auch seine deutschen Nachbarn. Die (Neu)-Gründungen von Lübeck und München gehen auf ihn zurück. Nach einem Zerwürfnis mit Barbarossa wird er abgesetzt und geht ins englische Exil.

Gemeinsam mit dem englischen König *Richard Löwenherz* plant Barbarossa den 3. Kreuzzug, nachdem Saladin Jerusalem erobert (und die Bevölke-rung geschont) hatte. Der deutsche Kaiser ertrinkt während des Marsches in dem Fluss Saleph in der heutigen Türkei. Löwenherz' Feldzug gegen Saladin scheitert.

Barbarossas Sohn Heinrich VI. nimmt Löwenherz auf dessen Heimweg gefangen und erpresst von den Engländern ein gewaltiges Lösegeld. Heinrich gilt als der skrupelloseste Kaiser der deutschen Geschichte, erobert Süditalien und Sizilien, auf das er durch Heirat einen Erbanspruch hatte, und macht viele mediterrane Herrscher von sich abhängig.
1197 stirbt er plötzlich – die Herrschaft bricht in kürzester Zeit zusammen, auch weil er bei vielen verhasst war.

1111	Adolf I. von Schauenburg wird neuer Landesherr von Holstein. Damit lösen die Schauenburger die Billunger ab.
1139	Die gräfliche Burg wird bei Kämpfen um die Herrschaft im Herzogtum Sachsen zerstört.
1143	Holländische Bauern siedeln sich im Alten Land an.
1164	26.2.: Schwere Strumflut. Viele Bauern müssen das Marschland in Hamburgs Nachbarschaft räumen.
1188	Adolf III. von Schauenburg lässt die Neustadt besiedeln.
1189	7.5.: Angeblich verleiht Kaiser Friedrich Barbarossa Hamburg auf Initiative von Adolf III. wichtige Privilegien. Einen schriftlichen Beleg dafür gibt es jedoch nicht.
1195	Erste Erwähnung von St. Petri

12. Jahrhundert

1500   1600   1700   1800   1900   2000

Der Ordensritter und die Fälscher

Als das Schiff festmacht, kommen ihm unweigerlich die Tränen. Lorenntz lehnt sich an das große Fass, das auf Deck festgezurrt ist, schaut auf die Häuser der Gröninger-Straße und fühlt diesen süßen Schmerz, wie ihn nur alte Menschen empfinden können, wenn sie plötzlich in ihre Jugend versetzt werden. „Was macht Euch so traurig?", fragt Jacub, der 14-jährige Sohn des Kapitäns. Lorenntz sieht ihn an. „Es ist nur so, mein Junge. Ich hätte nie gedacht, dass ich Hamburg noch einmal wiedersehe." „Dann wollt Ihr bestimmt näher hinsehen", sagt Jacub und bietet dem Greis seinen Arm an, um ihm an Land zu helfen. Die Fahrt von Magdeburg bis Hamburg war die schönste, die Jacub je gemacht hatte. Denn nie zuvor hatte er so aufregende Geschichten gehört wie die des alten Lorenntz. Sie handelten von Kämpfen gegen die Sarazenen, von Saladin und Kaiser Barbarossa, von Jerusalem und Damaskus…

Jacub geleitet Lorenntz bis zum Mariendom. Und als Jacub aufgeregt erklärt hat, dass sie einen Ritter des Deutschen Ordens vor sich haben, begrüßen ihn die Priester herzlich und gewähren ihm Gastfreundschaft. Matthis, der jüngste der Geistlichen, muss sich sehr zusammenreißen, um den alten Mann nicht gleich neugierig mit Fragen zu löchern. Und schafft es doch nicht. „Seid Ihr wirklich 1189 aus Hamburg fortgegangen auf den Zug gegen die Heiden?", fragt er auf dem Weg zur Gästekammer, die in dem hölzernen Bau gleich neben dem Dom liegt. „Ich kann es selbst kaum glauben. Aber ja, es ist wohl vor 35 Jahren gewesen", antwortet Lorenntz. „Doch jetzt, mein Bruder, lasst mich bitte ruhen – ich bin ein sehr alter Mann." Als es vier Stunden später an seiner Tür klopft, ist Lorenntz erfrischt, auch wenn er nicht wirklich geschlafen hat. Es ist ein Bote des Rats, und er hat eine Einladung: Johannes de Metzendorp bittet für den

800   900   1000   1100   1200   1300

Abend zu Tisch. Lorenntz ist erstaunt, wie schnell sich seine Ankunft herumgesprochen hat – und dass die Ratsherren ihn gleich sehen wollen. Er entstammt doch nur dem kleinen Dienstadel, erst seinem Vater war es gelungen, zum Verwalter von Graf Adolf III. aufzusteigen.

Acht Männer, alles reiche Kaufleute, sitzen an der langen Tafel im Metzendorpschen Haus, als Deutschritter Lorenntz von Basenoh Platz nimmt. „Ich habe Euren Vater gut gekannt, doch damals konntet Ihr gerade mal laufen", sagt Lorenntz schmunzelnd zum Gastgeber. „Vor 16 Jahren ist er gestorben", erwidert der. „Kurz nach meiner Mutter."

Die Neugier der Männer ist fast mit Händen zu greifen – und es sind keine Familiengeschichten, auf die sie hoffen. Lorenntz wird sie an diesem Abend nicht enttäuschen. „Ich war damals schon über 40 Jahre alt, ein Alter, in dem viele zu Gott gerufen werden", beginnt er seine Erzählung. „Und ich war in Sorge um mein Seelenheil." Ein Ministerialer sei er gewesen, ein wichtiger Verwalter bei Graf Adolf III. dem Landesherrn. „Und als ich hörte, dass mein Herr dem Aufruf des Kaisers folgt und ins Heilige Land ziehen will, da kam es mir vor, als hätte Gott selbst mir befoh-

len, ihm zu folgen." Im März 1189 war es, und Adolf III. von Schauenburg sammelte seine Truppen für den Abmarsch nach Regensburg. „Ich regelte meinen Nachlass und verabschiedete mich für immer von allen hier – denn niemals hätte ich gedacht, noch einmal zurückzukehren."

Es wird eine sehr lange Erzählung. Der Greis berichtet von Regensburg, „wo die edelsten Ritter aus dem ganzen Reich" sich sammelten, um Kaiser Friedrich und seinem gleichnamigen Sohn ins Heilige Land zu folgen und Jerusalem von den Sarazenen zu befreien. „Es war so ein prächtiger Anblick. Unter Hunderten Bannern ritten Tausende und Abertausende. Und ich war so sicher, dass Gott mit uns ist und wir gar nicht scheitern können", erzählt Lorenntz. Dieser dritte war in der Tat der am besten geplante Kreuzzug. Denn die mächtigsten Fürsten des Abendlandes wollten Seite an Seite kämpfen: Kaiser Friedrich Barbarossa, König Richard („Löwenherz") von England und König Philipp von Frankreich, die auf dem Seeweg reisten.

Der alte Ritter berichtet vom Aufbruch

und dem guten Vorankommen durch Ungarn und den Balkan hinunter; von den Ränkespielen des byzantinischen Kaisers Angelos und wie Friedrich sich mit harter Hand durchsetzte; von den Angriffen der Rum-Seldschuken in Kleinasien und den Entbehrungen bei den langen Märschen durch die Gebirge; von den Siegen in den Schlachten und der glücklichen Ankunft am Fuße des Taurusgebirges, wo die befreundeten Armenier sie herzlich empfingen. „Und dann geschah es", sagt Lorenntz. „Noch heute packt mich Verzweiflung, wenn ich daran denke." Denn der Kaiser stirbt. Ein Bad im Fluss Saleph wird Friedrich zum Verhängnis – er ertrinkt. „Es war, als hätte die Sonne ihr Antlitz für immer versteckt. Der Mut von Tausenden wich der Verzweiflung."

In der Tat brach der Zug in sich zusammen: Der Großteil der Soldaten machte

kehrt, nur eine Minderheit schloss sich dem Kaisersohn an und marschierte weiter, unter ihnen Lorenntz und sein Herr Adolf III. von Schauenburg. Vor der Festung Akkon trafen sie auf die englischen und französischen Heere. „Während der Belagerung trafen auch Kaufleute aus Lübeck und Bremen ein, um sich uns anzuschließen", setzt der greise Ritter seinen Bericht fort. Dann schaut er in die Runde seiner gebannten Zuhörer und sagt: „Und das hat mein Leben verändert." Viele Verletzte gab es bei den Kämpfen, aber kaum Wasser. „Und weil die Verhältnisse so elend waren, haben die Bremer und Lübecker ein Spital gegründet – und ich habe ihnen geholfen."

Als die Stadt erobert war und die meisten Truppen weiterzogen, blieb das Hospital bestehen – und auch Lorenntz blieb, obwohl Adolf III. längst heimgekehrt war. Lorenntz erlebte, wie Kaiser Heinrich VI. kam, Beirut eroberte und das Hospital zum „Deutschen Orden" erhob – gleichberechtigt mit den Johannitern und den Tempelrittern. Er erlebte, wie Christen und Muslime immer wieder Städte eroberten und zurückeroberten. Er erlebte, dass der Orden größer wurde und viele Brüder

Mündig *Auch ohne Wahlrecht und
Führerschein war es ein erstrebens-
wertes Ziel, volljährig zu werden.
Klare Definitionen gab es aber
nicht, wann man aus der „munt"
(daher: Vormundschaft) des Vaters
entlassen wurde. Mancherorts galt
man mit 21 als mündig, Bauern- und
Bürgersöhne waren es oft schon mit
14 – oder mit Eintritt in die Ehe,
die meist eine Teenagerehe war.
Junge Hochadlige wurden irgendwann für mündig erklärt. Das war
oft ein politisches Spiel, denn bis
dahin konnten Regenten machen,
was sie wollten – zum Beispiel sich
hemmungslos bereichern.*

Uhrzeit *Nur weil jemand zu spät
kommt, bestraft ihn nicht gleich
das Leben. Wie soll man auch
pünktlich sein ohne Uhr? In Hamburg gab es zum Glück Kirchtürme,
auf denen die Glöckner alle Viertel-
stunde ein Zeitzeichen gaben.
Vor der Erfindung der Räderuhr im
14. Jahrhundert waren die verwen-
deten Wasser- und Sonnenuhren
zwar ziemlich ungenau – aber da
sich alle nach dieser Zeit richteten,
war das ja nicht so schlimm. Auf
dem Lande war das schon schwieriger, da musste man sich auf die
Sonne und das eigene Zeitgefühl
verlassen.*

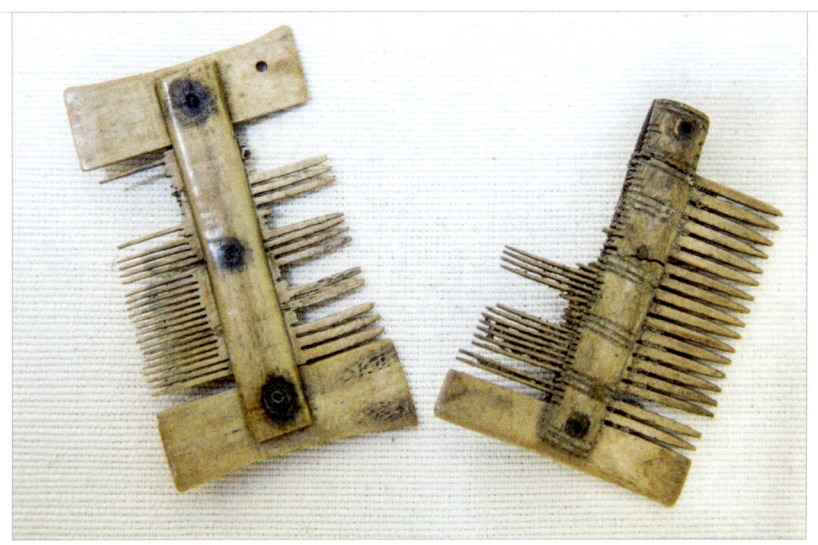

*Es geht durchaus nicht nur um Schönheit:
Kämme dieser Art dienen nämlich vor allem dazu,
den Läusen zu Leibe zu rücken. In der Wikingerzeit
sind Kämme aus Knochen oder Geweih wichtige
Gebrauchsgegenstände. Besonders oft findet man
die sogenannten Dreilagenkämme, die mit einer oder
zwei Zinkenreihen ausgestattet sein können. Sie werden
aus verschiedenen „Lagen", den beiden Griffleisten
und den in der Mitte festgenieteten Zinkenplättchen
hergestellt. Manchmal sind sie noch reicher verziert
als das hier gezeigte Exemplar.*

800   900   1000   1100   1200   1300

nach Sizilien, in die Heimat des neuen Kaisers Friedrich II., und nach Ungarn zogen, um Heiden zu bekehren und Land zu erobern. „Und ich war schon alt und schwach und dachte, bald sterben zu müssen. Und ich klagte nicht, denn mir war so ein langes und reiches Leben geschenkt worden", erzählt Lorenntz. „Doch der Herr wollte mich noch nicht holen." Er blieb in Palästina. „Immer öfter aber dachte ich an mein früheres Leben. Und mit jedem Jahr, das verging, wurde der Wunsch größer, noch einmal Hamburg wiederzusehen." Und so machte sich der alte Deutsch-Ordensritter auf die große

Reise zurück. Über Zypern fuhr er nach Venedig, dann in die Ostmark und nach Magdeburg, bis die Elbe ihn nach Hamburg brachte. „Ihr habt einen glücklichen Mann vor Euch", schließt Lorenntz von Basenoh seinen langen Bericht.

Die acht Männer schweigen andächtig. Metzendorp ist der Erste, der das Wort ergreift. „Sagt – seid Ihr Kaiser Friedrich damals begegnet? Und war er so riesig, wie man sich erzählt?" Lorenntz schmunzelt. „Ja, er war ein stattlicher Kaiser. Doch wirklich begegnet bin ich ihm nur einmal, als er einige Fürsten und auch Graf Adolf empfing." Lorenntz denkt nach. „Ich glaube, er hat sogar etwas über Hamburg zu meinem Herrn gesagt. Ja: Er sagte, dass mächtige Städte ihm viel lieber seien als mächtige Welfen. Und dann hat er laut gelacht." Auch die Ratsherren lachen, sie wissen, dass Friedrich den zu mächtig gewordenen Welfenfürsten Heinrich in die Verbannung nach England geschickt hatte. Noch eine Stunde lang beantwortet Lorenntz die Fragen seiner Gastgeber, dann entschuldigt er sich: Er sei jetzt sehr müde.

Lorenntz von Basenoh ist noch fast ein Jahr in Hamburg vergönnt, bevor er 1225 im gesegneten Alter von 81 Jahren stirbt. Er hat einen tiefen Eindruck hinterlassen, vor allem bei Metzendorp, der ihn noch mehrfach einlud. Und er hatte sich alles berichten lassen, was mit Barbarossa und seiner Äußerung zu den Städten zu tun hat. All das geht ihm nicht mehr aus dem Kopf. Wenn Friedrich Hamburg mächtig sehen wollte, dann hätte er doch wohl gewollt, dass die Stadt auf der Elbe keine Zölle zahlen muss. Und das hätte er doch bestimmt schriftlich festgehalten, wenn er noch Zeit dazu gehabt hätte…

Schon bald beruft Metzendorp den Rat ein und lädt die Herren des Domkapitels dazu, denn jetzt hat er einen Plan:

Man solle eine Urkunde erstellen, einen Freibrief – ausgestellt von der kaiserlichen Kanzlei im Jahre 1189, überreicht an Adolf III. von Schauenburg, mit dem ewigen Recht für Hamburg, die Elbe bis zur Mündung ohne Einschränkungen befahren zu dürfen. Seine Kollegen sind begeistert – denn so könnten sie die ärgerliche Konkurrenz, vor allem der Stader, ein für alle Mal ausschalten. Denn Stade hofft auf das Stapelrecht für sich, mit dem sie alle Schiffe zwingen könnten, ihren Hafen anzulaufen – und nicht den Hamburger. Auch die Kirchenleute stimmen rasch zu, denn allzu gern wollen sie sich von ihrem Vorgesetzten, dem Erzbischof in Bremen, emanzipieren. Und so sind es Schreiber des Hamburger Domkapitels, die sich nun ans Werk machen und gleich mehrere Urkunden anfertigen – um die Handelsrechte der Stadt und die Privilegien der Hamburger Kirche zu manifestieren.

Aus der Erzählung des alten Lorenntz wurde so eine prächtige Urkunde, die die Hamburger den verdutzten Stadern und Bremern vorsetzten und so ihre „älteren Rechte" durchsetzen konnten. Das war der Grundstein für Hamburgs Entwicklung zur Weltstadt – eine schlichte Fälschung, was aber erst im 20. Jahrhundert rauskam…

FRIEDRICH BARBAROSSA
(um 1122 – 1190)

stammt aus dem Geschlecht der Staufer, ist Herzog von Schwaben, dann römisch-deutscher König und ab 1155 Kaiser des römisch-deutschen Reichs. 1189 soll Friedrich I. auf Wunsch des Schauenburger Grafen Adolf III. Hamburg ein wichtiges Privileg erteilt haben. Das entsprechende Schriftstück wurde jedoch im 20. Jahrhundert als Fälschung enttarnt. Manche Historiker bezweifeln, ob es überhaupt zu einer Begegnung zwischen Adolf III. und Friedrich I. gekommen ist. Der Freibrief erfüllte jedoch seinen Zweck und ermöglichte Hamburgs Aufstieg zur mächtigen Handelsstadt.

HEINRICH DER LÖWE
(um 1129 – 1195)

ist der mächtigste Mann im Norden. Der Welfe ist Herzog von Sachsen und von Bayern und baut Braunschweig als sein Machtzentrum aus. Sein Vetter Friedrich Barbarossa protegiert Heinrichs Herrschaftsansprüche und erhält im Gegenzug zunächst Unterstützung bei dessen Heerfahrten nach Italien. 1160 besiegt er zusammen mit dem dänischen König Waldemar I. den Abodriten-Fürsten Niklot. 1176 weigert er sich jedoch, Barbarossa bei dessen Kampf gegen oberitalienische Städte zu unterstützen. 1177 verliert Heinrich seine Macht, muss ins Exil nach England gehen und kehrt erst 1189 zurück. Sechs Jahre später stirbt er in Braunschweig.

ADOLF I. VON SCHAUENBURG
(vor 1106 – 1130)

leitet für Hamburg eine neue Ära ein. Nachdem das Grafengeschlecht der Billunger erloschen ist, setzt der Sachsenherzog Lothar 1111 Graf Adolf I. von Schauenburg als neuen Landesherrn in Holstein ein. Die Schauenburger stammen aus dem Wesergebiet, ihre Stammburg liegt östlich von Rinteln. Adolf I. herrscht zwar nicht über Dithmarschen, aber über Holstein, Stormarn, Wagrien und auch über Hamburg. Unter den Schauenburgern erlebt Hamburg einen wirtschaftlichen Aufschwung und eine Ausdehnung seines Stadtgebiets. Adolf I. nimmt seinen Wohnsitz in der gräflichen Burg in Hamburg.

1500 1600 1700 1800 1900 2000

13. Jh.

Zeitenwende: Mit dem Tod des schillernden Staufers Friedrich II. ist es 1250 mit der deutschen Kaiser-Herrlichkeit vorbei. Aus dem Hoch- wird das Spätmittelalter, England und Frankreich sind jetzt die bestimmenden Kräfte in Europa. Doch in Hamburg geht es bergauf, was sich nicht nur an Prestigebauten wie dem Mariendom in gotischem Stil zeigt. Die Kaufleute machen richtig gute Geschäfte – auch international, in London und Brügge. Und dann gibt es da noch einen neuen Exportschlager aus Hamburg: das Bier ...

STECKBRIEF

Stadtgebiet 0,83 qkm
Einwohner 3000
Berufe Kaufleute, Handwerker
Speisen Fisch, Getreide, Bier, zu Festtagen Fleisch

Währung Erste Münzprägung zusammen mit Lübeck. Hohlpfennige aus Hamburg, Lübeck, Lüneburg, Mecklenburg, Holstein

Danziger Kogge

Auch in Deutschland erlangen jetzt die Städte immer größere Bedeutung. Die mit Abstand größte und reichste ist *Köln*, aber die flämischen Städte wie Brügge, Antwerpen oder Gent und auch Augsburg, Nürnberg, Magdeburg, Frankfurt und Lübeck erreichen überregionale Bedeutung. Hamburg ist (noch) zweitrangig.

Während der Herrschaft von Barbarossas Enkel Friedrich II. wird Deutschland zur Peripherie des Reiches. Friedrich, in Sizilien geboren und wegen seiner umfassenden Bildung als „Weltwunder" bezeichnet (die meisten seiner kaiserlichen Vorgänger konnten nicht mal lesen), herrscht von Süditalien aus. Sein Tod *1250* ist in vielerlei Hinsicht eine Zäsur: Der imperiale Anspruch deutscher Kaiser ist endgültig gescheitert, der italienische Besitz weitgehend verloren; die organisatorisch viel moderneren Staaten Frankreich und England überflügeln Deutschland. Das Hochmittelalter ist vorbei.

Gut zwei Jahrzehnte lang hat das Deutsche Reich gar keinen beziehungsweise völlig unbedeutende Könige (zum Beispiel einen Spanier, der niemals in Deutschland war). Historiker nennen diese Zeit „Interregnum" – zwischen den Herrschaften. Beendet wird diese Phase

1273, als eine Mehrheit der Fürsten Rudolf von Habsburg zum König wählt. Er legt mit bescheidenen Anfängen den Grundstock für die Habsburger-Dynastie, die zur mächtigsten Familie Europas werden wird. Rudolf gilt als Förderer der Städte, die in ständigen Konflikten mit Adel und Kirchenfürsten leben, denen der kommunale Erfolg ein Dorn im Auge ist.

Statt gegen die Sarazenen den „heiligen Krieg" zu führen, erstürmt *1204* ein Kreuzfahrerheer das christliche Konstantinopel und plündert diese reichste Stadt Europas. Der Niedergang des ehemals so mächtigen oströmischen Kaiserreichs ist nicht mehr aufzuhalten.

In England beginnt der Weg hin zu einer konstitutionellen Monarchie. Mit der „Magna Charta Libertatum", die der Adel *1215* König Johann abringt, akzeptiert der König erstmals schriftlich eine Einschränkung seiner Macht.

Die Mongolen, erstmals geeint unter Dschingis Khan, errichten in wenigen Jahren ein Weltreich, das große Teile Asiens und auch Gebiete in Osteuropa umfasst. *1241* besiegen sie ein christliches Heer in Liegnitz im heutigen Polen vernichtend – nur sich abzeichnende Thronstreitigkeiten veranlassen sie zum Abzug, statt in Westeuropa einzudringen.

1202   5.12.: Adolf III. von Schauenburg unterliegt in Stellau dem Heer der Dänen unter Waldemar von Schleswig, der damit Hamburg für ein Vierteljahrhundert unter dänischen Einfluss bringt.

1202   Waldemar trifft in Hamburg den deutschen König Otto IV., mit dem er ein Bündnis schließt.

1212   Neuwerk und Kirchwerder werden eingedeicht.

1225   Der Bremer Erzbischof Hildebold bestätigt die Privilegien, die Barbarossa Hamburg angeblich 1189 verliehen hat. Da Hamburg kein Originaldokument besaß, ließ der Rat den Freibrief fälschen – was erst im 20. Jahrhundert ans Licht kam.

1227   22.7.: Adolf IV. von Schauenburg besiegt in der Schlacht bei Bornhöved den dänischen König Waldemar II. Schon zwei Jahre zuvor hatte er die dänische Herrschaft über Hamburg beendet.

1247   Das Hospital zum Heiligen Geist wird erstmals erwähnt.

1248   Baubeginn des gotischen Mariendoms

1250   Erste Erwähnung von Badestuben

1264   Mit der ersten Erwähnung von St. Jacobi ist Hamburg nun in vier Kirchspiele unterteilt.

1266   8.11.: Hamburger Kaufleute dürfen ab jetzt in England „Hanse" halten, d. h. Handelsniederlassungen gründen.

1292   Die Schauenburger Grafen gewähren Hamburg das Recht, künftig selbst Gesetze und Verordnungen zu erlassen.

800   900   1000   1100   1200   1300

Die Hauptstadt des Bieres

Als sie die Gröningerstraße passiert haben, stehen sie plötzlich im Stau. Von drüben will ein Gespann die kleine Brücke passieren, die beiden Höker mit ihren Karren wollen aber nicht kehrtmachen. Und so dauert es ein paar Minuten, bis das Gezeter vorbei ist und die Höker klein beigeben. „Nu ma los", sagt Cunrad Lüder. Jorge, sein Lehrjunge, zerrt kurz am Geschirr, dann setzt sich der Ochse in Bewegung und zieht den einachsigen Wagen über die alte Holzbrücke. Cunrad hat immer ein Auge auf die vier Fässer, schnell könnte eines auf dem unebenen Weg runterrollen und kaputtgehen. Jorge hat auch Angst davor – denn er würde bestimmt erst die Schuld und dann ein paar ordentliche Backpfeifen bekommen. Und der Morgen ist doch noch so jung und heute außerdem ein Feiertag.

Platsch! Genau auf Höhe der Reichenstraße, die nicht aus Versehen so heißt, setzt der Ochse einen gewaltigen Haufen auf die Straße. Ein junger Fassmacher geht auf das massige Tier zu, streichelt ihm den Kopf und ruft laut: „Leute, preiset dieses Tier! Auch in ihm wohnt die Weisheit Gottes…" Die Leute lachen laut auf, einige johlen geradezu, und auch Cunrad kann sich schließlich ein Lächeln nicht verkneifen. Dann setzen sie ihren Weg fort, über die Bäckerstraße, bis sie schließlich am Maria-Magdalenen-Kloster angekommen sind.

Cunrad und sein Lehrjunge wuchten die vier Bierfässer vom Wagen, zwei Mönche rollen sie über eine Rampe in den Keller, damit sie nicht zu warm werden. Denn der Herr ist gnädig und schenkt den Hamburgern an diesem 22. Juli 1293 einen sonnigen Tag. Es ist der Tag der heiligen Maria Magdalena, an dem das Kloster (und viele andere auch) den Armen Bier ausschenken und ihnen zu essen geben. Die ganze Stadt wird auf den Beinen sein und feiern.

1500   1600   1700   1800   1900   2000

 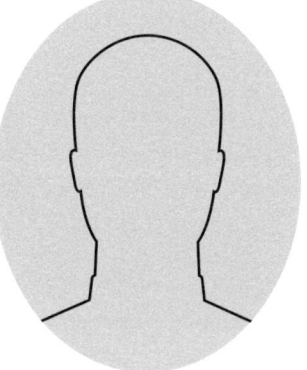 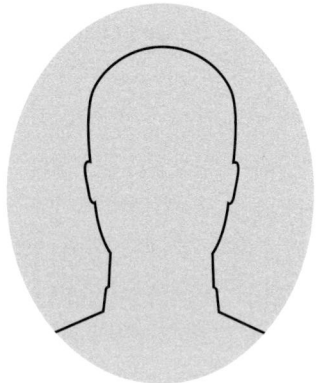

ADOLF IV.
(vor 1205 – 1261)

von Schauenburg und Holstein steht am 22. Juli 1227 bei Bornhöved dem Heer des Dänenkönigs Waldemar II. gegenüber, das weit überlegen ist. Der Legende nach legt Adolf ein Mönchsgelübde ab und bittet Maria Magdalena um Hilfe. Und die erscheint am Himmel und lenkt die Sonnenstrahlen so, dass das Dänenheer geblendet und besiegt wird. In Wahrheit haben die Dithmarscher Bauern die Seiten gewechselt und so dafür gesorgt, dass die Schauenburger ihre Vorherrschaft über Holstein und Hamburg dauerhaft sichern können. 1227 stiftet Adolf Hamburgs erstes Kloster, in das er später selbst als Laienbruder eintritt.

HEINRICH REESE
(13. Jahrhundert)

ist der Legende nach ein weitsichtiger Mann, der sich durchzusetzen versteht. Mit Adolf IV. wird er handelseinig und kauft eine Mühle, die als Neue oder Obermühle bezeichnet wird. Um den nötigen Wasserdruck zu erzeugen, wird ein Damm erbaut, wodurch der Alstersee entsteht. Reese ist gut im Geschäft, denn die alte Kornmühle am Großen Burstah kann den Bedarf an Mehl längst nicht mehr decken. Bis heute ist ein Name in Hamburg präsent, denn die alte Staustufe, die die Stadt so gründlich verändert hat, trägt den Namen Reesendamm.

RISEWITH
(13. Jahrhundert)

ist ein Handwerker, der wahrscheinlich am Bau des Mariendoms beschäftigt ist. Wir kennen weder seinen Vornamen noch seine Lebensdaten, wissen aber, welchen Beruf er ausgeübt hat. Im Jahr 1288 taucht sein Name in den Stadtrechnungen auf. Er wird dort als Glaser erwähnt, geht also einem hoch qualifizierten Handwerk nach. Für den Bau mittelalterlicher Kirchen sind Glasfenster wichtig, da sie mit ihren figurenreichen Darstellungen der des Lesens unkundigen Bevölkerung die biblischen Geschichten und Heiligenlegenden vor Augen führen.

800   900   1000   1100   1200   1300

Denn der 22. Juli ist auch der Jahrestag der Schlacht von Bornhöved. Dort haben vor 66 Jahren norddeutsche Fürsten den dänischen König besiegt. Adolf IV. von Holstein hatte vor dem Kampf Maria Magdalena angebetet und für den Sieg versprochen, ein Kloster zu gründen und selbst Mönch zu werden. Die Heilige schickte daraufhin ein paar Wolken, sodass die Sonne die Männer Adolfs nicht mehr blendete. Und er hat Wort gehalten und hier an der Alster das Kloster gestiftet – und tatsächlich lebte der Graf dort einige Jahre als Mönch.

Seit dem Sieg über die Dänen geht es jedenfalls bergauf mit den Städten. Lübeck hat seinen Handel auf fast die ganze Ostseeregion ausweiten können, und auch Hamburg hat profitiert. Die Stadt hat wahrlich schon schlechtere Zeiten erlebt. Und deswegen freuen sich alle auf diesen Tag, der Abwechslung und ein paar sonst verbotene Freuden verspricht: Hamburg ist in Partylaune. Und Cunrad ist es auch.

Als er in sein Brauhaus am Grimm zurückkehrt (Jorge durfte an der Alster bleiben), kommt es ihm sehr verlassen vor. Wie immer an Feiertagen. Die Gesellen haben frei, und auch von den Fassmachern nebenan hört man nicht wie sonst den Lärm der Arbeit. Cunrad geht ins Haus, wo seine Frau Irmel bei Handarbeiten sitzt. Die Kinder sind unten an der Elbe und vergnügen sich im Wasser. „Ich werd noch in die Bücher gucken", sagt er. „Und am Mittag gehen wir los."

Bevor Cunrad Lüder sich in die kleine Kammer neben den großen Arbeitsraum setzt, lässt er seinen Blick schweifen. Über den Bornkufen, wo das Getreide eingeweicht wird, bevor es mit Tüchern vor der Sonne geschützt in einer Ecke zum Keimen aufgeschichtet wird. Er blickte auf die Darre, auf dem das Getreide geröstet wurde. Und auf den Braukessel, in dem Malz und Wasser gekocht werden, bevor Hopfen und schließlich Hefe beigemischt werden und das Bier in Holzfässern reifen konnte.

Er ist zufrieden und ein bisschen stolz, als er in die Kammer nebenan geht und sich über ein paar Blätter Pergament beugt. Er nennt sie Bücher, auch wenn er ahnt, dass sie hinter seinem Rücken darüber schmunzeln. Doch Cunrad ist mächtig stolz darauf, dass er, ein einfacher Brauer, gelernt hat, hinter das Geheimnis der Zahlen zu kommen. Und sogar Buchstaben kann er schreiben. Und das hilft ihm, denn ein ganz so kleiner Brauer ist er nicht mehr: Sein Bier wird in Lübeck und Bremen getrunken, auch in Flandern und in Ribe. Und deswegen hat er ein größeres Brauhaus gebaut, einen neuen Gesellen eingestellt – und Rechnen gelernt. Denn er muss ja wissen, wie viel er für Getreide und Hopfen ausgibt, wie viel seine Arbeiter kosten, damit er weiß, zu welchem Preis er verkaufen kann. Doch es fällt ihm schwer, und deswegen sitzt er oft und lange über seinen „Büchern".

Zehn Jahre ist es jetzt her, seit das erste Fass Bier aus seinem Hause Ham-

burg verlassen hat. „Schuld" daran war seine Überproduktion. Weil Cunrad besonders gewissenhaft arbeitet und fleißiger ist als manche Kollegen, hatte er kaum Ausschuss und braute besonders viel Bier. Mehr als er in den Mauern der Stadt loswurde, obwohl sein „Ordinar-Bier" und sein Weißbier als besonders gut galt. Doch dann kam Hinnerk Drochtersen auf ihn zu, ein Kaufmann, der viel Handel mit Lübeck und den flandrischen Städten treibt und Cunrads Bier besonders schätzt. Auf einer Kogge war noch Platz, und so kaufte er ihm 20 Fässer ab. Das Geschäft wurde ein Erfolg, und Drochtersens Partner verlangten bald nach mehr Bier. So wurde Cunrad zum Exporteur. Zwar gibt es mittlerweile viele Nachahmer, und jedes Jahr machen neue Brauereien auf, doch die Geschäfte gehen nach wie vor gut. Nach einer Stunde legt Cunrad die Papiere beiseite, er kann sich heute nicht so recht konzentrieren. Und außerdem freut er sich ja auch auf das große Fest. Also ruft er Irmel und die drei Kinder. „Werden wir Gaukler sehen?", fragt der kleine Nicklaß. „O bitte, bitte." Nicklaß ist acht und genauso groß wie Jobst, obwohl der fast zwei Jahre älter ist. „Gaukler sind fahrendes Volk, das ist kein ehrenwertes

Im biblischen Gleichnis sind die törichten Jungfrauen übel dran.
Im Gegensatz zu ihren klugen Gefährtinnen, die genügend Öl
bei sich haben, sind ihre Lampen vorzeitig erloschen, sodass sie
nicht zur nächtlichen Hochzeitsfeier eingelassen werden. Hier
sehen wir Fragmente vom Lettner des Hamburger Doms, der
einst ein Skulpturenensemble mit 15 Figuren bildete. In der Mitte
war Christus auf dem Weltenthron zu sehen, flankiert von Maria
und Johannes. Entsprechend der üblichen Anordnung bildeten
die Jungfrauen die seitliche Figurengruppe, die fünf klugen zur
rechten Hand Christi und zu seiner Linken die fünf törichten. Diese
Steinfragmente sind die Überreste des ältesten noch in Hamburg
erhaltenen Skulpturenensembles.

Bildung *Das Staatsoberhaupt als Anal-
phabet – das war im Mittelalter die
Regel. Und wenn schon die Kaiser
nicht lesen konnten, dann galt das
für Bürger und Bauern natürlich erst
recht. Die wenigen Schulen waren
Kloster- oder Domschulen, die für
die kirchliche Laufbahn ausbildeten.
In Hamburg schickten aber bald
auch die Großbürger ihre Kinder zur
Schule, angehende Kaufleute mussten natürlich rechnen und schreiben
können. Die Idee der Volksschulen
setzte sich erst im 19. Jahrhundert
durch.*

Alter *Demografische Probleme gab es
auch im Mittelalter, wenn auch ganz
anderer Art: Die Gesellschaft war zu
jung. Wegen der sehr hohen Kinder-
sterblichkeit und weil viele Frauen an
den Folgen ständiger Schwangerschaf-
ten starben, lag die durchschnittliche
Lebenserwartung wohl unter 30 Jahren.
Schlechte Hygiene, Mangelernährung
und fehlende Medizin waren weitere
Faktoren. Weil in einer schriftlosen
Gesellschaft die mündliche Weitergabe
von Wissen und Erfahrungen lebens-
wichtig war, waren ältere Menschen
entsprechend hoch geehrt.*

Handwerk", belehrt Cunrad ihn streng. „Aber wenn sie schon mal da sind …" Und so drängt Nicklaß zur Eile und zerrt die kleine Familie Richtung Berg, den großen Platz gleich bei St. Petri.

Es hat wahrlich den Anschein, dass die ganze Stadt auf den Beinen ist, und so brauchen sie fast 20 Minuten für den kurzen Weg. Der Berg ist voller Menschen, doch Nicklaß und Jobst drängen sich durch die Menge, um endlich die Spielleute zu sehen. Ein junger Mann mit buntem Wams und Mütze spielt Flöte, während eine Frau mit vier Äpfeln jongliert. Ein paar Meter weiter ist ein Feuerspucker zu bewundern, was der kleinen Fronicka ziemlich Angst macht.

Während seine Familie dem bunten Treiben zuschaut, geht Cunrad weiter zum Alten Markt beim Mariendom. Und falls er gehofft hatte, dort Drochtersen und Cornelsen zu treffen – seine wichtigsten Geschäftspartner –, wird er nicht enttäuscht. Und tatsächlich rufen sie ihn zu sich. „Lüder! Trinken Sie etwas mit uns", sagt Cornelsen etwas jovial. Cunrad weiß, dass er nicht auf einer Stufe steht mit den beiden reichen Kaufleuten, doch er kann nicht verhehlen, stolz zu sein, dass sie sich mit ihm in der Öffentlichkeit abgeben. Auch

wenn er seine Schüchternheit nicht so recht ablegen kann. „Tja, lieber Drochtersen, wegen des Weißbiers …" „Mensch, Lüder, doch nicht heute. An Feiertagen zu feiern, das ist gottgefällig", unterbricht Cornelsen ihn. Und dann trinken sie noch einen Becher, bevor Cunrad sich auf die Suche nach seiner Familie macht. Den ganzen Tag bummeln sie noch durch die Stadt, bleiben bei Geschichtenerzählern stehen, treffen Nachbarn, spendieren Armen eine Mahlzeit. Erst nach acht sind sie wieder zu Hause, alle hundemüde, aber glücklich über einen so schönen Tag. Der längst noch nicht für alle vorbei ist. Vor allem nach Sonnenuntergang ist in mancher Gegend der Lärm betrunkenen Volkes zu hören, die sich Freuden hingeben, die so ganz bestimmt nicht in der Bibel stehen. An Themen für die nächste Sonntagspredigt wird es den Priestern jedenfalls nicht mangeln.

So wie es den Hamburgern nie an Bier mangeln wird. Denn Cunrad Lüder, der sein Brauhaus 1311 an seinen Ältesten vererbt, ist Vorreiter einer Branche, die immer größere Bedeutung gewinnt und Hamburg zum Hauptexporteur von Bier macht: zum „Brauhaus der Hanse". Zeitweise wird es mehr als 500 Braulizenzen in der Stadt geben.

14. Jh.

Mit dem angenehmen Klima ist es erst mal vorbei, die „kleine Eiszeit" kündigt sich bereits an. Das Leben wird härter. Und während der Niedergang des christlichen Byzanz und der englisch-französische Krieg (den man später den Hundert-jährigen nennen wird) das Abendland erschüttern, kommt es zu einer Katastrophe, der die Menschen in ganz Europa hilflos ausgeliefert sind: der Pest. Hamburg bleibt zunächst verschont – doch 1350 greift der Schwarze Tod auch hier nach den Menschen…

STECKBRIEF

Stadtgebiet 0,83 qkm
Einwohner 8000
Berufe Kaufleute, Handwerker, Geistliche
Speisen Fisch, Getreide, Bier, zu Festtagen Fleisch

Währung Hamburg und Lübeck vereinbaren die lübisch-hamburgische Mark, aus der Hohlpfennige und später Witten (4-Pfennig-stücke) geprägt werden.

Stralsunder Kogge

In Deutschland streiten die Adelsgeschlechter der Habsburger, Wittelsbacher und Luxemburger um die Macht. Der bedeutendste Herrscher des Jahrhunderts ist der Luxemburger Karl IV., der von *1346* bis *1378* als König herrscht, in Prag residiert und dort die erste Universität des Deutschen Reiches gründet.

Die *Hanse* wird als bedeutendster Städtebund des Mittelalters zum wichtigen Machtfaktor, vor allem in Nordeuropa und im Ostseeraum. Lübeck erlebt seine glänzendste Epoche.

Die Päpste nehmen von *1309* bis *1377* ihren Sitz in Avignon und geraten damit in Abhängigkeit der französischen Könige.

Um seinen Anspruch auf den französischen Thron durchzusetzen, beginnt der englische König *1337* den Krieg mit Frankreich. Die Auseinandersetzung wird, mit vielen Unterbrechungen, bis *1453* dauern und geht als Hundertjähriger Krieg in die Geschichte ein.

Portugiesische Seefahrer beginnen, entlang der afrikanischen Küste nach Süden zu segeln und unbekanntes Gebiet zu erforschen.

In Kleinasien weitet ein turkmenischer Stamm unter Osman I. (gest. *1324*) seine Macht kontinuierlich aus. Er ist Begründer des Osmanischen Reiches, das bis 1918 existieren wird.

1347 beginnt eine der größten Katastrophen der bisherigen europäischen Geschichte: der Ausbruch der Pest. Vermutlich aus Asien eingeschleppt, verbreitete sie sich von Italien ausgehend rasch über den ganzen Kontinent. Die Zahl der Toten wird auf 25 Millionen geschätzt – rund ein Drittel der Bevölkerung, wobei die engen Städte wegen der schlechten hygienischen Verhältnisse besonders betroffen sind.

Als Folge der *Pest* und der Hilflosigkeit der Menschen steigt der religiöse Fanatismus stark an; in vielen Städten kommt es zu Judenpogromen. Es entsteht ein regelrechter Totenkult.

1310 Hamburg kauft Adolf VI. den Teil
      des Alsterlaufs ab, der bis dahin
      noch nicht der Stadt gehört.

1329 18.06.: Nach 81 Jahren Bauzeit
      wird der Mariendom geweiht.

1337 4.11.: Tumulte in der Stadt. Die
      Bürger protestieren gegen die
      Privilegien des Domkapitels.

1342 Auf der Reichenstraße wird ein
      Roland-Standbild aufgestellt, das
      Symbol für Selbstständigkeit.

1350 Pestepidemie: Mehr als 3000 Men-
      schen (ein Drittel der Bevölkerung)
      sterben.

1360 Kaiser Karl IV. stellt Hamburg einen
      Freibrief aus, der die Stadt zum
      Abhalten von Messen und Märkten
      berechtigt.

1377 Anstelle seines abgebrannten Vor-
      gängers errichtet die Stadt auf der
      Insel Neuwerk einen Steinturm als
      Seezeichen.

um 1383 In vierjähriger Arbeit schafft Meister
      Bertram einen prächtigen Hochaltar
      für St. Petri (heute in der Kunsthalle).

Johann Verstegen ist ein stolzer Mann, das weiß Maria. Und so vergisst sie niemals, ihn mit „Meister Verstegen" anzureden. Und manchmal, wenn er guter Laune ist und sie ihn ein wenig necken will, dann sagt sie Mijnherr zu ihm. Obwohl doch schon sein Großvater aus den Niederlanden nach Hamburg gekommen ist und er selbst noch nie dort war. An diesem frühen Abend hat Meister Verstegen, der zu den Oberalten der Segelmacherzunft gehört, gute Laune. Maria führt ihn vorbei an den kleinen Räumen im Ein-

Dunkle Zeiten: Der Schwarze Tod

gangsbereich in die Ratslüdstuv. Die ist zwar eigentlich nur Ratsmitgliedern und Kaufleuten vorbehalten, doch heute wird ohnehin niemand mehr kommen.

Maria wirft den beiden Jungs einen kurzen Blick zu, und dann kommen sie mit schweren Eimern in die Stuv und schütten das heiße Wasser in den großen Holzbottich. Dreimal müssen sie laufen, dann lässt Verstegen sich hineingleiten. Maria nimmt einen großen Schwamm und beginnt, seine Füße, die Beine und dann den Rücken zu schrubben. Und wie immer

wundert er sich, dass diese zierliche Person so kräftig zupacken kann. Genau wie er es mag.

Einmal pro Woche, nur selten öfter, kommt Verstegen in das Badehaus am Nicolaifleet. Es ist eines von 14 in der Stadt, doch hier fühlt er sich am wohlsten. Was auch an Maria liegt. Sie badet ihn nicht nur, sie weiß auch immer Neuigkeiten zu erzählen, denn in der Wanne kommen die Leute ins Reden. Er dagegen hört lieber zu. Und hat so schon manch Nützliches erfahren. Und wenn ihm danach ist, dann erfährt er noch andere Freuden. Für eine Extra-Münze gibt es in manchem Badehaus Extra-Leistungen. Jeder weiß das. Doch darüber redet niemand. Auch nicht die Pfaffen – aus gutem Grund.

Als Meister Verstegen gegangen ist, schließt Maria die Tür ab und geht über die kleine Stiege in den ersten Stock, in dem sie, Barba und Irma ihre Kammern haben. Die drei Frauen hocken oft abends zusammen, in der Küche oder hier oben, machen Handarbeiten und plaudern. Besonders zu Barba hat die 31-jährige Maria ein enges Verhältnis – beide sind quasi in dem Badehaus aufgewachsen. Maria war

drei Jahre alt, als ihre Mutter Brid nach Hamburg kam und Arbeit in dem Badehaus fand, ihren Vater hatte sie nie gesehen. Er sei gestorben, als sie noch ganz klein war, hatte ihre Mutter erzählt. Doch irgendwann ahnte sie, dass das nicht stimmt. Gesprochen haben sie nie darüber, und als Brid im Sterben lag, war sie so fiebrig, dass sie nur noch fantasierte. 18 Jahre ist das jetzt her.

Barba, Irma und Maria gehen früh schlafen an diesem Abend. Irma muss in aller Frühe aufstehen, um Einkäufe zu erledigen. Bauern aus den Marschlanden und aus Eppendorf sind auf dem Markt an

der Schmiede-Straße, und wer die besten Stücke will, muss früh kommen. Doch als Irma zurückkehrt, ist sie kreidebleich. Mit leerem Blick schaut sie die anderen an und sagt: „Er ist da: der Schwarze Tod!" Dann berichtet sie. Von den beiden durch grässliche Beulen entstellten Toten gegenüber der St.-Petri-Baustelle, die von den Juden aus der Stadt gekarrt werden müssen. Vom Brauer, der Dutzende Tote in der Neustadt gesehen hat. Von den ersten Reichen, die in Panik die Stadt verlassen. Von den Leuten, die in den Mariendom ziehen, um Gott um Gnade anzuflehen.

Seit die Pest 1347 in Italien ausgebrochen war, hatte sie sich über ganz Europa verteilt. Hamburg ist eine der letzten deutschen Städte, die von der Epidemie verschont geblieben waren, obwohl Hafenstädte doch als besonders gefährdet galten. Doch jetzt trifft es auch die 9000-Einwohner-Stadt an der Elbe.

Die Menschen wissen, was das bedeutet. Nachdem Simon, der Besitzer des Badehauses, Irmas Bericht gehört hat, verriegelt er die Türen des Hauses. Dann versammelt er alle um sich: die drei Baderinnen, die beiden Wasserholer und seine Frau. Und mit zittriger Stimme sagt er

Eine Maultrommel besteht aus einem kräftigen Bügel, an dem eine dünne, flexible Stahlzunge angebracht ist. Zum Spielen drückt man den Bügel gegen die Zähne und zupft mit den Fingern an der Stahlzunge. Als Klangkörper dient die Mundhöhle. Wenn man das richtig macht, entsteht dabei Musik. Bei den meisten gefundenen Exemplaren ist die empfindliche Zunge im Boden weggerostet, so auch bei dem vorliegenden Stück. Unsere Maultrommel ist eines der ältesten erhaltenen Musikinstrumente Hamburgs.

800   900   1000   1100   1200   1300

ihnen, was nun passieren wird. Dass die Pest sich in wenigen Tagen in der ganzen Stadt ausbreiten wird; dass Hunderte, vielleicht Tausende sterben, das öffentliche Leben zusammenbrechen und Hunger herrschen wird. So wie es in Köln geschehen ist voriges Jahr, in Bremen und Dortmund, in Regensburg und Nürnberg und all den anderen Städten. Simon hat viele solcher Berichte von Kaufleuten und Geistlichen gehört, die in den vergangenen beiden Jahren nach Hamburg gekommen waren. Es sind Geschichten über einen Totenkult, der sich gebildet hat. Über die Geißlerzüge – Menschen, die im religiösen Wahn von Stadt zu Stadt ziehen und sich selbst blutig peitschen, bis sie zu-

sammenbrechen. Und Simon hat sich erzählen lassen, was die Pest mit den Überlebenden macht. „Sie werden Schuldige suchen", sagt er zu den Frauen.
„Juden, Ausländer, Vagabunden – und Huren. Ihr müsst verschwinden."

Maria wird schwindlig bei diesen Worten. Ihr kommt es vor, als würde ihr Leben vor ihren Augen zerbröseln. Und es war doch nicht schlecht, ihr Leben. Simon war manchmal rüde und streng, doch er war kein übler Herr. Er schlug sie nie, und genug zu essen hatten sie auch. Gewiss: Sie würde nie zu den „ehrenwerten" Bürgern gehören, und kaum einer ihrer Kunden würde es wagen, sich mit ihr auf der Straße blicken zu lassen. Doch als Hure fühlt

sie sich nicht: Sie ist Baderin. Und das ist ein anständiger Beruf. Simon zieht den Leuten auch Zähne, versorgt Wunden und Geschwüre, fast wie ein Medicus. Und sie hilft ihm dabei. Auch viele Frauen kommen in das Badehaus, und dass sie von den Männern nicht getrennt werden, regt nicht mal mehr die Kirche auf. Und wenn sie Männern manchmal besondere Gefälligkeiten erweist – was ist schon groß dabei?

Jetzt ist das alles ohnehin nicht mehr wichtig. Simon will, dass Maria, Barba und Irma vor der Abenddämmerung gehen. Ob er ihnen helfen oder nur sich selbst schützen will – was spielt das jetzt noch für eine Rolle. Am Nachmittag hocken die drei Frauen in Barbas Stube. Sie haben zwei Karren mit Leichen gesehen, die vorbeigeschoben wurden. Sie haben den Ausrufer gehört: Alle öffentlichen Häuser, die Märkte und der Hafen sind gesperrt. Sie haben Ärzte gesehen, die rauchende Zweigbündeln vor sich her wedelten. Sie haben Menschen aus der Stadt flüchten sehen. Und andere, die betend durch die Stadt zogen und ihre Sünden bekannten. Manche sind apathisch, manche voller Panik.

Irma gehört zu Letzteren. Ihre Angst ist so groß, dass sie das Gefühl hat, ihr werde heiß. Und tatsächlich bekommt sie Fieber, dann Schüttelfrost. Nach einer Stunde wird ihre Haut blau, am Hals bilden sich erst kleine Beulen, die höllisch schmerzen, dann immer mehr, immer größere. Als Irma kaum mehr bei Bewusstsein ist, liegen Maria und Barba längst mit Schüttelfrost auf dem Boden, und auch ihre Haut ist blau verfärbt.

Als drei Tage später der Gestank zu stark wird, brechen die Totengräber die Tür des Badehauses am Nicolaifleet auf. Es sind sieben Leichen, die sie finden. Sieben von etwa 3000, die in Hamburg dieser Pestepidemie zum Opfer fallen. Die Seuche wird ganz Europa verändern, weil mindestens ein Drittel der Bevölkerung stirbt. Weil der Tod so allgegenwärtig ist, verrohen viele Menschen, religiöser Fanatismus breitet sich aus, es kommt zu Judenpogromen. Wenn das Mittelalter je dunkel war, dann in diesen Jahren.

Information *war schon immer wichtig, doch im 14. Jahrhundert eine schwierig zu bekommene (und oft minderwertige) Ware. Das geschriebene Wort spielte vor Erfindung des Buchdrucks keine große Rolle, sodass Informationen aller Art erzählt wurden – oft mit dementsprechend niedrigem Wahrheitsgehalt. Wer sich an das Kinderspiel „Stille Post" erinnert, weiß, was gemeint ist ... Hamburger waren aber noch gut dran, weil viele Seefahrer und Kaufleute in die Stadt kamen, die Nachrichten aus erster Hand hatten. Sie verbreiteten sich aber aus heutiger Sicht quälend langsam, da sie eben nur so schnell waren wie das Pferd oder das Schiff, das sie transportierte.*

Arbeitszeit *Das klingt erst einmal richtig hart: Arbeitsbeginn um 4 Uhr morgens, Schichtende um 19 Uhr. Aber ganz so schlimm waren die Arbeitszeiten des mittelalterlichen Handwerkers dann doch nicht. Es gab drei längere Pausen am Tag, im Winter war die Schicht deutlich kürzer, es gab reichlich Feiertage (sogar viel mehr, als sie Bayern heute noch hat) – und den „blauen Montag". Den hatten die Gesellen den Meistern im Laufe der Zeit abgetrotzt. Lohn gab es trotzdem. Diese wunderbare Einrichtung ist irgendwann leider aus der Mode gekommen. Nur einige Friseure haben die Tradition in die Neuzeit herübergerettet.*

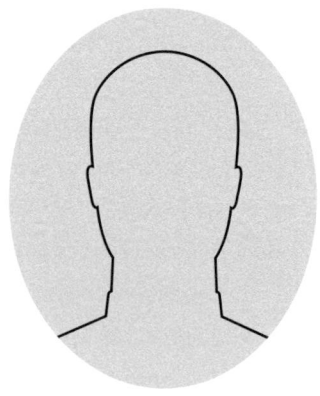

ERZBISCHOF BURCHARD GRELLE

(gest. 1344)

residiert zwar in Bremen, muss sich aber auch mit der Sittenlosigkeit der Hamburger Kleriker befassen. 1329 erlässt er ein Statut, das Hamburgs geistliche Herren zur Ordnung ruft. Grelle selbst ist hoch gebildet, hat in Paris studiert und ist 1327 von Papst Johannes XXII. zum Erzbischof von Bremen und Hamburg ernannt worden.

KARL IV.

(1316–1378)

ist ab 1355 römisch-deutscher Kaiser. Der bedeutende Herrscher des Spätmittelalters residiert in Prag und ist ein Meister der Machtpolitik. Mit der „Goldenen Bulle" erlässt er 1356 eine Art Grundgesetz des Reichs. Im Jahr 1365 erteilt er Hamburg einen Freiheitsbrief, in dem das Recht, Messen und Märkte abzuhalten, erteilt wird. Karl erkennt die große wirtschaftliche Bedeutung der Hanse und stattet Lübeck 1375 einen Besuch ab.

MEISTER BERTRAM

(um 1340–1414/15)

ist einer der bedeutendsten Künstler der Gotik. Er stammt aus Minden in Westfalen und wird 1367 erstmals in einer Hamburger Kämmereirechnung als Maler genannt. Möglicherweise hat er in Minden gelernt und sich später in Kunstzentren wie Prag, Straßburg und Köln aufgehalten. In Hamburg verfügt er über eine eigene Werkstatt, in der Maler und Bildschnitzer beschäftigt sind. 1373 wird er erstmals als Meister erwähnt. Sein Hauptwerk ist der Altar von St. Petri, den er nach vierjähriger Arbeit 1383 vollendet. Im 18. Jahrhundert wird der Altar nach Grabow in Mecklenburg verkauft, kehrt aber 1903 nach Hamburg zurück, wo er in der Kunsthalle zu sehen ist.

15. Jh.

STECKBRIEF

Stadtgebiet 0,83 qkm
Einwohner 18 000
Berufe Kaufleute, Handwerker, Geistliche
Speisen Fisch, Getreide, Bier, Fleisch

Währung Aus der lübischen Mark wird eine ganze Nominalreihe geprägt. Anfang der Goldprägung.

Karacke (Handelsschiff)

Die Türken erobern Konstantinopel, Kolumbus entdeckt eine neue Welt in Amerika, Guttenberg eine neue Welt im gedruckten Wort, die Kirche ist vielerorts ein korrupter Sündenpfuhl, und Gelehrte beginnen, alles infrage zu stellen, was seit Jahrhunderten den Menschen als Gewissheit galt. Der Alltag der meisten Menschen ändert sich noch kaum, doch auch in Hamburg wollen einige den Aufbruch wagen. Sie befürchten, den Anschluss zu verlieren, denn mit der einst so mächtigen Hanse geht es bergab …

König Sigismund kommt als letzter Luxemburger auf den deutschen Thron (1411 bis 1437).

Die Kirche wird durch mehrere Spaltungen erschüttert, zeitweise gibt es drei konkurrierende Päpste. Um die Kircheneinheit wiederherzustellen, werden Konzile einberufen: Das bedeutendste tagt von 1414 bis 1418 in Konstanz, das schließlich alle drei Päpste absetzt und Martin V. zum alleinigen Papst wählt.

Die religiösen Spannungen nehmen unterdessen weiter zu. Schon ein Jahrhundert vor Luther prangert der böhmische Geistliche Johan Hus den Ablasshandel der Kirche an (Vergebung der Sünden gegen Geldzahlung) und wendet sich gegen Sittenlosigkeit des Klerus. Trotz Zusicherung freien Geleits wird er in Konstanz 1415 hingerichtet, woraufhin sich viele Böhmen erheben: der Beginn der Hussitenkriege. Erst nach gut zwei Jahrzehnten und vielen Niederlagen gelingt es kaiserlichen Truppen, die Hussiten zu besiegen. In dieser Zeit bildet sich ein tschechisches Nationalbewusstsein.

1438 kommt mit Albrecht II. erneut ein Habsburger auf den deutschen Thron. Seine Familie wird (mit einer kurzen Unterbrechung im 18. Jahrhundert) durchgehend bis zum Ende des alten Reichs 1806 regieren und in Österreich bis 1918 an der Macht bleiben.

Die Zeit der Ritterheere geht endgültig vorbei: Durch das Aufkommen von Schusswaffen werden sie militärisch überflüssig und von Landsknecht-, also Söldnerheeren verdrängt. Die vielen Siege der bäuerlichen Schweizer Heere über adlige Rittertruppen aus Österreich und Burgund steigern das Selbstbewusstsein der Landbewohner, die über Jahrhunderte als „nicht waffenfähig" galten.

1453 erobern die Osmanen Konstantinopel und festigen ihre Macht auf dem Balkan. Weil die alten Handelsrouten endgültig versperrt sind, werden die Entdeckungsfahrten intensiviert.

1487 umrundet der Portugiese Bartolo-
meu Dias das Kap der Guten Hoffnung, 12 Jahre
später erreicht Vasco da Gama auf diesem Weg
Indien. *1492* landet der Italiener Kolumbus
im Auftrag der spanischen Krone in Amerika.
Als Folge der Entdeckungen verlagert sich der
Handelsschwerpunkt gen Atlantik, was den
Niedergang der Hanse beschleunigt.

Wegen des Endes des oströmischen
Kaiserreichs beansprucht das noch
kleine *russische Reich* die
Führerschaft der orthodoxen Kirche.

Der von Guttenberg in Mainz erfundene
Buchdruck revolutioniert Europa
und kann in seiner Wirkung gar nicht
überschätzt werden – allein schon
durch die nun möglich gewordene
schnelle massenweise Verbreitung
politischer Schriften.

15. Jahrhundert

1500   1600   1700   1800   1900   2000

1400   20.10.: Auf dem Grasbrook werden Piraten enthauptet. Unter ihnen soll sich auch der berühmt-berüchtigte Klaus Störtebeker befunden haben.

1410   20.4.: Da in Lübeck die Lage instabil ist, übernimmt Hamburg die Führung der Hanse, allerdings nur für sechs Jahre.

1412   22.11.: Bei einer Sturmflut brechen in Altenwerder die Deiche. Das Dorf wird völlig zerstört.

1420   Hamburg und Lübeck erobern Bergedorf und bekommen im Perleberger Vergleich Bergedorf, die Vierlande, Geesthacht und die Hälfte des Sachsenwaldes zugesprochen.

1450   Hamburg markiert das Elbfahrwasser mit Tonnen.

1459   4.12.: Mit dem Tod Adolfs VIII. endet die mehr als drei Jahrhunderte während Ära der Schauenburger als Hamburger Landesherren.

1479   Mit der neuen Kämmerei bekommt Hamburg seine erste öffentliche Bibliothek.

1483   Der Aufstand gegen die galoppierenden Getreidepreise endet mit der Hinrichtung zweier Anführer.

1497   Rat und Bürgerschaft beschließen die Ausarbeitung eines neuen Stadtrechts.

1499   Das neue Millerntor wird fertiggestellt.

800   900   1000   1100   1200   1300

Die Hanse in der Krise

Als er an diesem Morgen um halb acht das Kontor betritt, kommt es ihm immer noch fremd vor. Das Knarren der Buchendielen, das Pult, an dem der alte Lüttge wie immer mit seinem Federkiel über langen Listen sitzt, das Regal mit dem Maßbuch, der große Eichentisch – Johann kennt das alles, seit er denken kann. Als er kaum richtig laufen konnte, da hat sein Vater ihn schon mit hierhergenommen. Rechnen gelernt hat er mit Fudern, Ballen, Gran, Scheffeln und Klaftern. Und gelesen hat er im Rechnungsbuch mindestens ebenso viel wie in der Bibel. Und doch: Jetzt kommt ihm das alles so eng vor, ganz anders, als er es in Erinnerung hat. Das Kontor, das Haus an der Großen Reichenstraße, ja die ganze Stadt: Alles ist so klein, denkt er.

Zwei Wochen ist es jetzt her, dass Johann Hinrich Bedephul nach Hamburg zurückgekehrt ist. Und fast zwei Jahre ist es her, seit er am 17. Mai 1494 aufgebrochen war. Begonnen hatte es in den alten Bahnen. Hamburger Kaufleute schicken ihre Söhne in die Hansekontore: um Kontakte zu knüpfen, zu lernen, wie man in der Fremde Geschäfte macht, und um Tradition zu atmen. Und so war Johann Hinrich Bedephul in Bergen gewesen, wo der Stützpunkt der Hanse (der Tyske Bryggen, der deutsche Kai) zu einem ganzen Stadtviertel gewachsen war. Von dort ging es nach London an den Stalhof, den großen Stützpunkt der Hanse in der englischen Hauptstadt. Und dann zur dritten großen und wichtigsten Vertretung im Nordseeraum: dem Hansekontor in Brügge. Die Stadt war ein Knotenpunkt des internationalen Handels. Aus London kam die Wolle, die hier in Flandern zu Tuch verarbeitet wurde. Aus dem nahen Rheinland wurde ebenso Wein wie aus Frankreich geliefert. Und die süddeutschen Italienhändler boten hier Gewürze und getrocknete Südfrüchte an. Die Hansekaufleute wiederum lieferten Fisch, Bernstein, Felle und Bier. Und doch: Brügge war nicht mehr auf dem Höhepunkt seiner Macht. Der Hafen versandete, und mit Antwerpen war längst ein mächtiger Konkurrent in direkter Nachbarschaft entstanden. Der junge Bedephul, 21 Jahre alt, machte sich Sorgen. Nicht um Brügge, aber um die Hanse – und um Hamburg.

Als sein Vater Rudolf Hinrich das Kontor betritt, springt Lüttge, der nun schon seit 26 Jahren für die Familie arbeitet, auf. Und auch Johann erhebt sich, wenn auch deutlich langsamer als der Alte. „Moin", sagt der Hausherr, setzt sich an den großen Tisch und vertieft sich sogleich in die Bücher. Wie immer wenn er keinen Besuch erwartet, trägt er sein uraltes, halb verschlissenes Wams und den ebenso alten Überrock. Johann findet das ungeheuer provinziell, aber natürlich würde er das niemals sagen. Er steht immer noch. „Vater", setzt er an. „Ich möchte mit Euch noch einmal über meine Reise reden…" Der Vater hebt den Kopf und schaut seinen ältesten Sohn mit einer Mischung aus Härte und Selbstbewusstsein an, in denen sich Fleiß und Erfolg eines Kaufmannslebens spiegeln: „Hat er nichts zu tun?" Lüttge senkt seinen Kopf noch tiefer über seine Listen. „Vater", sagt Johann zaghaft noch einmal und kommt nicht weiter. „Schluss!", fährt der Alte ihn an. „Die Jungen haben zu lernen, nicht zu lehren." Schweigen. „Er hat mir lang genug in den Ohren gelegen damit." Dann sagt er leise wie zu sich selbst: „Ich hätte diese Narretei niemals zulassen dürfen." Johann setzt noch einmal an, doch damit

bringt er ihn endgültig in Rage. „Und jetzt arbeite er. Oder er kann sehen, wo er sich sein Brot verdient", brüllt der hagere Mann. Und so beugt Johann sich über die Abrechnung eines Geschäfts, das mit dem Verkauf von zwölf Fässern Burgunder an den Weinhändler Petersen jetzt endgültig abgeschlossen ist. Schiff, Ladung und Mannschaft des Holks waren wohlbehalten nach Hamburg zurückgekehrt, jetzt müssen die drei Mitgesellschafter und die beiden stillen Teilhaber ausgezahlt werden. Doch Rudolf Hinrich Bedephul wird mit fünf Sechzehnteln den größten Teil des Gewinns einstreichen.

Es ist fast sechs, als Johann das Haus an der Reichenstraße endlich verlassen darf. Den Rest des Tages hatte er ohne ein Wort zu sagen im Kontor verbracht, nur unterbrochen vom Essen und Wasserlassen. Als er über die Rolandsbrücke zur Pelzerstraße geht, kreisen seine Gedanken über die Stationen seiner Reise. Wie er es geschafft hatte, seinen Vater zu überzeugen, das ist ihm heute noch ein Rätsel. Denn Johann war nicht wie geplant in Brügge geblieben, um sich im Hansekontor hochzuarbeiten. Er war weitergereist: zuerst nach Antwerpen, dann nach Mailand und Florenz. Und auf dem Rückweg hatte er Venedig besucht, war nach Augsburg gereist und schließlich über Magdeburg die Elbe hoch nach Hamburg. Johann Hinrich Bedephul hatte die bedeutendsten Handelsstädte Europas gesehen: das aufstrebende Antwerpen, das mäch-

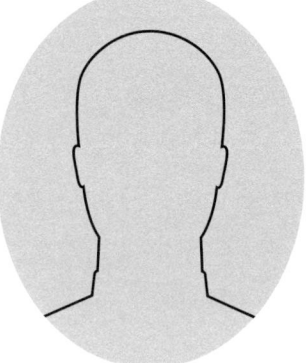
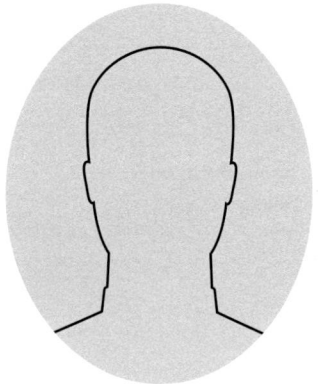

ALBERT KRANTZ
(1448–1517)

stammt aus einer Hamburger
Kaufmannsfamilie. An der Rosto-
cker Universität, wo er Theologie
studiert, wird er Dekan und
für eine Amtszeit Rektor. Nach
Aufenthalten in Lübeck, Mainz
und Perugia kehrt der promo-
vierte Theologe 1493 in seine
Heimatstadt zurück, wo er Lektor
am Dom wird, theologische und
philosophische Schriften verfasst
und von der Hanse mit diploma-
tischen Aufträgen betraut wird.
Geschickt verhandelt Krantz mit
England, Burgund, der Stadt
Brügge und Frankreich. 1508
wird er Domdekan, macht sich
aber auch einen Namen als Autor
bedeutender historischer und
kirchengeschichtlicher Werke und
wird daher als „Geschichtsschrei-
ber des Nordens bezeichnet".

HEIN HOYER
(um 1380–1447)

ist das Kind einer wohlhabenden
Hamburger Familie. Seit 1413
gehört er dem Rat an, vier Jahre
später wird er Bürgermeister. Er
hat beträchtliches diplomatisches
Geschick und vertritt die Interessen seiner Heimatstadt nicht nur
im Rahmen der Hanse, sondern
auch auf dem Konzil von Konstanz, wo er die Bestätigungen
der Hamburger Privilegien durch
den Kaiser erreicht. Im Krieg
gegen Dänemark wird Hoyer 1427
bei einem Seegefecht gefangen
genommen. Erst nach fünf Jahren
kommt er durch den Frieden von
Vordingborg wieder frei.

RAIMUND PERAUDI
(1435–1505)

stammt zwar aus einfachen Verhältnissen, macht aber trotzdem
eine erstaunliche kirchliche
Karriere. Er beginnt als Augus-
tinermönch, verlässt den Orden
wieder und studiert in Paris Theologie. Er verfasst theologische
Schriften und tritt für den Ablass
ein, wird Bischof und Kardinal.
Als päpstlicher Gesandter kommt
er 1503 nach Hamburg, um einen
Streit zwischen dem Rat und dem
Domkapitel zu schlichten. Bei
der Inspektion der kirchlichen
Einrichtungen ist er jedoch von
der Sittenlosigkeit des Klerus entsetzt. Lobend äußert er sich nur
über das Hamburger Bier.

800   900   1000   1100   1200   1300

tige Mailand mit den sagenhaft reichen Sforzas an der Spitze und das schon von der Renaissance ergriffene Florenz mit der noch reicheren Medici-Familie. Er sah das märchenhafte Venedig, das den Levantehandel beherrscht, und das beschauliche Augsburg, wo er aufgrund seiner Empfehlungsschreiben sogar mit Jakob Fugger sprechen konnte. Johann war tief beeindruckt: Der Kaufmann, den sie später „den Reichen" nennen sollten, dachte in wahrhaft großen Maßstäben. Er verlieh nicht nur Geld an Kaufleute, sondern an Könige und Kaiser; er kaufte kein Erz, er kaufte Bergwerke; er machte nur große Geschäfte mit fantastischen Gewinnen, sogar mit dem Papst. Wie bieder ist da der Bier- und Tuchhandel seines Vaters?

Johann seufzt, geht an St. Petri vorbei zum Speersort, bis er kurz vorm Schultor die kleine Schenke erreicht. Nikolaus, Albert und Henning warten schon auf ihn. Die vier kennen sich seit Kindertagen, alle entstammen Patrizierfamilien, alle sind Kaufmänner, nur dass Henning nach dem Tod seines Vaters bereits sein eigener Herr ist. Die jungen Männer waren alle schon auf Reisen gewesen, dennoch beneiden sie Johann – denn Italien hatte noch keiner von ihnen gesehen.

Schon vor einer Woche hatte er seinen Freunden davon berichtet, heute will er über die Zukunft reden. „Brügge und Antwerpen haben eine Börse, wir nicht mal einen Verein der Kaufmänner", sagt Johann. „Wir werden den Anschluss verlieren, wenn wir nicht aufpassen." Albert und Nikolaus stimmen ihm begeistert zu, Henning ist da schon skeptischer. „Wozu eine Börse?", fragt er. „Die Geschäfte laufen doch gut. Und bei uns viel besser als in Lübeck." Albert erwidert: „Genau deswegen! Die spüren schon, dass es mit der Hanse bergab geht." Das ist nicht zu leugnen. Die Zeiten, da die Hanse die Ostsee beherrschte, sind vorbei. Schon vor 50 Jahren haben sich die Niederländer ihr Recht auf den dortigen Handel erstritten und sind seitdem bittere Konkurrenz. Die Dänen und Schweden lassen sich vom Städtebund längst nicht mehr einschüch-

Jakob Fugger, ein Portrait von Albrecht Dürer.

Aber Afrika? Asien? Da doch lieber Bergen und Gotland. Bis in die Nacht hinein diskutieren sie noch, und sie werden es noch oft tun in den kommenden Jahren. Als Johann Hinrich Bedephul 1508 die väterliche Firma übernimmt, hat er eine Frau, fünf Kinder und längst nicht mehr so viel Abenteuerlust. Und so ist es keine wirklich große Summe, mit der er sich sogleich an der Ausrüstung eines portugiesischen Schiffes beteiligt, das nach Indien segelt, um den Gewürzmarkt zu erschließen. Und er gehört zu den Initiatoren, die 1517 den „gemeenen Kopmann" gründen, aus dem die „Vereinigung des ehrbaren Kaufmanns" hervorgehen wird. Als er 1528 mit 55 Jahren stirbt, ist er längst Ratsmitglied und einer der reichsten und angesehensten Hamburger. 30 Jahre wird es dann noch dauern, bis 1558 endlich die Börse an der Trostbrücke eröffnet wird. Es ist sein Enkel Detlef Hinrich, der dort die ersten Geschäfte für das Haus Bedephul abschließt.

tern, und vor zwei Jahren hat Zar Iwan die Hanseniederlassung in Novgorod sogar geschlossen und zerstört.

„Wir müssen umdenken", sagt Johann. Und dann berichtet er von portugiesischen Seefahrern, die sich entlang der afrikanischen Küste immer weiter südwärts vorwagen und unbekanntes Land entdecken. Und dass ein Italiener namens Kolumbus im Auftrag der spanischen Krone den Seeweg nach Asien gefunden hat. Das kommt den Freunden denn doch zu fantastisch vor. Neue Wege gehen und mehr wagen, ja, das wollen sie auch.

Kälte *Die Zentralheizung war zwar
längst erfunden, doch wie so vieles
haben die Menschen auch diese
Errungenschaft der Römer vergessen. Normalbürger hätten sich so
etwas aber ohnehin nicht leisten
können – und so war Frieren in den
eigenen vier Wänden im Winter der
Normalzustand. Geheizt wurde mit
einem Feuer, für das es, wenn man
Glück hatte, einen Rauchabzug gab
und nicht einfach ein offenes Dach.
Doch auch so ein Ofen sorgte nicht
für wohlige Wärme im ganzen Haus.
Daher war es nicht unüblich, mit
vielen Personen in einem Bett (oder
Strohlager) zu schlafen, um sich
gegenseitig zu wärmen.*

Zoll *Ein moderner Kaufmann würde
von den Marktbedingungen des
Spätmittelalters zur Verzweiflung,
wenn nicht mehr, getrieben. Denn
freien Handel gab es wahrlich
nicht. Jeder noch so unbedeutende
Fürst erhob Zölle auf alle Waren,
die durch sein Land transportiert
wurden, sodass sich manch Ware
absurd verteuerte – am Rhein gab
es alle paar Kilometer eine neue
Zollstation. Dann hatten viele Städte (auch Hamburg) das Stapelrecht,
das alle durchkommenden Händler
zwang, ihre Waren drei Tage lang in
der Stadt anzubieten. Auch innerhalb der Stadt gab es eher Kartelle
als freie Märkte. Denn die streng
organisierten Gilden und vor allem
die Handwerkszünfte ließen lästige
Konkurrenz nicht zu, sondern legten die Preise lieber fest.*

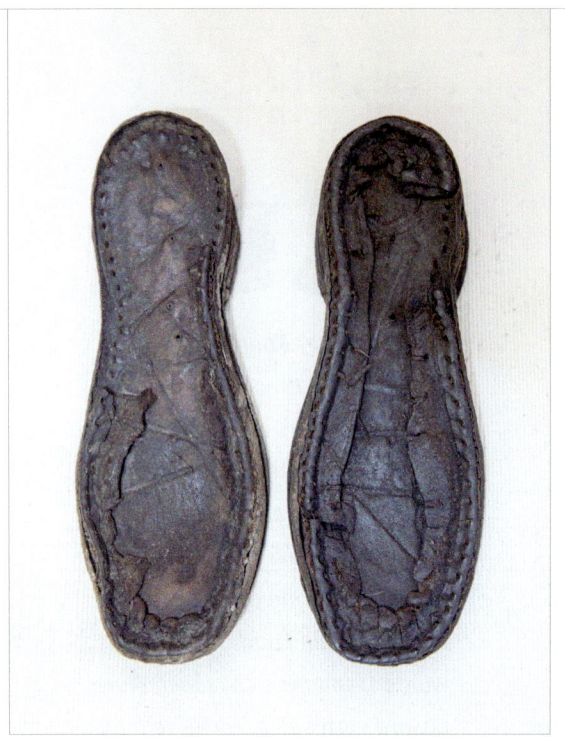

Diese Schuhe wurden gemeinsam mit Lederresten, Sohlen und reparaturbedürftigen Exemplaren 1926 bei Ausschachtungsarbeiten für das Gemeindehaus St. Petri in einer ehemaligen Schusterwerkstatt gefunden. Dadurch können wir uns ein Bild von der Schuhmode des 15. Jahrhunderts machen, für die die spitzen und eingeschnürten Formen typisch sind. Interessant ist, dass man unter den dünnen Ledersohlen hölzerne Trippen trug. Hamburgs schmutzige und ungepflasterte Straßen machten einen solchen Schutz der empfindlichen Schuhe notwendig.

16. Jh.

STECKBRIEF

Stadtgebiet 1,38 qkm

Einwohner 40.000

Berufe Überseekaufleute, Handwerker

Speisen Fisch, Getreide, Fleisch, Bier, Wein

Währung Aus der lübischen Mark werden die ersten Markstücke geprägt.

Galeone

Die Welt ist keine Scheibe mehr. Spanier und Portugiesen dringen nach Südamerika, Südafrika und Indien vor, Kopernikus erkennt, dass sich die Erde um die Sonne dreht, und die sich schnell verbreitende Drucktechnik sorgt dafür, dass Bücher und Flugschriften zum Massenmedium werden. Und dann ist da noch ein Mönch, der in der deutschen Provinz mit der Veröffentlichung von 95 Thesen die christliche Welt in ihren Grundfesten erschüttert. Ein geistiges Erdbeben, das auch in Hamburg vieles zum Einsturz bringt …

1517 löst der Wittenberger Mönch Martin Luther mit der Veröffentlichung von 95 Thesen die Reformation aus. Mit seiner Kritik am Ablasshandel und am obszönen Reichtum der Kirchenfürsten trifft er den Zeitgeist – binnen weniger Jahrzehnte ist mehr als die Hälfte der deutschen Bevölkerung Anhänger seiner Lehren.

1519 setzt sich Karl V. bei der Königswahl gegen den Franzosen Franz I. durch – weil er den sieben wahlberechtigten Kurfürsten höhere Bestechungsgelder bieten kann. Das Geld dafür leiht er sich von einem Großhändler, Bankier und Industriellen aus Augsburg: Jakob Fugger, genannt „der Reiche".

1524/25 erschüttern die Bauernkriege Deutschland. Hunderttausende sterben während der blutigen Kämpfe, die schließlich von den Fürsten gewonnen werden.

Karl ist *1530* der letzte Kaiser, der sich von einem Papst krönen lässt. Er beherrscht neben dem deutschen auch das spanische Reich mit seinen Kolonien in Süd- und Mittelamerika. Außenpolitisch kämpft er gegen Frankreich und die verbündeten Türken (1529 erfolglose Belagerung Wiens), innenpolitisch gegen Luther und die ihn unterstützenden Fürsten.

1555 tritt der Augsburger Religionsfriede in Kraft. Er gewährt den Fürsten Glaubensfreiheit – sie allein entscheiden, welche Konfession in ihrem Territorium anerkannt wird. Karl tritt in diesem Jahr freiwillig ab und stirbt drei Jahre später als gebrochener Mann. Sein Reich wird in eine deutsche und eine spanische Linie geteilt.

In England regiert seit *1509* Heinrich VIII., der wegen der päpstlichen Weigerung, seine Ehe zu scheiden, die anglikanische Staatskirche gründet, die einen Mittelweg zwischen Protestantismus und Katholizismus darstellt. Zwei seiner sechs Frauen enden auf dem Schafott. Seine Tochter Elisabeth I. legt die Grundlagen für das spätere britische Weltreich.

Frankreich wird in der zweiten Jahrhunderthälfte von den Hugenottenkriegen erschüttert. Tiefpunkt ist die Bartholomäusnacht *1572*, in der Zehntausende Protestanten ermordet werden. Mit der Thronbesteigung des nur formell katholisch gewordenen Hugenotten Heinrich IV. wird das Land befriedet.

In Russland regiert bis *1584* Ivan IV. (der Schreckliche), der grausame Massaker gegen Adel und Bevölkerung begeht, sein Reich aber auch außenpolitisch konsolidiert.

1572 vernichtet eine spanisch-venezia-
nische Flotte bei Lepanto die osmanischen
Seestreitkräfte und bricht deren Vorherrschaft
im Mittelmeer.

1588 kann die englische Flotte mithilfe des
stürmischen Wetters die Invasion der spanischen Armada abwehren.

Die *Renaissance* („Wiedergeburt") ist
der geistige Überbau der dramatischen Veränderungen auf allen Gebieten. Ziel ist es, an die
als unerreichbar geltenden Errungenschaften
der Antike anzuknüpfen: technisch, philoso-
phisch, *kulturell*. Bedeutende Vertreter
sind das Universalgenie Leonardo da Vinci,
Künstler wie Michelangelo und Albrecht Dürer
und Astronomen wie Kopernikus, der als Erster
nachweist, dass die Sonne und nicht die Erde
im Mittelpunkt des Sonnensystems steht.

Der Italiener Macchiavelli ist mit seinem Buch
„Der Fürst" der geistige Wegbereiter des
Absolutismus.

Der *Frühkapitalismus* erlebt eine
erste Blüte: Nach Brügge und Antwerpen eröffnen in Augsburg, Köln und Hamburg die ersten
Börsen. Um kapitalintensive Unternehmungen
(Bergbau, Schiffbau, Fernhandel) zu finanzie-
ren, werden frühe Formen von Aktiengesell-
schaften entwickelt. Mithilfe von Wechseln und
Bankhäusern etabliert sich der bargeldlose
Zahlungsverkehr.

16. Jahrhundert

1503 Kardinal Raymund besucht als päpstlicher Legat Hamburg und kritisiert die Sittenlosigkeit des hiesigen Klerus.

1512 23.4.: Frieden von Malmö. Der Krieg zwischen Hamburg und weiteren Hansestädten ist beendet.

1521 Ordo Stenmel, Pastor an St. Katharinen, predigt gegen den Ablasshandel.

1528 28.4.: Beim öffentlichen Disput im Rathaus setzen sich die Protestanten gegen die Altgläubigen durch.

1529 16.2.: Der „Lange Rezeß" räumt den Bürgern mehr Mitsprache ein.

1529 15.5.: Rat und Bürgerschaft billigen die von Johannes Bugenhagen verfasste Kirchenordnung. Hamburg ist jetzt evangelisch.

1532 4.11.: Eine schwere Sturmflut sucht die Stadt heim.

1555 16.7.: Erstmals werden in Hamburg Hexen hingerichtet. Es trifft sechs Frauen, die im Prozess zuvor gefoltert worden sind.

1567 3.12.: Der Kartograf Melchior Lorrich legt vor dem Reichskammergericht eine detaillierte Elbkarte als Beweismittel vor. Sie belegt Hamburgs Ansprüche hinsichtlich des Stapelrechts im Prozess gegen den Harburger Herzog Otto III. und die Herzöge von Braunschweig-Lüneburg.

1582 Sozialer Wohnungsbau. An der Spitalerstraße entstehen „Gotteswohnungen" für Arme.

1594 Der portugiesische Arzt Rodrigo de Castro ist der erste sephardische Jude, der nachweislich in Hamburg lebt.

Der neue Glaube erobert die Stadt

Wo steht es geschrieben?", ruft der Mann auf der Kanzel und greift nach einem Buch, das er so hoch hält, dass es auch diejenigen sehen können, die nur ganz hinten ihre Stehplätze gefunden haben. Dicht gedrängt stehen die Menschen an diesem frühen Sonntagmorgen des Jahres 1523 in der Kirche des Maria-Magdalenen-Klosters, um diesen Franziskaner predigen zu hören. Erst vor einigen Wochen ist Stephan Kempe aus Rostock gekommen, man hat ihn vom dortigen Franziskanerkloster St. Ägidien nach Hamburg geschickt, um hier Angelegenheiten seines Ordens zu regeln. Wenn es dabei geblieben wäre, hätte das niemanden interessiert, aber schon seit er zum ersten Mal auf der Kanzel der Klosterkirche stand, hat sich überall in der Stadt herumgesprochen, dass dieser Bruder Stefan ganz unerhörte Dinge sagt und die Mönche und die Bischöfe, die Kardinäle und die Ablasshändler gehörig ins Gebet nimmt.

„Wo steht hier etwas vom Ablass geschrieben? Bei Markus nicht, bei Matthäus nicht, bei keinem der Evangelisten. Und auch sonst nirgends in der Heiligen Schrift", sagt der Prediger. „Und wer mir das nicht glaubt, der kann es jetzt nachlesen, wenn er denn lesen kann. Dieses Neue Testament, das Doktor Luther aus Wittenberg in unsere Sprache übersetzt hat, ist hier in Hamburg gedruckt worden", sagt Kempe, der das Buch nun auf die Kanzel legt.

Atemlos verfolgen die Menschen die Predigt des Mönchs, die so ganz anders klingt als die langweiligen Litaneien, die sie sonst von der Kanzel gehört haben. Dieser Mann mit dem dunklen Haar und dem lebhaften Blick lockt ganz unterschiedliche Menschen in die Klosterkirche, in der sich prächtige Altäre befinden, die der heiligen Maria Magdalena, dem Ordensgründer Franziskus, der heiligen Anna, der heiligen Martha und den heiligen fünf Wunden des heiligen Kreuzes geweiht sind. Aus allen vier Kirchspielen sind Handwerker gekommen, aber auch arme Tagelöhner. Vornehme Kaufleute stehen neben abgerissenen Gestalten, die sonst als Bettler auf der Steinstraße ihr Auskommen suchen. Die Gattin eines Ratsherrn steht im kostbaren Kleid aus flandrischem Tuch neben einer jungen Frau, die den Kopf gesenkt hält, weil sie vermeiden möchte, als Hure erkannt zu werden.

Aber jetzt achtet ohnehin niemand auf seinen Nachbarn, denn alle Augen sind auf die Kanzel gerichtet, die an einem nördlichen Pfeiler inmitten des Langhauses angebracht ist. „Nicht mit Geld lässt sich die Seeligkeit erkaufen. Wer Geld bezahlt, um von seinen Sünden erlöst zu sein, der wird es nur verlieren und trotzdem im Fegefeuer schmoren. Sola Gratia", ruft Kempe in den überfüllten Kirchenraum, dann fällt ihm ein, dass die meisten der Anwesenden kein Latein verstehen. „Allein aus Gnade werden wir von den Sünden erlöst. Allein aus der Gnade Gottes erlangen wir das Heil, und allein durch den Glauben wird es uns zuteil", sagt Kempe, der nun den Kopf senkt, die drei Ratsherren wieder in den Blick nimmt und hinzufügt: „Der Ablass, den man euch aufschwatzt, der ist nichts als ein großer Schwindel. Das hat Doktor Martinus aus Wittenberg aller Welt verkündet, und es ist wahr, weil wir es aus der Heiligen Schrift wissen. Vor Gott sind alle Menschen gleich", sagt Kempe nun wieder direkt an die drei Ratsherren in der ersten Reihe gewandt: „Und kein noch so reicher Kaufmann kann sich von seiner Sünde mit Gold oder Geld freikaufen. Gott segne uns, Arm und Reich. Amen."

Im linken Seitenschiff steht ein Dominikanermönch, der Kempes Predigt besonders aufmerksam verfolgt. Die Kapuze seiner weißen Kutte hat er weit über den

In der zweiten Hälfte des 16. Jahrhunderts schufen die Kupferstecher und Radierer
Frans Hogenberg und Georg Braun zahlreiche Stadtansichten in der Vogelschau.
In ihrem Kartenwerk „Civitates Oribs Terrum" veröffentlichten sie auch diesen Hamburg-Plan.

Kopf gezogen, denn er möchte nicht erkannt werden. Langsam löst sich Bruder
Anselm jetzt von dem steinernen Pfeiler,
an den er sich die ganze Zeit über gelehnt
hat. Während der Mönchschor, macht-
voll begleitet von der großen Orgel, die
schon seit mehr als 100 Jahren auf der
Nordempore steht, einen Psalm singt, entfernt sich der Mönch fast geräuschlos,
tritt durch das Portal hinaus und huscht
schnellen Schrittes die Gasse entlang.
Mehrfach biegt er ab und blickt sich ein
ums andere Mal misstrauisch um. Nein,
niemand verfolgt ihn, wahrscheinlich hat

ihn keiner der Gottesdienstbesucher
bewusst wahrgenommen, denkt Bruder
Anselm, als er durch das Tor des Klosters
St. Johannis tritt. Nur kurz verweilt er in
seiner engen Zelle, setzt sich auf die hölzerne Schlafstatt, lässt die Perlen seines
Rosenkranzes durch die Finger gleiten und
versucht, sich das Geschehen der letzten
Stunde zu vergegenwärtigen.

Er sieht ihn vor sich, wie er auf der
Kanzel steht und predigt. Dieser Franziskaner aus Rostock ist kein demütiger
Diener der Kirche, sondern ein Aufrührer,
ein Umstürzler. Und er macht kein Hehl

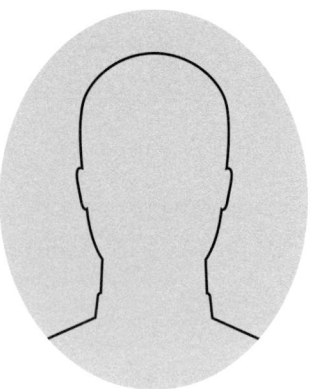

JOHANNES BUGENHAGEN
(1485–1558)

hat sich nur relativ kurze Zeit in Hamburg aufgehalten, für die Durchsetzung der Reformation aber trotzdem enorme Bedeutung erlangt. Im pommerschen Wollin geboren, studiert er in Greifswald und wird zum Priester geweiht. Er beschäftigt sich früh mit humanistischen Schriften und wird zum Anhänger der Reformation. Nachdem sich der Hamburger Rat für die Reformation entschieden hat, kommt Bugenhagen, ein enger Freund Martin Luthers, im Herbst 1528 für ein Dreivierteljahr nach Hamburg, wo er die neue Kirchenordnung ausarbeitet und zahlreiche weitere Neuordnungen im Bereich von Kirche, Stadt und Armenpflege organisiert.

MELCHIOR LORICHS
(um 1527–ca. 1583)

ist zunächst in Nürnberg als Maler und Kupferstecher tätig. Später geht er in die Niederlande und nach Italien, wo er in Venedig, Florenz, Bologna und Rom arbeitet. Mehrere Jahre hält er sich in Istanbul auf. Dort zeichnet er Bildnisse von Würdenträgern, Bauwerken sowie Volksszenen. 1562 tritt er eine gut dotierte Stellung am Wiener Hof an. Fünf Jahre später zieht es ihn nach Hamburg. 1568 erteilt ihm der Rat den Auftrag für eine detaillierte Elbkarte, die bis heute im Hamburger Staatsarchiv aufbewahrt wird. 1580 tritt Melchior Lorichs in dänische Dienste, seine letzte Erwähnung findet sich in einer dänischen Urkunde von 1583.

CLAUS KNIPHOFF
(um 1500–1525)

stammt aus Malmö und fährt schon als Jugendlicher zur See. In Holland begegnet er dem ehemaligen dänischen König Christian II., der 1523 in die Niederlande geflohen ist. Dieser stellt ihm einen Kaperbrief aus und beauftragt ihn, Hanseschiffe anzugreifen. Kniphoff baut eine Flotte auf und kapert auf der Nordsee Schiffe. 1525 kommt es vor dem friesischen Greetsiel zu einem Gefecht mit Hamburger Schiffen, die von dem späteren Hamburger Bürgermeister Ditmar Koel kommandiert werden. Kniphoff und 162 seiner Männer werden gefangen genommen und am 30. Oktober 1525 auf dem Grasbrook hingerichtet.

800   900   1000   1100   1200   1300

daraus, sondern nennt den Ablass einen Schwindel und wirft Mönchen und Nonnen, Bischöfen und Kardinälen, ja sogar dem Heiligen Vater Sittenlosigkeit vor. Wie haben die Leute an seinen Lippen gehangen, nicht nur einfaches Volk, auch drei Ratsherren waren dabei. Der Franziskaner hat so gepredigt, dass sie ihn alle verstehen können, er hat sie auf seine Seite gezogen und ihnen von diesem mit Acht und Bann belegten Ketzer aus Wittenberg erzählt, dessen Namen er gar nicht in den Mund nehmen will.

Eilig steht Bruder Anselm auf, verlässt seine Zelle und läuft mit gesenktem Haupt durch die Gänge des altehrwürdigen Klosters St. Johannis. Wenig später betritt er die Bibliothek und lässt sich dort von Bruder Vincent, der die Bücher verwaltet, einen Pergamentbogen aushändigen. Dann tritt er an das hinterste Pult, entzündet das Talglicht, holt das Schreibzeug hervor und greift nach dem Federkiel „Sola Scriptura. Sola Gratia. Sola Fide", beginnt er seinen Bericht, den er in geschliffenem Latein abfasst. Wortgenau zitiert er aus dem Gedächtnis Kempes Predigt, der sich auf die Heilige Schrift berufen hat und nichts außer der Bibel gelten lässt. Der behauptet, dass der Mensch nicht durch eigene

Werke oder durch Ablasszahlungen vor Gott bestehen kann, sondern nur durch die Gnade Gottes und den Glauben an Jesus Christus, so wie es geschrieben steht. Je mehr er die Predigt in seinem Bericht wiedergibt, desto plausibler erscheinen ihm Kempes Gedankengänge. Erschrocken hält er inne, legt den Federkiel beiseite und schüttelt den Kopf. Sollte er selbst schon vom Gift dieser Ketzer angesteckt worden sein?

Nein, das wird er nicht zulassen, denkt Anselm, setzt seinen Bericht eilig fort, indem er die Stimmung der Menschen schildert und schließlich noch die Namen all jener Gottesdienstbesucher nennt, die er erkannt hat. Ganz unten auf dem Pergamentbogen vermerkt er auch die drei Ratsherren, die direkt unter der Kanzel gestanden habe: Hinnerk Müller, Berthold Donner und Johannes Grothe.

Der Löschsand trocknet die Tinte, Bruder Anselm faltet das Pergament zusammen und verschließt es mit dem Siegel des Klosters. Wortlos und in großer Eile verlässt er die Bibliothek, übersieht an deren Ausgang den fragenden Blick von Bruder Vincent und läuft bald darauf mit schnellen Schritten durch die Gassen zum Dom. Die Turmuhr von St. Petri schlägt

Martin Luthers reformatorisches Wirken in Wittenberg wirkte sich bald auch im elbabwärts gelegenen Hamburg aus. Dieses 1872/73 entstandene Historienbild des Berliner Malers Paul Thumann stellt dar, wie Luther die päpstliche Bannbulle öffentlich verbrennt.

die dritte Stunde, gerade noch rechtzeitig erreicht Anselm den vereinbarten Treffpunkt in einem Seitenschiff der Domkirche. Vor dem Altar, der dem heiligen Lukas geweiht ist, steht sein Gewährsmann. Es ist der Diener eines Domherrn, dessen Name Anselm nicht kennt. Er muss ihn nicht kennen, sondern nur seinen Auftrag erfüllen. Der Mann scheint ganz im Gebet versunken zu sein, doch hat er Anselm längst bemerkt. Als der Mönch neben ihm steht, greift er mit der Hand nach dem Pergament, das er sofort unter seinem Gewand verschwinden lässt. Dann bekreuzigt er sich, verbeugt sich vor dem heiligen Lukas und verlässt wortlos den Dom. Bruder Anselm bleibt noch, betrachtet die kunstvoll geschnitzten Figuren im Schrein des Al-

tars, die den Evangelisten Lukas zeigen, wie er vor einer Staffelei sitzt und die Jungfrau Maria malt. In der Vulgata, der lateinischen Bibel, in die er sich in der Klosterbibliothek oft stundenlang vertieft, hat er nichts davon gelesen. Sola Scriptura, allein die Schrift, wieder kommt ihm Stephan Kempes Predigt in den Sinn. „Ich muss auf andere Gedanken kommen", flüstert der Dominikaner, als er den Mariendom verlässt.

Stephan Kempe wird auch weiterhin bespitzelt und angefeindet, aber er verstummt nicht und verlässt Hamburg nicht wieder. Erst bleibt er als Prediger im Franziskanerkloster Maria-Magdalenen, und als er 1527 als Pfarrer von St. Katharinen gewählt wird, legt er die Mönchskutte ab. Und manche Mönche tun es ihm nach, viele Altgläubige kann er überzeugen. Am 28. April 1528 steht es auf Messers Schneide, denn an diesem Tag soll sich entscheiden, ob Hamburg beim alten Glauben bleibt oder sich für die Reformation entscheiden wird. Was zählt, ist die Kraft der Argumente. In einer öffentlichen Disputation vertritt Stephan Kempe die lutherische Lehre gegenüber den papsttreuen Geistlichen so mitreißend und überzeugend, dass sich auch der Rat der Reformation anschließt. So wird Hamburg evangelisch.

1910 findet man nichts dabei, Hamburgs ältestes erhaltenes Haus abzureißen. Es stand Ecke Pferdemarkt 28/Jakobitwiete. Von 1522 bis 1524 wurde es für die Geistlichen der Jacobikirche erbaut. Deshalb haben auch die an den Holzteilen dargestellten Figuren einen christlichen Hintergrund. Sie wurden geborgen und ins Hamburg Museum gebracht. Zu sehen sind unter anderen die heilige Anna, Mutter Maria mit dem Jesusknaben sowie der Apostel Bartholomäus und die Heiligen Drei Könige, von denen allerdings einer fehlt. Außerdem erkennt man Gaukler mit fratzenhaften Gesichtern und verdrehten Körpern. Das Ganze präsentiert sich als skurrile Mischung von Religiosität, Frömmigkeit und nachwirkender Dämonenfurcht.

Ausbildungsvergütungen *gab es auch im 16. Jahrhundert schon – nur dass der Meister nicht zahlen musste, sondern kassierte: das Lehrgeld. Als Handwerkslehrling hatte man es auch sonst nicht leicht. In der Regel lebten die Jungen im Haus des Meisters, der die volle Erziehungsgewalt hatte – was regelmäßige Backpfeifen durchaus beinhaltete. Nach vollbrachter Gesellenprüfung gingen die Männer auf Wanderschaft, um Erfahrungen zu sammeln. Immerhin gab es jetzt etwas Lohn. Ziel war aber die Meisterschaft, was erst nach mehreren Jahren ging, und auch nur wenn eine Zunft einen aufnahm. Dazu brauchte es Glück und gute Beziehungen – die Hochzeit mit der Tochter eines Meisters zum Beispiel.*

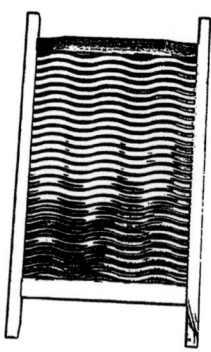

Kleidung *Seife, Stärke und sogar (mit Kohle geheizte) Bügeleisen waren im 16. Jahrhundert durchaus bekannt, spielten bei Normalbürgern aber keine Rolle – purer Luxus. So war es wie seit Jahrhunderten üblich, die Wäsche mit (alkalisch wirkender) Asche, manchmal sogar mit (ähnlich wirkendem) Urin zu säubern. Meist geschah dies noch direkt in der Elbe oder Alster, geschrubbt wurde mit kleinen Waschbrettern oder einfach mit den Händen. Zum Plätten der Wäsche gab es sogar öffentliche Mangeln, entweder von Hand oder von Pferden betrieben. Weil Kleidung teuer war, trug man sie viele Jahre – das meist verwendete grobe Leinen war nicht sehr bequem, aber widerstandsfähig.*

STECKBRIEF

Stadtgebiet 2,48 qkm

Einwohner 70 000

Berufe Überseekaufleute,
Seeleute, Handwerker

Speisen Fisch, Getreide,
Fleisch, Bier, Kaffee, Kakao

Währung Der Taler zu
32 Schilling wird zur
Leitwährung.

Holländische Fleute (Frachtschiff)

Es ist das Jahrhundert der großen Geister. Bach und Newton, Galilei und Leibniz, Kepler und Rembrandt weisen den Weg in neue wissenschaftliche und kulturelle Welten. Es ist auch das Jahrhundert des großen Krieges, der 30 Jahre lang in Deutschland wütet und weite Teile des Landes verwüstet. Während blühende Städte wie Magdeburg untergehen, bleibt Hamburg dieses Schicksal erspart – weil die sonst so geizigen Ratsherren eine kluge Investition tätigen…

Die gewaltigen religiösen Spannungen entladen sich ab *1618* im Dreißigjährigen Krieg. Vordergründig kämpfen katholische gegen protestantische Fürsten, eigentlich geht es um reine Machtpolitik. Der Konflikt weitet sich rasch zu einem europäischen Krieg auf deutschem Boden aus: Spanier, Franzosen, Schweden und Dänen entsenden Armeen, es entsteht eine Pattsituation. Nach vier Jahren Verhandlungen wird in Osnabrück und Münster der Westfälische Frieden geschlossen. Der Krieg hat weite Teile Deutschlands verwüstet und dramatische Verluste unter der Zivilbevölkerung gefordert – ganze Landstriche sind entvölkert.

Deutschland ist ein *Flickenteppich* mit schwacher Zentralgewalt. Unter dem Dach des Heiligen Römischen Reiches gibt es Hunderte Stadt- und Kleinstaaten. Es gibt weder einheitliche Maße noch eine gemeinsame Währung, dafür Hunderte Zollgrenzen. Unter Friedrich-Wilhelm, dem Großen Kurfürs-

ten, beginnt der Aufstieg Preußen-Brandenburgs zur Großmacht. Mächtigster Teil des Deutschen Reiches ist Österreich, das nach der Belagerung Wiens durch die Türken *1683* in den kommenden Jahrzehnten große Gebiete in Südosteuropa erobert.

Die größte europäische Macht ist *Frankreich*, das mehr als sechs Jahrzehnte vom Sonnenkönig Ludwig XIV. regiert wird, der den absolutistischen Herrscher in Reinform verkörpert. In ganz Europa versuchen die Fürsten, seiner luxuriösen Hofhaltung nachzueifern. Auch kulturell ist Frankreich führend, Französisch ist die Alltagssprache an allen Fürstenhöfen.

Ludwig XIV. führt zahlreiche Kriege und erobert große deutsche Gebiete. Die anderen europäischen Mächte verbünden sich gegen Frankreich und können sich nur mit Mühe behaupten.

In England kommt es zum Bürgerkrieg, den die Puritaner unter Oliver Cromwell für sich entscheiden. *1649* wird König Karl II. hingerichtet, Cromwell errichtet als Lordprotector eine Militärdiktatur. Nach seinem Tod wird das Königtum wiederhergestellt. *1688* kommt mit Wilhelm von Oranien ein Niederländer auf den englischen Thron.

Die *Niederlande* gelten als das modernste Land der Welt, viele Staaten versuchen, Holländer anzulocken und so von ihren technischen Kenntnissen zu profitieren.

Kulturell ist das *Barock* für ganz Europa prägend. Genies revolutionieren die Physik (Newton), Mathematik (Leibniz), Musik (Bach) und Malerei (Rembrandt).

17. Jahrhundert

1611 28.6.: Der Hamburger Rat erlaubt englischen Kaufleuten, sich dauerhaft in der Stadt niederzulassen.

1618 Die „Wöchentliche Zeitung auß mehreren Örthern" ist Hamburgs erste Zeitung.

1626 Nach zehnjähriger Arbeit sind die von dem niederländischen Spezialisten Johan von Valckenburgh entworfenen Wallanlagen fertiggestellt. Dadurch bleibt Hamburg vom Dreißigjährigen Krieg verschont.

1636 10.10.: Der Rat sorgt mit einer Instruktion für einen sichereren Schiffsverkehr auf der Elbe.

1640 16.7.: Der Universalgelehrte Joachim Jungius wird des Atheismus verdächtigt und muss die Leitung des Johanneums niederlegen.

1659 8.7.: Ein Großbrand zerstört den Besenbinderhof in der Vorstadt St. Georg. Ausgelöst wurde er von unvorsichtigen Rauchern.

1661 14.3.: Der erste große Michel wird eingeweiht.

1666 24.8.: im Englisch-Niederländischen Krieg zerstören niederländische Kriegsschiffe auf der Elbe vor Neumühlen drei englische Handelsschiffe.

1671 Die Herzöge von Sachsen-Lauenburg beschweren sich beim Wiener Kaiserhof über Hamburger Schweine im Sachsenwald. Der Konflikt weitet sich beinahe zum „Schweinekrieg" aus.

1678 2.1.: Unter dem Namen Opern-Theatrum wird am Gänsemarkt Deutschlands erstes bürgerliches Theater eröffnet.

1681 Der Maler Melchior Luhn fertigt ein großes Stadtpanorama an, das bis heute in der Hauptkirche St. Jacobi zu sehen ist.

1686 4.10.: Hieronymus Snitger und Cord Jastram werden des Hochverrats beschuldigt und hingerichtet. Sie hatten sich mit dem Dänenkönig Christian V. verbündet.

1693 Arp Schnitger vollendet seine Orgel für die Hauptkirche St. Jacobi.

800   900   1000   1100   1200   1300

Ein feste Burg
sei unsre Stadt

Muss das wirklich alles sein?",
Ratsherr Moller stellt den sil-
bernen Pokal so heftig auf,
dass der Rotwein überschwappt und auf
dem hölzernen Tisch eine Pfütze bildet.
„22 Bastionen und ein Wall, der nicht nur
unsere gute Stadt umschließt, sondern
sogar völlig unbebautes Gebiet! Hat der
gute Mann auch mal daran gedacht, wie
wir das alles bezahlen sollen?" Bürgermeister Sebastian von Bergen, der zwar
erst seit einem Jahr im Amt ist, aber als Jurist, Ratsherr und weit gereister Diplomat
über viel Erfahrung verfügt, legt dem Kaufmann beruhigend die Hand auf den Arm.
„Doch, doch, mein lieber Moller, das muss
wirklich alles sein. Valckenburgh weiß,
was er tut. Unser Feldhauptmann Graf
Friedrich von Solms hat sich für ihn ver-
bürgt, und außerdem hat er schon in man-

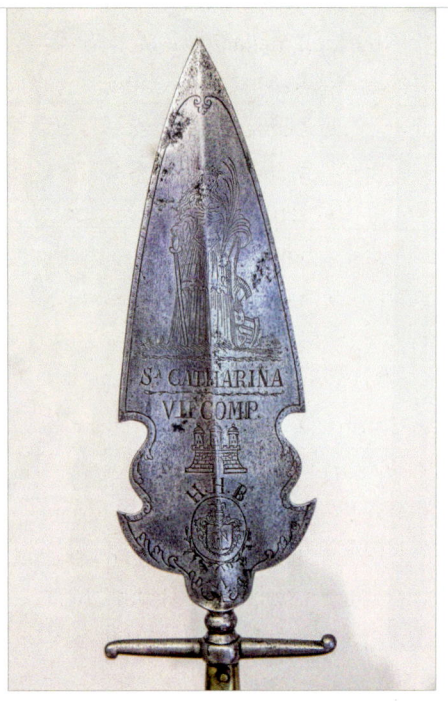

Mit dem Neubau der Festungsanlagen wird das Militärwesen in Hamburg neu organisiert. Als Ergänzung der 1617 gegründeten Garnison mit Berufssoldaten zieht man zum Schutz der Stadt außerdem alle Bürger und Steuerzahler heran. Die Bürgerwache ist in fünf Regimenter eingeteilt, die annähernd den fünf Kirchspielen entsprechen. Zu den Symbolen der Regimenter gehören die Spontons, lanzenartige Stangenwaffen, die an der Spitze das Bildnis des Kirchspielheiligen tragen. Hier sehen wir den Sponton des Katharinenregiments mit einer Darstellung der heiligen Katharina. Ihr Attribut ist das Rad, auf dem sie als Märtyrerin starb.

800   900   1000   1100   1200   1300

chen anderen Städten Bastionen gebaut, die sich als zuverlässig erweisen." Aber so leicht lässt sich der Ratsherr, der es mit dem Verschiffen hamburgischen Biers zu mehr als nur solidem Wohlstand gebracht hat, selbst aber lieber spanischen Rotwein trinkt, nicht überzeugen. „Die Leute werden murren, wenn man sie zu Handdiensten bei den schweren Erdarbeiten heranzieht und ihnen außerdem noch mit Sondersteuern das Geld aus der Tasche zieht", sagt Moller, der vor Aufregung den Ärmel seiner betressten Jacke aus feinem holländischem Tuch in die Weinlache auf dem Schanktisch taucht. „Aber später werden sie den Mund halten und dem Rat noch dankbar sein, spätestens wenn ein feindliches Heer vor den Mauern und Bastionen Halt machen muss und nicht in die Stadt kommt", sagt von Bergen, der einen Schluck Wein nimmt und sich jetzt richtig in Rage redet. „Natürlich wird der gemeine Mann murren, das tun ja schon Leute, die es eigentlich besser wissen müssten", sagt er und funkelt Moller kurz an: „Aber man muss doch über den Tag hinaus denken, denn nur so können wir verhindern, dass der Feind einfällt, johlend durch die Gassen reitet, unsere Männer abschlachtet, unsere Frauen vergewaltigt und nicht

einmal vor den Kindern Halt macht. Das ist die Wahrheit, mein lieber Moller. Und nur das ist auch der Grund, warum wir gemeinsam mit Lübeck, Bremen, Magdeburg, Lüneburg und Braunschweig diesen Johan von Valckenburgh unter Vertrag genommen haben."

„Vielleicht haben Sie recht, verehrter Bürgermeister", entgegnet Moller nachdenklich und erzählt vom älteren Bruder seine Gattin, der anno 1607 durch Zufall in Donauwörth gewesen war, als der verfluchte Bayernherzog Maximilian die freie Reichsstadt besetzt hatte. Nein, was der Schwager nach seiner glücklichen Rückkehr berichtet hatte, war furchterregend gewesen. „So etwas", sagt er nach einem weiteren kräftigen Schluck aus dem Pokal, „würde ich meinem schlimmsten Widersacher nicht wünschen." Das klingt christlich, ist aber nicht ganz ehrlich, denn eigentlich gibt es nichts Schlimmes, was er, der Hamburger Kaufmann und Ratsherr Johann Heinrich Moller, jener schlitzohrigen und durchtriebenen Krämerseele aus Antwerpen nicht an den Hals wünschen würde. Hatte dieser ihn doch vor noch nicht einmal ganz drei Jahren nach allen Regeln der Kunst über den Tisch gezogen. Aber das behält er besser für sich, denn

Ansicht der alten Nikolai-Kirche, die beim Großen Brand 1842 zerstört wurde.

Pestfriedhofs verabredet, dort will er mir seine Pläne erläutern", sagt von Bergen, der ein paar Silbermünzen auf den Tisch legt und dem Wirt einen Wink gibt. „Habt Dank für das Angebot, ich wäre schon begierig, die Pläne zu sehen. Aber die Pflicht ruft, muss leider zurück ins Kontor. Dort liegt noch ein Foliant mit Bestellungen und der Korrespondenz der vorigen Woche", lügt Moller, der sich zwar zurück in sein Haus an der Deichstraße begibt, aber gar nicht vorhat, sein im Erdgeschoss gelegenes Kontor zu betreten. Stattdessen will er gleich die Holztreppe erklimmen und sich in der Wohnung zu einem ausgedehnten Mittagsschlaf ausstrecken.

Sebastian von Bergen wendet sich dagegen nach Westen, überquert einige Brücken, läuft nun an Gärten und einzeln stehenden Häusern vorbei und hat schon nach 20 Minuten den alten Pestfriedhof erreicht, der sich außerhalb der Stadt neben der Pulvermühle und einer Ziegelei befindet. Es ist ein etwas unheimlicher Ort, den man nicht freiwillig besucht, schon von fern sieht der Bürgermeister den holländischen Festungsbauer, der auf einer leichten Anhöhe steht und mit einem aus Dreiecken bestehenden Messgerät einen Punkt anvisiert, der irgendwo weiter

der Bürgermeister muss ja nicht wissen, dass er 86 Fässer gutes hamburgisches Bier in Antwerpen zu einem wirklichen Spottpreis hatte verkaufen müssen.

Die Turmuhr der nahen Nikolai-Kirche schlägt jetzt die zweite Mittagsstunde. „Wenn Sie mögen, lieber Moller, können Sie mich ja gern zu Valckenburgh begleiten. Ich bin mit ihm an der Kapelle des

800   900   1000   1100   1200   1300

Aberglaube *Angesichts der Tatsache, dass auch im 21. Jahrhundert noch oft dreimal auf Holz geklopft wird, wenn vom Unglück anderer die Rede ist, kann es nicht verwundern, dass im vorwissenschaftlichen 17. Jahrhundert der Aberglaube sehr verbreitet war. Das Spiel der Wolken war ein Vorzeichen des Schicksals, Naturphänomene waren es sowieso. Katzen, vor allem schwarze, waren des Teufels (galten auf Schiffen aber als Glücksbringer), rothaarige Mädchen verdächtig (Hexenverbrennungen waren noch immer an der Tagesordnung), und die 13 war so verflucht wie Judas, der 13. Apostel. Das mit dem Holzklopfen stammt übrigens von Mineuren, die so die Tragfähigkeit der Stützpfeiler kontrollierten – und nach einer anderen Version von Seeleuten, die sich so vorm Anheuern versicherten, ob der Kahn nicht zu morsch ist.*

Schreibgeräte *Griffel und Federkiele waren auch im 17. Jahrhundert die meistgenutzten Schreibgeräte. Der Griffel war in der Regel ein Stift aus Schiefer, mit dem auf einer Schiefertafel geschrieben (und bei Abnutzung ein schlimmes Geräusch erzeugt) wurde. Mit Wasser ließ sich alles wieder wegwischen. Federkiele stammten meist von Gänsen oder Raben, geschrieben wurde mit Bister (einer aus Ruß gewonnenen Tinte) oder Dornrindentinte, einem aus Schlehendorn gewonnenem Pulver, das mit Wein verflüssigt wurde. Ende des Jahrhunderts kam dann der Bleistift aus England nach Deutschland. Sein Name entstammt einem Irrtum: Man hielt das Grafit für Bleierz.*

1500 1600 1700 1800 1900 2000

im Westen zu liegen scheint. Als Valckenburgh den Bürgermeister wahrnimmt,
reicht er das Gerät einem seiner beiden
Adlaten, der es in eine hölzerne Kiste
legt, in der sich eine ganze Reihe weiterer Messgeräte befinden. „Wir können
beginnen", sagt der Holländer, als er von
Bergen die Hand reicht. „Das Gelände ist
vermessen, die Karte ist weitgehend fertiggestellt, schon morgen sollten wir darüber sprechen, wie die Arbeiten eingeteilt,
angeleitet und beaufsichtigt werden."

Der Bürgermeister, vom schnellen Laufen noch etwas aus der Puste, sieht sich
um, blickt von der Anhöhe zurück auf die
Stadt. „Das hört sich gut an, trotzdem eine Frage, Mijnheer Valckenburgh. Warum
müssen wir denn unbedingt so große Län-
dereien, die doch außerhalb der bisherigen Stadtbefestigung liegen, mit einbezie-
hen?" Valckenburgh lächelt, zieht mit der
Hand einen großen Kreis, der die außerhalb der ursprünglichen Stadt geplante Linie der Befestigung beschreibt, und
sagt: „Würden wir das nicht tun, böten
wir jedem General, der Hamburg bela-
gern wollte, eine ideale Angriffspositi-
on. Denn von den Anhöhen aus könnte er
die Stadt wirkungsvoll beschießen." Von
Bergen leuchtet das ein, er vertieft sich in

den Plan, den ihm der Adlatus gereicht hat,
und hört Valckenburghs Erläuterungen zu.
So erfährt er von der Konstruktion der Bastionen und der Notwendigkeit, am Fuße
des Walls einen breiten Graben anzule-
gen, der von einem Unterwall verteidigt
werden soll. Irgendwann gibt von Bergen es auf, die technischen Details verstehen zu wollen, aber sein Vertrauen in
Valckenburgh ist nicht mehr zu erschüttern. „Ich werde dafür sorgen, dass Eure
Stadt uneinnehmbar sein wird und dass
kein fremder Fürst Eure Bürger mit seinen
Landknechten bedrängen kann. Das ver-
spreche ich", meint Johan van Valckenburgh, als sie gemeinsam in die Stadt
zurückkehren.

Ein halbes Jahr später, im Frühjahr anno
1616, beginnen die Arbeiten an dem
großen Werk. Manche Hamburger murren
wegen der zusätzlichen Abgaben und
der Dienste, die sie beim Bau der Wälle
leisten müssen, aber sie tun es nur leise
und meist hinter vorgehaltener Hand. Ein
englischer Reisender, der Hamburg zu
Beginn der Bautätigkeit besucht, ist beeindruckt von „der unglaublichen Anzahl
von Menschen und Pferden, so alle Tage
daran arbeiten".

1700–1765

STECKBRIEF

Stadtgebiet 2,48 qkm

Einwohner 93 000

Berufe Überseekaufleute,
Seeleute, Handwerker,
Gelehrte

Speisen Fisch, Getreide,
Fleisch, Bier, Wein,
importierte Gewürze

Währung Das Zweimarkstück
zu 32 Schilling ist die größte
Silbermünze in Hamburg.

„Peregrine Galley"

Während Preußen und Österreich um die Vorherrschaft in Deutschland kämpfen und England und Frankreich auf vier Kontinenten Kriege gegeneinander führen, verdient die Handelsstadt Hamburg gutes Geld an diesen Auseinandersetzungen. Es ist die Zeit des Barock und des Rokoko, der fürstlichen Verschwendungssucht und ihrer bürgerlichen Nachahmer. Und so entstehen auch in Hamburg blühende Landschaften der besonderen Art…

Durch den Aufstieg Preußens unter den Königen Friedrich Wilhelm I. und Friedrich II. wird Deutschland vom Dualismus *geprägt: Preußen und Österreich kämpfen um die Vorherrschaft.*

Russland wird durch die radikalen Reformen von Zar Peter dem Großen *modernisiert. Nach 21 Jahren setzt er sich gegen Schweden unter Karl XII. im Großen Nordischen Krieg durch und etabliert sein Land als Großmacht.*

Frankreich kann parallel im Spanischen Erbfolgekrieg (1700 *bis* 1713 *) seine Position gegen Österreich und England knapp behaupten. Mit dem Tod von Ludwig XIV. geht ein Zeitalter zu Ende. Er hinterlässt ein finanziell und materiell ausgeblutetes Land.*

Preußen führt drei Kriege gegen Österreich – 1740, 1745 *und* 1756 *bis* 1763 *– um das annektierte Schlesien behalten zu können und sich als Großmacht zu etablieren.*

Der dritte, der Siebenjährige Krieg*, ist Teil einer globalen Auseinandersetzung, die manche Historiker als den „eigentlichen Ersten Weltkrieg" bezeichnen.*

Während Preußen (von England finanziell unterstützt) auf dem Festland gegen Österreich, Frankreich und Russland kämpft, führen Frankreich und England in Nordamerika und Indien Krieg um die Kolonien. England setzt sich durch und ist damit unbestritten der mächtigste Staat der Erde.

Nordamerika *lockt immer mehr europäische Siedler an, die aus religiösen oder wirtschaftlichen Gründen auswandern. Meist sind es Briten, aber auch Deutsche segeln über den Atlantik.*

1712 *entwickelt der Engländer Thomas Newcomen die erste funktionstüchtige Dampfmaschine, die James Watt 50 Jahre später entscheidend verbessern wird. Die Industrialisierung deutet sich bereits an.*

Das Rokoko *prägt die Mode, alles wird verziert und verschnörkelt. Perücken geraten bisweilen turmhoch. Weite Teile des Adels ergehen sich in übersteigertem Luxusleben, viele verschulden sich exorbitant, um dem Versailler Vorbild nacheifern zu können.*

1705   5.12.: Nach dem Streit über Aufführungsfragen einer Oper duellieren sich die Musiker Johannes Mattheson und Georg Friedrich Händel auf dem Gänsemarkt. Nur ein Zufall rettet Händel das Leben.

1710   7.9.: Hamburger Juden erhalten mehr Rechte, gleichgestellt sind sie aber noch lange nicht.

1713   8./9.1.: Im Nordischen Krieg brennen schwedische Truppen Altona nieder.

1721   10.7.: Der Rat wählt Georg Friedrich Telemann zum Kantor am Johanneum und zum städtischen Musikdirektor.

1730   24. 8.: Pogromstimmung an der Elbstraße. Völlig grundlos jagen Einwohner ihre jüdischen Mitbürger, bis das Stadtmilitär eingreift.

1731   2.1.: Die erste Nummer des „Hamburgischen Correspondenten" erscheint.

1737   6.12.: In Hamburg wird Deutschlands erste Freimaurerloge gegründet.

1749   1.10.: Hamburgs erste Navigationsschule wird eingerichtet.

1750   10.3.: Nach einem Blitzeinschlag brennt die Hauptkirche St. Michaelis ab.

1762   10.10.: Die von Johann Leonhard Prey und Ernst Georg Sonnin völlig neu gebaute Hauptkirche St. Michaelis wird geweiht. Mit dem Michel hat Hamburg sein wichtigstes Wahrzeichen bekommen.

1765   11.4. Im Börsensaal gründen engagierte Bürger die Patriotisch Gesellschaft.

1700 bis 1765

1500   1600   1700   1800   1900   2000

Blühende Landschaften

Welch ein Jammer, sagt Marten de Vries leise, als er an einem Frühlingstag des Jahres 1701 in die Ambrosiusstraße einbiegt und den Staketenzaun erreicht, der das Areal noch immer umgibt. Wie traurig es hier aussieht, eigentlich sollte er sich diesen Blick ersparen, aber trotzdem muss er hierher zurückkehren. Er muss mit eigenen Augen sehen, was aus all dieser Pracht geworden ist, aus dem schönsten Garten seines Lebens.

Langsam betritt der Holländer das Areal, das heute nur noch in traurigen Resten von der botanischen Wunderwelt kündet, die er hier einst hat werden und wachsen lassen. Zwar sind die schnurgeraden, mit Sand bestreuten Wege, die den Garten in strenger Symmetrie gliedern, noch erhalten, aber die Buchsbaumhecken sind ebenso verschwunden wie die Rosen, die früher an den rot gestrichenen Gartenzäunen rankten. Die Anzuchtbeete, die de Vries einst im hinteren Bereich angelegt hatte, sind längst überwuchert, und auch die Galerie der exotischen Kübelpflanzen, die er jedes Jahr schon ab Anfang Oktober in die Orangerie gestellt hat, damit sie im rauen Hamburger Klima nicht Schaden nahmen, sucht er vergebens. Im Sand sieht er noch ein paar Scherben liegen aus weiß-blauem chinesischem Porzellan, das wohl zu einem der sündhaft teuren Pflanzkübel gehört hat. Was war es doch für eine Freude, hier arbeiten zu dürfen, als Kunstgärtner des hoch angesehenen und steinreichen Hamburger Ratsherrn Caspar Anckelmann.

800   900   1000   1100   1200   1300

Jeden Morgen schon kurz nach Sonnen-
aufgang ist Marten de Vries von seiner
Wohnung am Gänsemarkt aufgebrochen
und hat den kurzen Weg zur Ambrosiusstraße genommen, wo ihn seine drei
Hilfsgärtner schon erwarteten. Dann ist
er die Wege entlanggegangen, hat die
Beete inspiziert und seinem Adlatus
genaue Instruktionen gegeben, wo heute
gedüngt und geschnitten, gepflanzt und
gejätet werden muss. Und nachdem die
Hilfsgärtner die ganze Pflanzenpracht
gründlich gegossen hatten, ist der Herr
oft schon am Vormittag auf mindestens
eine Stunde vorbeigekommen, hat sich
auf einen leichten Sessel aus gebogenem
Rohr gesetzt, der für ihn im Schatten der
Spalierbäume stets bereitstand. Nicht
selten winkte Anckelmann ihn herbei,

bot ihm den zweiten Platz an und fragte
ihn aus nach Pflanzen und Blumen, nach
exotischen Gehölzen und Stauden. „Was
sollten wir als Nächstes anpflanzen, sagt
mir, was schwebt euch vor? Sprecht frei
heraus, aufs Geld müsst ihr nicht achten",
sagte Anckelmann, der es sich tatsächlich
leisten konnte. Hatte er doch mit Katharina Margarethe Möhlmann die Tochter des
reichsten Hamburger Landbesitzers geheiratet. Das Haus der Familie Anckelmann,
das weiß de Vries von seinen wenigen
Besuchen, war mit kostbaren Möbeln und
Teppichen verschwenderisch ausgestattet,
dort gab es sogar eine Orgel, die sich der
Meister Arp Schnitger gewiss teuer hatte
bezahlen lassen. Unfassbar, wie viel Geld
der Ratsherr in sein Blütenparadies hin-
eingesteckt hatte. Wirklich alle Vorschläge

zum Kauf von Tulpen und Lilien, Amaryllis und Narzissen, Anemonen und Orchideen hatte er begeistert akzeptiert und jede noch so hohe Rechnung klaglos beglichen. Das wussten die alten Freunde und Handelspartner in Amsterdam, zu denen de Vries auch nach seiner Übersiedlung nach Hamburg engsten Kontakt gehalten hatte, sehr zu schätzen. Und wenn etwas Besonderes am Markt war, das hatte sich in ganz Holland herumgesprochen, sollte man es in Hamburg Caspar Anckelmann anbieten, denn der war sozusagen unersättlich.

Wehmütig bleibt de Vries vor der Ruine der einstigen Orangerie stehen und führt sich das Bild der allergrößten Kostbarkeit vor Augen, die er jemals hegen und pflegen durfte. Es ist der Caneelbaum aus Westindien, ein seltenes Lorbeergewächs, um das die zahlreichen Hamburger Gartenbesitzer Anckelmann nach Kräften beneideten. Und neidisch war nicht nur so mancher Hamburger Kaufmann, sondern sogar ein gekröntes Haupt. Unvergessen der Besuch des Großen Kurfürsten anno 1682, den de Vries damals gemeinsam mit Anckelmann durch den Garten geführt hatte. Staunend stand Friedrich Wilhelm von Brandenburg damals vor dem berühmten Caneelbaum und fragte, was

Medizin *Den Sonnenkönig Ludwig XIV. von Frankreich, der 1715 kurz vor seinem 77. Geburtstag starb, betrachten moderne Ärzte als medizinisches Wunder – weil er die Behandlung durch seine Hofärzte so lange überlebt hatte ... Dem Mann wurden alle Zähne gezogen (obwohl sie gesund waren), und er musste ständig Aderlässe und Einläufe über sich ergehen lassen. Da waren Bauern und Bürger bisweilen durchaus besser dran, weil sie sich medizinische Koryphäen natürlich nicht leisten konnten – und auf die überlieferten Naturheilverfahren zurückgriffen. Erst die Aufklärung in der zweiten Jahrhunderthälfte und die Verwissenschaftlichung der Medizin brachte dann auch besse-re Ärzte hervor, wie etwa Johann Friedrich Struensee, der bis 1768 in Altona praktizierte, die Pockenimp-fung einführte und die Bedeutung der Hygiene erkannte.*

Tabak *Von Kolumbus nach Europa gebracht, zunächst als Zier- und Heil(!)-Pflanze genutzt, verbrei-tete sich das Pfeiferauchen durch die Soldaten des Dreißigjährigen Kriegs in ganz Deutschland. Der Tabakkonsum, zunächst ungemein teuer, wurde trotz immer neuer Versuche von Verboten rasch Mode. Auch in Hamburg gab es viele Rauchersalons nach dem Vorbild königlicher Tabakskollegien, die es am niederländischen und preußi-schen Hof gab. Zigarren wurden erst im frühen 19. Jahrhundert po-pulär, Zigaretten verbreiteten sich ab 1870 stark, bis schließlich fast immer und fast überall geraucht wurde.*

1500   1600   1700   1800   1900   2000

er denn kosten würde. Anckelmann hatte unmerklich gelächelt, sachte den Kopf geschüttelt und Majestät wissen lassen, dass das indische Gewächs unverkäuflich sei. Als der Monarch stolze 6000 lübische Mark dafür anbot, war das Lächeln zwar aus Anckelmanns Gesicht gewichen, das Angebot schlug er dennoch aus, wenn auch mit recht leiser Stimme.

Vorbei, aber nicht vergessen ist das alles. Schaudernd denkt Marten de Vries daran, wie es sein Ende fand. Geschrei hatte es gegeben und viel Aufregung, damals im November 1696. Die Gläubiger standen vor der Tür, aber der hohe Herr war nicht zu finden. Zahlungsunfähig, bankrott, nicht mehr zu retten war der eben noch so steinreiche Hamburger Kaufmann und Ratsherr Caspar Anckelmann.

Aus purer Not habe er sich absentiert, nirgends zu finden sei er, wahrscheinlich habe er unerkannt ein Schiff nach Übersee genommen und sei jetzt auf einer Plantage in Brasilien tätig. Von einem auf den anderen Tag fehlte nun das Geld zur Erhaltung des Gartens. De Vries entließ alle Hilfsgärtner und goss und jätete, düngte und schnitt jetzt ganz allein, obwohl auch er nun auf seinen Lohn wochen-, ja monatelang warten musste. Erst als es gänzlich

vorbei war, all die prächtigen Pflanzen und Blumen, Bäume und Stauden unter den Hammer kamen, die er Jahr um Jahr mit so viel Liebe gehegt und gepflegt hatte, war auch er zurück nach Amsterdam gegangen. Würdelos war die Versteigerung bei brennenden Kerzen gewesen, bei der diejenigen, die nichts verloren hatten, so viel gewinnen konnten. Bis die Kerzen heruntergebrannt und erloschen waren, hatten die anderen Kaufleute und Ratsherren, die reichen Juristen und die Abgesandten einiger Fürsten ihre Angebote abgeben können. Dann waren die blühenden Kostbarkeiten in alle Winde zerstreut worden. Nur noch das von dem Maler Hans Simon Holtzbecker so trefflich gezeichnete Tafelwerk mit dem Titel „Horti Anckelmaniani" zeugt noch von der verspielten Pracht des schönsten Gartens, den Hamburg jemals hatte.

Marten de Vries ist alt geworden, er stützt sich auf einen Stock mit silbernem Knauf, als er den Weg zurücknimmt zum Gänsemarkt, wo ihn unweit seiner einstigen Wohnung ein Geschäftsfreund erwartet. Für dessen Kunstgärtnerei hatte de Vries eine große Ladung Tulpen sowie Narzissen und Hyazinthen aus Amsterdam geliefert. Kurz nachdem das Schiff

ERNST GEORG SONNIN

(1713–1794)

stammt aus Quitzow bei Perleberg. In Halle studiert er zunächst Theologie, interessiert sich aber weit stärker für Naturwissenschaften. Als er 1737 nach Hamburg kommt, ist er erst als Hauslehrer tätig, eröffnet aber später eine Werkstatt, in der er technische Messwerkzeuge und nautische Geräte herstellt. Bald gilt er als Experte für das Geraderichten aus dem Lot gekommener Kirchtürme. Sonnin errichtet Wohnhäuser, Kirchen und technische Anlagen. Sein bedeutendstes Werk ist der Neubau der 1750 durch Brand zerstörten Hauptkirche St. Michaelis. Sein Grab befindet sich im Gruftkeller.

JOHANN BERTHOLD HEINRICH BROCKES

(1680–1747)

ist Sohn eines wohlhabenden Hamburger Kaufmanns. Er besucht das Johanneum und studiert in Halle Jura und Philosophie. Reisen führen ihn durch mehrere europäische Länder. Als er nach Hamburg zurückkehrt, hat er dank des väterlichen Vermögens ausgesorgt. Er wird Mitglied des Rates, erfüllt diplomatische Aufträge und tritt als scharfsinniger Anhänger der Aufklärung in Erscheinung. Bekannt wird er vor allem als Dichter, er verfasst unter anderem ein Passionsoratorium sowie eine neunbändige Lyriksammlung: „Irdische Vergnügen mit Gott".

GEORG PHILIPP TELEMANN

(1681–1767)

stammt aus Magdeburg, wo er die Domschule besucht. In Leipzig studiert er Jura und gründet ein studentisches Orchester. Seine erste Oper komponiert er schon als Zwölfjähriger. Erst wird er Kantor in Leipzig, dann Kapellmeister in Sorau in der Niederlausitz. 1721 kommt er nach Hamburg, wo er Städtischer Musikdirektor wird. Er leitet die Oper am Gänsemarkt, veranstaltet Konzerte und macht sich als Komponist einen Namen. Er schreibt Opern, Oratorien und Instrumentalmusik. Vor dem Rathaus erinnert eine Gedenktafel an Telemann.

Dieses großartige Modell aus dem Jahr 1765 zeigt die „Wapen von Hamburg", das dritte Schiff dieses Namens. Um die Hamburger Handelsschiffe vor Angriffen von Korsaren und Piraten zu schützen, nehmen Admiralität und Kaufmannschaft sogenannte Konvoischiffe in Dienst. Sie sind stark bewaffnet und sichern den Geleitzug der Handelsschiffe. Aufgrund von Konstruktionsmängeln bleibt die „Wapen von Hamburg" jedoch nur zwei Jahre in Dienst und hat auch nur zweimal Geleitzüge zur Iberischen Halbinsel begleitet.

800   900   1000   1100   1200   1300

am Hafen festmachte, hatte de Vries die Kisten mit teuren Pflanzen in die Gärtnerei transportieren lassen. Diese restliche Zeit hat er genutzt, um die traurigen Reste des Anckelmannschen Garten zu besuchen. Caspar Anckelmann selbst konnte er nicht mehr besuchen. Der bankrotte Kaufmann war nicht nach Übersee geflohen, sondern bald wieder aufgetaucht und nun schon vor drei Jahren an einem Schlaganfall gestorben. Und aus Kummer über den Verlust des Gartens.

„Die Gärten blühen, und Ihr Geschäft tut es auch", sagt der Hamburger Kaufmann Caspar Böckmann lächelnd, als er de Vries wenig später am Gänsemarkt begrüßt und in sein Kontor führt. „Blickt nicht so düster, wegen Anckelmann müsst Ihr Euch keine Gedanken machen, der hat sich schlicht übernommen, aber es gibt noch viele andere wunderbare Gärten in unserer stolzen Stadt, die alle auf Euch und Eure blühende Fracht warten", sagt Böckmann. Aber der Holländer bleibt einsilbig, streicht den Gewinn seines Geschäfts ein und begibt sich bald wieder zum Hafen. Schon das nächste Schiff nach Amsterdam wird er nehmen.

1766– 1805

Es ist das Zeitalter der
Revolutionen: Die Siedler in
Nordamerika schaffen die erste
Demokratie der Neuzeit,
die Franzosen bringen ihren
König aufs Schafott, die
Südamerikaner fegen die
Herrschaft der Kolonialmächte
hinweg. In Hamburg bleibt es
ruhiger, doch auch hier kämpft
das Alte gegen das Neue – in
Person eines Pastors und eines
Dichters...

STECKBRIEF

Stadtgebiet 2,48 qkm
Einwohner 106 000
Berufe Kaufleute, Handwerker,
   Besatzungssoldaten
Speisen Fisch, Getreide,
   Fleisch, Bier, Wein

Währung 1806 werden
   nur Dukaten und Doppel-
   dukaten ausgeprägt.

Stettiner Galeasse (kl. Handelsschiff)

1776 erklären die Vereinigten Staaten von Amerika ihre Unabhängigkeit und geben sich nach dem Sieg über die Briten 1783 eine demokratische Verfassung. Vor allem die Erklärung der „unveräußerlichen Menschenrechte" hat in ganz Europa eine ungeheure Wirkung.

1789 bricht in Paris eine Revolution aus. Immer höhere Steuern zur Rettung des bankrotten Staates und die absurd hohen Ausgaben zur Hofhaltung in Versailles treiben die sich radikalisierenden Massen auf die Straßen. Die Revolution wird zunächst in weiten Teilen Europas mit Sympathie aufgenommen. In Paris werden gemäßigte Reformer verdrängt, die Hardliner setzen sich durch und richten König Ludwig XVI. und seine Frau Marie Antoinette hin. Es folgt eine kurze Terrorherrschaft unter Robespierre.

In mehreren Kriegen versuchen Österreich, Preußen und andere Verbündete, die Monarchie in Frankreich wieder einzuführen, scheitern aber. In Paris ergreift der Korse Napoleon Bonaparte – ein militärisches Genie – die Macht und lässt sich *1804* zum Kaiser krönen.

Napoleon besiegt *1805* bei Austerlitz in der Dreikaiserschlacht Österreicher und Russen, ein Jahr später werden die preußischen Truppen bei Jena und Auerstädt vernichtet. Napoleon ist jetzt unumschränkter Herr über Europa.

Die mitteleuropäische Landkarte wird völlig neu geordnet. Das Heilige Römische Reich Deutscher Nation existiert nicht mehr. Mit dem Reichsdeputationshauptschluss endet eine 900-jährige Geschichte. Viele Klein- und Stadtstaaten sowie alle von Geistlichen geführten Fürstentümer verlieren ihre Eigenständigkeit. Preußen muss große Teile seines Territoriums abtreten. Es entstehen *neue Königreiche* von Napoleons Gnaden.

Um den verbliebenen Kriegsgegner Großbritannien zu schwächen, verhängt Napoleon die *Kontinentalsperre* – jeglicher Handel mit dem Inselstaat ist verboten. Gerade für Hafenstädte wie Hamburg hat das katastrophale Folgen. Mit dem Sieg in der Seeschlacht bei Trafalgar über Franzosen und Spanier wird die britische Seeherrschaft gesichert.

Mit Napoleons Herrschaft geht aber auch eine *Modernisierung* einher. Gesetze werden erneuert und vereinheitlicht, die Bürger haben größere persönliche Freiheiten und mehr Rechte, die Kommunen erhalten Selbstverwaltung. Das Selbstbewusstsein der Bürger steigt.

1768   27.5.: Hamburg wird von Dänemark
        unabhängig und damit zur freien
        Reichsstadt.

1770   17.6.: Zwei Waisenjungen ziehen
        am Gänsemarkt zum ersten Mal in
        Hamburg Lottozahlen (5 aus 90).

1772   28.4.: Der Aufklärer und frühere
        Altonaer Stadtarzt Johann Friedrich
        Graf von Struensee fällt einer Intrige
        zum Opfer und wird in Kopenhagen
        hingerichtet.

1774   Oktober: Ein Streit zwischen dem
        Katharinen-Hauptpastor Johann Mel-
        chior Goeze und Gotthold Ephraim
        Lessing regt den Dichter zu seinem
        Drama „Nathan der Weise" an.

1785   19.9.: Durch ein Toleranzedikt
        gewährt der Rat Reformierten und
        Katholiken ein höheres Maß an
        Religionsfreiheit. Juden sind davon
        ausgenommen.

1790   14.7.: Ein Jahr nach dem Sturm auf die
        Bastille feiern Tausende Hamburger
        Bürger mit einem Freiheitsfest die
        Französische Revolution.

1792   Auf Anregung der Patriotischen
        Gesellschaft nimmt auf der Binnen-
        alster ein Badeschiff den Betrieb auf.

1796   11.7.: Am Jungfernsteig eröffnet Fried-
        rich Christoph Perthes Deutschlands
        erste Sortimentsbuchhandlung.

800   900   1000   1100   1200   1300

Der Dichter und der Dogmatiker

Voll wird es immer, wenn Goeze auf der Kanzel steht, aber diesmal ist St. Katharinen hoffnungslos überfüllt. Viele Ratsherren sind gekommen, Bürgermeister Nicolaus Schuback sitzt gleich in der ersten Reihe. Oben auf der rechten Empore nehmen die Professoren von der Gelehrtenschule des Johanneums geräuschvoll Platz, viele Kaufleute samt Familien haben das Gestühl im Mittelschiff in Beschlag genommen. Aber auch Handwerker und Tagelöhner lockt es an, die kaum wissen dürften, worum es heute geht. Viele Gottesdienstbesucher müssen stehen, drängen sich in den Gängen und richten sich auf ein längeres Verweilen ein, denn diesmal wird es ist kein normaler Gottesdienst werden. Goeze wird nicht nur über Tod und Teufel predigen, nicht nur über Sünde und Buße, nicht

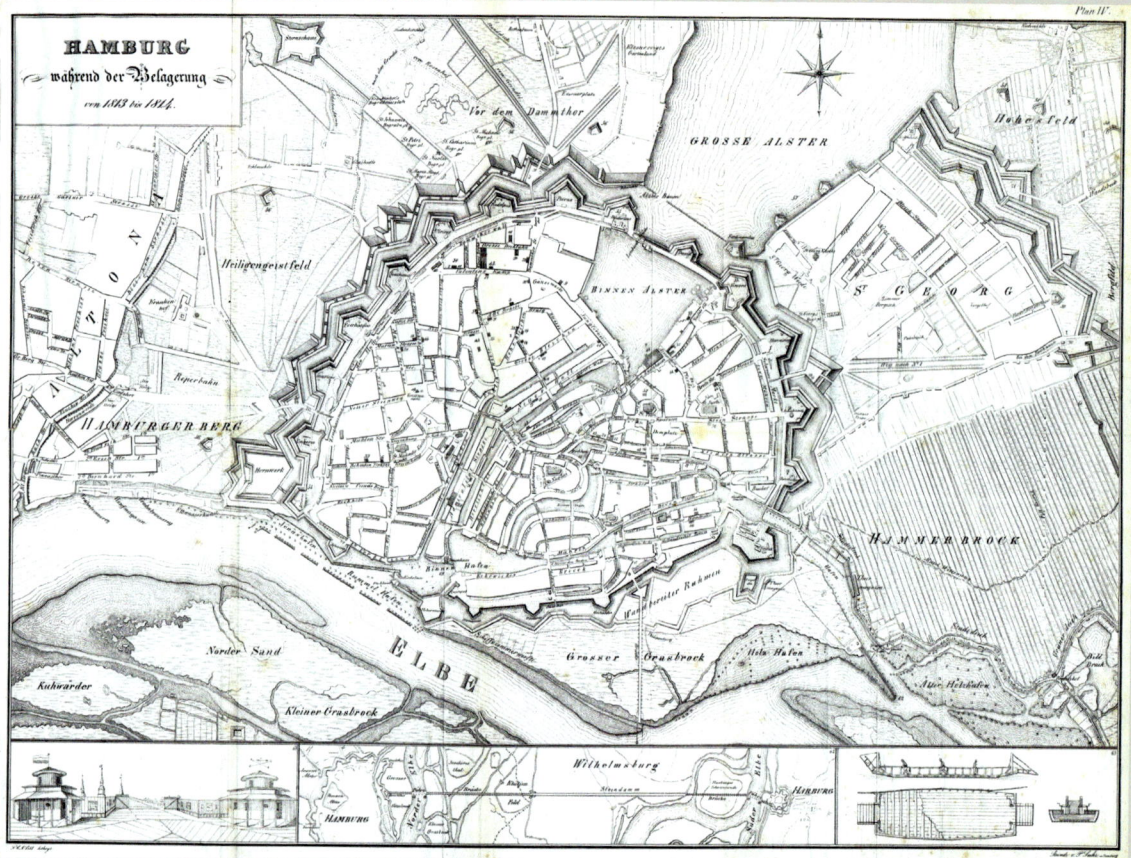

Hamburg am Ende der Franzosenzeit. In der Mitte der unteren Leiste ist die schnurgerade Brücke zu sehen, die die Franzosen zwischen dem Brooktor und Harburg aus Holz erbauen ließen.

nur über das Jüngste Gericht und das ewige Leben, sondern vor allem über ihn, den Bibliothekar aus Wolfenbüttel und seine gotteslästerlichen Schriften. Längst geht es nicht mehr nur um Inhalte, sondern auch um Persönliches.

„Heißt die jüngste Schrift tatsächlich Anti-Goeze", fragt eine vornehme Dame ihren Mann, der ihr einen missbilligenden Blick zuwirft, weil sie so laut gesprochen hat, dass alle Sitznachbarn es verstehen können. „Genau so hat Lessing seine

800   900   1000   1100   1200   1300

Streitschrift genannt, das lässt an Deutlichkeit nichts zu wünschen übrig. Aber bitte sprich nicht so laut", flüstert er seiner Gattin ins Ohr.

Im rechten Mittelschiff findet sehr spät noch die hochbetagte Friederica Reimarus den letzten Sitzplatz. Eine Reedersgattin, die sie beim Reimarer Teetisch, dem literarischen Salon ihrer Familie, gelegentlich zu Gast hat, ist ein Stückchen zur Seite gerückt, damit Friederica an der Bankwange noch Platz finden kann. Von hier aus hat sie die Kanzel im Blick, die Goeze gleich erklimmen wird, um mit seinem Widersacher abzurechnen. Aber eigentlich, weiß die Witwe des in Hamburg auch lange nach seinem Tod noch hochgeschätzten Gymnasialprofessors Hermann Samuel Reimarus, wird der wortgewaltige Hauptpastor gar nicht in erster Linie gegen unseren Freund Gotthold Ephraim Lessing vom Leder ziehen, sondern gegen meinen geliebten verstorbenen Mann. Nur weiß er es nicht. „Kyrie eleison", singt Goeze jetzt mit seinem vollen Tenor am Altar. „Herr, erbarme dich", antwortet die Gemeinde mit kräftigem Gesang, der gleich darauf in einen Choral übergeht, der mit dem Werk der großen Orgel auf der Westempore kraftvoll begleitet wird.

Eigentlich bin ich an dem ganzen Streit und Unfrieden schuld, denkt sich Friederica Reimarus, die den Choral „Du meine Seele singe" zwar kräftig mitsingt, aber in ihren Gedanken ganz woanders ist. Trotzdem war es doch richtig, das Manuskript, das Hermann Samuel zwar geschrieben, sich aber niemals zu veröffentlichen getraut hatte, dem gemeinsamen Freund Lessing nach Wolfenbüttel zu schicken. War es das? War es richtig, oder hätte sie es doch weiter verschweigen und sicher verwahren sollen?

Lessing hat ihr sehr gedankt, Stillschweigen über die Urheberschaft versprochen und sein Wort gehalten. So gibt es hier in der überfüllten Hauptkirche St. Katharinen niemand außer ihr, der weiß, dass die von Lessing seit vier Jahren in mehreren Auszügen veröffentlichten „Fragmente eines Ungenannten", auf die er angeblich im unermesslichen Bestand der herzoglichen Bibliothek gestoßen ist, in Wahrheit von Hermann Samuel Reimarus hier in Hamburg geschrieben worden sind. Auch Goeze, der nun auf der Kanzel steht, den Predigttext verliest und gleich darauf zur Sache kommt, ahnt nicht im Entferntesten, dass der ganze Streit um das Werk eines angesehenen und bestens beleumundeten Hamburger Gelehrten kreist.

„Wenn die Welt euch hasst, so wisst, dass sie mich vor euch gehasst hat, so steht es bei Johannes im 15. Kapitel. Und so macht es mir nichts, dass ich gehasst werde wegen meines Bekenntnisses zu Christo Jesu", fängt Goeze noch recht beherrscht an, redet sich aber schon bald in Rage gegen Lessing, mit dem er nun schon seit vier Jahren Schrift für Schrift streitet. In den „Fragmenten", die der einstige Hamburger Theater-Dramaturg unters Volk gebracht, kommentiert und verteidigt hat, werden die biblischen Wunder bestritten, werden immer wieder Widersprüche in der Heiligen Schrift aufgezeigt, und so erscheint die Bibel als reines Menschenwerk voller Irrtümer. Aber Irrtümer und Widersprüche kann es, so ruft es Goeze von der Kanzel, in der Bibel nicht geben, denn sie ist Gottes Wort, Gottes Offenbarung. Mit der menschlichen Vernunft, dem Wissen, der Analyse, der Kritik, die aus jeder Zeile der „Fragmente" spricht, geht der Hauptpastor hart ins Gericht, denn ihm geht es um die Wahrheit des Glaubens, die über jede Kritik erhaben ist. Und dass das Christentum selbstverständlich weit über dem Judentum und der Religion der Mohammedaner steht, ist für Goeze keine Frage, sondern eine Gewissheit des Glaubens. So wettert er gegen des Herrn Hofrats feindselige Angriffe auf unsere allerheiligste Religion.

Irgendwann hört Friederica Reimarus der Predigt des Hauptpastors nicht mehr zu, sondern denkt an ihren verstorbenen Mann und fragt sich, was er jetzt wohl empfinden würde, wenn er unerkannt als Autor hier unter der Kanzel sitzen könnte. Würde er einwenden, dass es ihm nicht darum ging, „unseren allerheiligsten Glauben" zu zerstören, sondern die Bibel mit dem Blick der Vernunft zu betrachten? Hermann Samuel war scharfsinnig und wortgewandt, gewiss hätte er Goeze Paroli bieten können. Aber ach, ein Kämpfer ist er zeitlebens nie gewesen, vielmehr ein Grübler, ein Feingeist und ein Zweifler. Völlig unmöglich wäre es zu seinen Lebzeiten gewesen, einen solchen Streit vom Zaun zu brechen. Der hoch angesehene Professor von der Gelehrtenschule des Johanneums wäre zum Auslöser eines Skandals geworden, der ihn gewiss Amt und Reputation, ja die Existenz gekostet hätte. Sie ist so in Gedanken, so von Erinnerungen erfüllt, dass sie das Ende von Goezes Predigt glatt verpasst. Auf einmal wird

HEINRICH CARL GRAF VON SCHIMMELMANN

(1724–1782)

findet nichts dabei, Sklaven zu verkaufen. Sein Geschäftsmodell besteht darin, Alkohol, Waffen und Baumwollstoffe, die er in seinen Manufakturen in Ahrensburg und Wandsbek herstellen lässt, in Westafrika gegen Menschen einzutauschen, die er dann in die Neue Welt transportiert. Er selbst besitzt in der Karibik Plantagen, auf denen Sklaven schuften müssen, die mit einem eingebrannten S gekennzeichnet sind. Schimmelmann ist auch dänischer Schatzmeister und Diplomat. In Wandsbek baut er sich ein prächtiges Schloss, sein Mausoleum blieb auf dem Historischen Friedhof Wandsbek erhalten.

CARL PHILIPP EMANUEL BACH

(1714–1788)

ist der zweite Sohn des berühmten Thomaskantors Johann Sebastian Bach, der ihn auch unterrichtet. Obwohl er in Leipzig und Frankfurt Jura studiert, ist eine musikalische Laufbahn vorgezeichnet: 1738 wird er Cembalist in der Kapelle des preußischen Kronprinzen. Als Nachfolger von Telemann tritt er 1767 in Hamburg das Amt des Städtischen Musikdirektors an und ist für die Musik an den fünf Hauptkirchen verantwortlich. Als Komponist schafft er ein Werk, das seine Zeitgenossen noch höher einschätzen als die Musik seines Vaters. Bachs Grab befindet sich in der Krypta des Michels.

JOHANN FRIEDRICH VON STRUENSEE

(1737–1772)

ist der Sohn eines evangelischen Pastors. Er stammt aus Halle, studiert Medizin und wird 1757 Amtsarzt im damals dänischen Altona. Mit Erfolg setzt er sich für Gesundheitsvorsorge ein, gründet ein Krankenhaus und eine Entbindungsstation, in die er auch ledige Schwangere aufnimmt. Der Freigeist wird 1768 Leibarzt des geisteskranken dänischen Königs Christian VII. In Kopenhagen gewinnt er immer größeren Einfluss, er wird Minister und setzt zahlreiche Reformen in Gang. Da man ihm eine Affäre mit der Königin unterstellt, wird er verhaftet, in einem fragwürdigen Prozess verurteilt und hingerichtet.

1500   1600   1700   1800   1900   2000

Dass sich mit Glücksspiel ziemlich viel Geld verdienen lässt, weiß man in Hamburg schon im 17. Jahrhundert. Seit 1614 gibt es Lotterien zur Finanzierung öffentlicher Aufgaben. Erlaubt sind auch private Lotterien, die in der Regel wohltätigen Zwecken dienen. Doch das Glücksspiel ist nicht unumstritten, vor allem Geistliche wetterten dagegen, verhindern lässt es sich trotzdem nicht. Unser Bild zeigt eine Lostrommel der Hamburgischen Stadtlotterie aus dem frühen 19. Jahrhundert.

800   900   1000   1100   1200   1300

wieder gesungen: „Wir glauben all an einen Gott", ein Choral, von dem sie weiß, dass Martin Luther ihn geschrieben hat. Glaubt sie an Gott? Hat ihr Hermann Samuel an einen Gott geglaubt, als er am 1. März 1768 in ihren Armen seinen letzten Atemzug tat? Sie weiß es nicht, weiß nur, dass sich sein Glaube auf die Vernunft gegründet hat. Aber ist die Vernunft des Menschen nicht auch eine Gabe Gottes? Noch ehe der letzte Orgelton verklungen ist, verlässt Friederica Reimarus eilig St. Katharinen und erreicht bald darauf ihre Wohnung, die unweit von St. Petri, dem schon recht baufälligen Mariendom und dem Johanneum liegt. Sie setzt sich in den Salon, öffnet den zierlichen Damensekretär und zieht aus einem der Fächer den letzten Brief hervor, den Lessing ihr aus Wolfenbüttel geschrieben hat. Es ist ein trauriger Brief, in dem er über Eva schreibt, seine geliebte Frau, die Anfang Januar im Kindbett gestorben ist, nur 16 Tage nach dem Tod des Sohnes am Weihnachtstag 1777. Ist er auch deshalb so bitter und so hart im Streit?

Hauptpastor Goeze gibt sich nicht geschlagen und weiß die Mächtigen hinter sich. Er predigt und schreibt gegen Lessing, und zumindest juristisch setzt er sich durch. Das Schreibverbot in Religionsdingen, das der Herzog von Wolfenbüttel gegen seinen berühmten Bibliothekar verhängt, kommentiert dieser mit dem Satz: „Ich muss versuchen, ob man mich auf meiner alten Kanzel, auf dem Theater wenigstens noch ungestört wird predigen lassen." Schon ein Jahr später veröffentlicht Lessing das Drama „Nathan der Weise", sein großartiges Plädoyer für Menschlichkeit, Vernunft und religiöse Toleranz, das ohne den Streit mit Johann Melchior Goeze niemals entstanden wäre.

Dass Reimarus der Autor der „Fragmente" gewesen ist, kommt erst 1813 ans Licht, da ist seine Witwe schon längst nicht mehr am Leben. Wie auch Johann Melchior Goeze, der 1786 in Hamburg stirbt.

ALLTAGSDINGE

Kaffee *Zugegeben: Die Bremer waren die Ersten. 1673 eröffnete am Marktplatz das erste deutsche Kaffeehaus. Hamburg zog vier Jahre später nach, und zur Jahrhundertwende soll es bereits vier gegeben haben, Ende des 18. Jahrhunderts waren es Dutzende. Keine Frage: Auf Kaffee, über den Orient in Europa bekannt geworden, mochten die Hamburger nicht mehr verzichten. Das heißt: die reichen Hamburger. Denn Kaffee war ein Luxusgut, das gern mit dem ebenfalls teuren Zucker gesüßt und exotischen Gewürzen wie Kardamom gewürzt wurde. Zumindest als Sonntagsgetränk verbreitete sich Kaffee auch im Mittelstand. Das konnte auch das um 1840 entstandene, sehr populäre Lied „C-A-F-F-E-E, trink nicht so viel Kaffee" von Carl Gottlieb Hering nicht verhindern, das erst Ende des 20. Jahrhunderts aus dem Liederkanon der Schulen verbannt wurde. Lag wohl am zweiten Vers „Sei doch kein Muselmann, der das nicht lassen kann"...*

Arme *Die Hartz-IV-Reform begann 1788. Den Begriff Hartz IV kannte natürlich niemand, aber die Gründung der „Allgemeinen Armenanstalt" weist durchaus Parallelen in die Moderne auf. Hamburg wurde in sechs Bezirke eingeteilt, in denen „Armenherren" alle Bedürftigen statistisch erfassten und in eine eigens gegründete Flachsspinnerei zur (Zwangs-)Arbeit schickten. Arbeitgeber bekamen Zuschüsse, wenn sie sie einstellten. Auf der anderen Seite bekamen die Kinder Schulunterricht, es gab Krankenfürsorge – und das Hamburger Zuchthaus wurde zunehmend leerer. Denn dort waren zuvor „Bettler und Vagabunden" zwangseinquartiert worden.*

1806–1813

STECKBRIEF

Stadtgebiet **2,48 qkm**

Einwohner **90.000**

Berufe **Kaufleute, Handwerker**

Speisen **Fisch, Getreide, Fleisch, Bier**

Währung **In der Franzosenzeit kommt die Münzprägung zum Erliegen**

„President"

Ein kleiner Korse schafft ein riesiges Reich: Napoleons Truppen besiegen Spanien und Portugal, Preußen und Österreich und dringen sogar bis Moskau vor. Hamburg ist da längst besetzt, wird sogar eine französische Stadt und muss (vor allem finanziell) bluten. Sieben Jahre dauert es, bis die Befreier nahen und die Besatzungstruppen abrücken. Doch die Hamburger haben sich zu früh gefreut …

Nach der militärischen Niederlage setzen sich in Preußen die *Reformer* durch. Unter Scharnhorst und Gneisenau wird die Armee grundlegend neu organisiert, Dutzende alte Generäle müssen ihren Abschied nehmen. Unter Führung des Freiherrn vom Stein kommt es zur Bauernbefreiung, Landreform und Einführung der kommunalen Selbstverwaltung. Wilhelm von Humboldt schafft ein modernes Schul- und Universitätswesen, deren Grundstrukturen bis heute erhalten sind.

In ganz Deutschland entwickelt sich wegen der französischen Besatzung ein stärkeres *Nationalgefühl*. Der Wunsch nach staatlicher Einheit, aber auch nach einer Verfassung wird lauter.

Auch in *Österreich* kommt es zu Reformen, vor allem um die militärische Schlagkraft zu erhöhen.

Um Großbritannien wirtschaftlich in die Knie zu zwingen, will Napoleon die *Kontinentalsperre* – das Handelsverbot mit Großbritannien – europaweit durchsetzen. Deswegen besetzen französische Truppen Portugal. Als Reaktion entsendet London Truppen unter dem Kommando von Wellesley, dem späteren Herzog von Wellington. *1809* bricht auf der Iberischen Halbinsel ein Volksaufstand aus, den die Franzosen nicht eindämmen können – der Beginn der Befreiungskriege.

1812 entschließt sich Napoleon, seinen letzten auf dem europäischen Festland verbliebenen Gegner Russland auszuschalten, weil der Zar *1810* die Kontinentalsperre für sein Land aufgehoben hatte. Mit der „Grand Armee" – der mit rund 45 000 Mann größten, die es bis dahin in Europa gegeben hatte – marschiert Napoleon in Russland ein. Zwar kann er Moskau einnehmen, doch der Feldzug gerät zur Katastrophe. Die Russen geben nicht auf, weichen Schlachten möglichst aus; im Winter kommt es zu Versorgungsengpässen, der Brand Moskaus zwingt die Truppen zum Rückzug. Durch Hunger, Kälte und russische Angriffe kommen fast alle Soldaten um: nur rund 18 000 Mann überleben den Feldzug.

Das Desaster ermutigt alle Gegner Napoleons. Österreich und Preußen erklären Frankreich schließlich den Krieg. *1813* kommt es im Oktober bei Leipzig zur Entscheidungsschlacht, die nach drei blutigen Tagen mit der Niederlage der Franzosen endet. *1814* besetzen die Alliierten Paris, die Armee zwingt Napoleon zur Abdankung – er geht ins Exil auf die Mittelmeerinsel Elba. In Wien beginnt der Friedenskongress mit Frankreich als Partner am Verhandlungstisch.

Für 100 Tage erlangt Napoleon *1815* noch einmal die Macht, wird aber in der Nähe der Dörfer Waterloo und Bellealliance (nach dem die Deutschen die Schlacht benennen – deshalb die Belealliancestraße in Hamburg) von Briten und Preußen endgültig geschlagen.

In Südamerika lehnt sich die Bevölkerung gegen die spanischen und portugiesischen Kolonialherren auf. Der berühmteste Freiheitskämpfer ist *Simon Bolivar*, dessen Traum von einer südamerikanischen Union nicht verwirklicht wird. Es bilden sich die noch heute existierenden Staaten.

1806 bis 1813

1803 Als Folge des Reichsdeputations-hauptschlusses wird das Domkapitel aufgehoben. Der Rat lässt den Dom bis 1807 abreißen.

1806 19. 11.: Französische Truppen besetzen Hamburg. Beginn der „Franzosenzeit".

1807 Die Prostitution wird nun offiziell geduldet.

1810 16.11.: Französische Soldaten ver-brennen auf dem Grasbrook öffent-lich britische Waren, die ungeachtet der Kontinentalsperre nach Hamburg geschmuggelt worden sind.

1811 1.1.: Hamburg wird als Teil des Depar-tements Elbmündung in das französi-sche Kaiserreich eingegliedert.

1813 18.3.: Russische Truppen marschie-ren in Hamburg ein und werden als Befreier begrüßt, ziehen sich aber am 29. Mai vor den erneut anrücken-den Franzosen zurück. Die kurze „Befreiung" müssen die Hamburg teuer bezahlen, Napoleon verlangt 48 Millionen Franc Geldbuße.

1813 24.12.: Mehr als 20 000 Menschen, die nicht über ausreichend Lebens-mittel und Heizmaterial verfügen, werden auf Befehl des französi-schen Gouverneurs Davout aus der Stadt gewiesen. 1138 der Vertriebe-nen sterben an Kälte oder Hunger.

1814 31.5.: Napoleons Truppen verlassen die Stadt. Die Franzosenzeit ist zu Ende.

800   900   1000   1100   1200   1300

Der ruhmlose Ehrenbürger

itte März 1813. Der Jubel ist groß, denn der Russe steht vor der Tür. Wie ein Lauffeuer hat es sich verbreitet, dass die Kosaken nahen. Eine große Streitmacht soll es sein, mit einem tollkühnen Oberst an der Spitze, von Geburt her ein Deutscher. Schon seit Tagen sind die französischen Soldaten nervös, öfter und heftiger als üblich haben sie sich an den Schenken in den Gassen und Twieten am Binnenhafen betrunken, haben ihre Lieder gegrölt und oft erst in den Morgenstunden Ruhe gegeben. Es gab Aufruhr, viele Menschen sind auf die Gassen geströmt, haben gerufen, geschimpft und ihrem Hass auf die Franzosen freien Lauf gelassen. Und deren Tage scheinen gezählt zu sein. Ziemlich eilig sind sie dann am 12. März abgezogen, fast schon geflohen. Eine gute Woche später, am 18. und 19. März, rücken die Russen aus Mecklenburg an und tauchen zuerst in Bergedorf auf, wo sie begeistert gefeiert werden. Die „riesige russische Streitmacht" erweist sich dann als doch nicht so groß, insgesamt sind es nur 1400 Soldaten. An der Spitze der Kosakenregimenter steht Friedrich Karl von Tettenborn, ein stattlicher Mann, gerade mal 35 Jahre alt, der das Zeug zum Helden hat.

Im Stadthaus, das im Görtz-Palais am Neuen Wall untergebracht ist, in der „Mairie", sitzt Maire Abendroth und verdirbt den Mitgliedern des Munizipalrats mit seiner Skepsis die Laune. Obwohl es noch Vormittag ist, hat einer der hohen Herren schon den Keller öffnen und ein paar Flaschen des sorgsam bewahrten Rotspons entkorken lassen. Sind sie den alle besoffen, fragt sich Amandeus Augustus Abendroth, spricht es aber lieber nicht aus. „Haben wir dem Kaiser nicht

Gewünschte, sondern auch das Mögliche gegeneinander abgewogen? Was ist, wenn sich dieser Tettenborn nicht wird halten können, wenn Hamburg umkämpft und zum Schlachtfeld wird? Wenn am Ende die Feuerkraft der gut ausgebildeten und hervorragend ausgestatteten Franzosen doch stärker ist? Und wenn sich die Kosaken dann auf ihre flinken Pferde schwingen, den Hamburgern noch ein fröhliches Lebewohl zurufen, um dann doch wieder zu verschwinden?

einen Eid geleistet?", fragt er in die Runde und wird nur ausgelacht. Natürlich, er ist nicht Bürgermeister, sondern Maire, ein französischer Bürgermeister, der sein Amt von Napoleons Gnaden hat. Und überhaupt, wie kann Hamburg denn Hambourg sein, eine französische Stadt wie Marseille oder Nantes? „Unter Zwang, lieber Abendroth, allein unter Zwang haben wir geschworen. Das war kein Eid, das war Nötigung und ist damit null und nichtig", hält ihm ein Kaufmann entgegen, der noch bis vor ein paar Tagen ganz anders geredet hat. Abendroth sieht sich um, blickt in die schon merklich vom Wein geröteten Gesichter und fragt sich, wie das alles ausgehen soll. Haben die Herren wirklich bis zu Ende gedacht und nicht nur das

„Ach was, Ihr seid als Amtmann in Ritzebüttel versauert, habt doch allzu oft das Glas als halb leer gesehen, wenn es doch recht eigentlich halb voll gewesen ist. Und diesmal", sagt Ratsherr Kruse und füllt sich das eigene, eben noch halb volle venezianische Glas bis zum Rande hin auf, „und diesmal ist es sogar bis zum Rand hin gefüllt. Napoleon ist Geschichte, und Tettenborn wird Hamburg befreien. Und er will nicht von einem Munizipalrat französischer Prägung empfangen werden, sondern vom restaurierten Senat. Welch eine großartige Geste! Also restaurieren wir unseren Hamburger Senat!"

Das ist schnell getan, und gleich darauf wird ein Bote zu Tettenborn geschickt, der Vollzug meldet. Schon wenig später dringen von draußen laute Rufe ins Stadthaus. „Vivat! Vivat!", jubeln ihm die Hamburger zu. Die Hökerinnen aus den Vierlanden, die am Hopfenmarkt Blumen verkaufen, sind ihre Ware im Handumdrehen los, denn heute werden Blumen gebraucht, um sie auf die russischen Reiter zu werfen. Das Getrappel der Pferdehufe und die Jubelschreie der Hamburger hallen in den Gassen wider und dringen auch ins Görtz-Palais. Offenbar nähern sich die russischen Reiter schon dem Neuen Wall. „Lasst uns heraustreten, um Tettenborn noch vor der Tür zu begrüßen", sagt einer der Senatoren, und gleich erheben sich alle, laufen die knarrende Holztreppe hinunter und treten just in dem Moment vors Portal, als der Oberst und seine Offiziere das Stadthaus erreichen.

Jubel brandet auf, als die Senatoren den russischen Kommandeur begrüßen. Abendroth steht nun in der zweiten Reihe und stellt mit leichter Verärgerung fest, dass Tettenborn einen Moment zu lange auf seinem schwarzen Hengst sitzen bleibt, die Hamburger Senatoren von oben herab mit leisem Spott anlächelt, um dann erst abzusteigen und ihnen, einem nach dem anderen, die Hand zu schütteln. „Vivat! Vivat!", ruft die Menge, während der

wiedereingesetzte Bürgermeister Friedrich von Graffen nach den richtigen Worten sucht, Hamburgs Befreier zu begrüßen. Wenig später, als die Kosaken schon Quartier nehmen und mit Brot und Bier, Schinken und Kognak aus eben noch französischen Beständen beköstigt werden, haben der wiedereingesetzte Hamburger Rat und die Bürgerschaft beschlossen, Karl Friedrich von Tettenborn zum Ehrenbürger Hamburgs zu machen. Das hat der Befreier selbst so gefordert, und zwar ziemlich nachdrücklich; zusätzlich ist es ein Novum, denn nie zuvor hatte man die Ehrenbürgerwürde verliehen. Und ob formal wirklich alles rechtens war und ist, bezweifelt Abendroth, der aber lieber den Mund hält. Für Tettenborn hat man eines der schönsten Häuser an den Großen Bleichen zur Verfügung gestellt; bis zum Frühjahr 1812 hatte Generalgouverneur Davout dort residiert. Tettenborn fühlt sich geschmeichelt, nicht nur der Ehre, sondern auch der Aussicht wegen, bald jene 5000 Friedrich d'or einstreichen zu können, die mit der Würde verbunden sein sollen.

Ende Mai sieht alles ganz anders aus. Nur gute acht Wochen ist es her, dass Tettenborn im Triumph nach Hamburg eingezogen war. Man hat ihn gerühmt und hofiert, belohnt und ihm geschmeichelt, und trotzdem trifft er Anstalten, die befreite Stadt fluchtartig zu verlassen. Von dänischer oder schwedischer Seite ist keine Hilfe mehr zu erwarten. Abendroth, der einstige Maire, der gegenüber Napoleon Eidbrüchige, fürchtet die Rache des zurückkehrenden Statthalters Davout. Bitter fragt er sich, wo sie denn jetzt sind, die tapferen Patrioten, die noch vor Kurzem Tettenborn zugejubelt haben. Abendroth tritt ans Fenster seines Hauses und schließt die schweren Flügel, der Kanonendonner dringt trotzdem in den Raum. Eilig sucht er wichtige Papiere zusammen, die Magd hat die Schrankkoffer mit seiner Kleidung längst gepackt, zwei Hausdiener hieven sie die Treppe hinunter und zurren sie auf dem Zweispänner fest. Der Senator ist nun so weit, auf eine große Verabschiedung verzichtet er, möglichst unauffällig will er an diesem 26. Mai Hamburg verlassen. Er wird nach Mecklenburg gehen und später nach Kiel.

Nicht lange nachdem von Harburg und Wilhelmsburg der erste Kanonendonner zu hören war, macht Tettenborn sich am 30. Mai mit seinen Kosaken aus dem Staub. Nicht einmal mehr eine Kapitulation hat er mit den anrückenden Franzo-

sen geschlossen, keine Bedingung zum Schutz der Hamburger Bevölkerung erwirkt. Die Hanseatische Legion, ein Freiwilligenverband, der die Heimatstadt schützen sollte, folgt ihm nach Osten. Die Franzosen rücken erneut ein. Für einen Mann wie Davout gilt nicht nur Abendroth als Verräter. Das lässt der Marschall die Hamburger spüren. Erst einmal werden sie zur Kasse gebeten, für ihre Unbotmäßigkeit muss die Stadt Millionen an die Franzosen zahlen. Überall werden Arbeitskommandos ausgehoben. Keiner, der geeignet erscheint, kann sich entziehen. Tausende müssen dabei helfen, wie Davout ihre Stadt zur Festung ausbaut. Sie reißen störende Häuser ab, vertiefen die Gräben und verstärken die Wälle. Jeder Tischler, jeder Zimmermann und viele ungelernte Hilfskräfte sind dabei, als in nur 83 Tagen eine hölzerne Brücke erbaut wird, die auf mehr als acht Kilometern eine strategisch wichtige Verbindung vom Grasbrook bis nach Harburg bildet.

Aber das Schlimmste geschieht am Weihnachtstag anno 1813. Fassungslos liest Abendroth, der sich inzwischen in Kiel aufhält, was ihm ein Gewährsmann vom Weihnachtstag 1813 aus Hamburg berichtet: Etwa 1800 Menschen sind in

Rechtsprechung *Vor dem Gesetz sind alle gleich. Aus heutiger Sicht ist der Satz eine Selbstverständlichkeit, vor 200 Jahren bedeutete er den Sprung in die Moderne. Es ist das Grundprinzip des Code Napoleon, des Gesetzbuchs, das in Frankreich 1804 in Kraft trat und ab 1811 auch in Hamburg galt. Das Gesetz schützte die Freiheit jedes Bürgers, sein Privateigentum, schrieb die strikte Trennung von Kirche und Staat vor und schuf die Voraussetzungen für die Entfaltung des Kapitalismus. Denn marktbehindernde Einschränkungen wie der Zwang, dass ein Handwerker einer Zunft beitreten musste, wurden aufgehoben. Außerdem konnte jetzt jeder frei einen Beruf wählen und durfte ein Gewerbe seiner Wahl betreiben. Nach dem Abzug der Franzosen wurden diese Gesetze wieder abgeschafft.*

Steuern *Dass Franzosen eine ziemlich hohe Staatsquote bevorzugen, spürten die Hamburger schon zu Napoleons Zeiten. Gleich nach der Besatzung mussten 17 Millionen Mark Currant gezahlt werden, davon zwölf Millionen, um die beschlagnahmten englischen Waren freizubekommen. Dann hagelte es neue Abgaben und Steuern: Quartiers- und Mietsteuer, Wein-, Branntwein- und Consumptions-Accise, auch die Erbschaftssteuer wurde erhöht. Die Auswirkungen spürte jeder Hamburger – vom reichen Kaufmann bis zum Arbeiter. Als Napoleon nach der zweiten Besatzung weitere 48 Millionen Franc verlangte, ließ er Dutzende Kaufleute verhaften, bis die erste Rate gezahlt wurde. Als Hamburg zahlungsunfähig war, ließ er einfach alles Wertvolle requirieren.*

1500　　1600　　1700　　1800　　1900　　2000

PHILIPP OTTO RUNGE
(1777–1810)

wird als Sohn eines Reeders in Wolgast geboren. Obwohl er eigentlich in die väterliche Firma eintreten soll, setzt er sich durch und wird Maler. In Kopenhagen und Dresden künstlerisch ausgebildet, lebt er seit 1803 in Hamburg. Mit seinen an der Natur orientierten, symbolisch und allegorisch aufgeladenen Bildern gehört er neben Caspar David Friedrich zu den wichtigsten Vertretern der romantischen Malerei. Der größte und bedeutendste Teil seines Werks befindet sich im Besitz der Hamburger Kunsthalle. Runge ist lebenslang von Krankheiten gezeichnet, er stirbt im Alter von 33 Jahren an Tuberkulose.

LOUIS-NICOLAS DAVOUT
(1770–1823)

gehört zu Napoleons fähigsten Generälen. Als Generalgouverneur des Hanseatischen Departements, das 1810 Teil des französischen Kaiserreichs wird, residiert er in Hamburg. 1812 nimmt er an dem gescheiterten Russlandfeldzug teil und erobert nach seiner Rückkehr 1813 das kurzzeitig von russischen Truppen besetzte Hamburg zurück. Nun baut er die Stadt ohne Rücksicht auf die von ihm als unbotmäßig empfundene Bevölkerung zur Festung aus. Weihnachten 1813 lässt er 20 000 mittellose Menschen, die nicht ausreichend für Nahrung und Heizung sorgen können, ausweisen. Erst im Mai 1814 zieht Davout mit seinen Truppen aus Hamburg ab.

FRIEDRICH PERTHES
(1772–1843)

kommt 1783 nach Hamburg, wo er Gehilfe in B.G. Hoffmanns Buchhandlung wird. Zuvor hat der gebürtige Thüringer in Leipzig eine Buchhandelslehre absolviert. 1796 gründet er Hamburgs erste Sortimentsbuchhandlung. Seit 1805 befindet sie sich am Jungfernstieg. Perthes, der eine Tochter des Dichters Matthias Claudius heiratet, ist ein entschiedener Gegner Napoleons. Aktiv beteiligt er sich an der Vertreibung der Franzosen aus der Stadt. Da Perthes fromm und pietistisch geprägt ist, gründet er die Hamburg-Altonaische Bibelgesellschaft. Nach dem Tod seiner Frau verlässt er die Hansestadt 1822 und lässt sich in Jena nieder.

800   900   1000   1100   1200   1300

Nach dem Abzug der napolionischen Truppen wird die hanseatische Legion von Hamburgern bejubelt.

St. Petri zusammengetrieben worden, von wo aus sie anschließend bei bitterer Kälte aus der Stadt gejagt wurden. Es sind die Armen, die Witwen und viele Kinder, die nicht bleiben dürfen, weil Davout sie für unnütze Esser hält. Für den Generalgouverneur zählen nur militärische Erwägungen. Und wer sich nicht selbst ausreichend mit Nahrung und Brennstoff versorgen kann, der muss eben verschwinden. Bis März 1814 lässt Davout rund 20 000 Menschen vertreiben. Mehr als 1000 von ihnen werden nicht überleben, sie verhungern oder erfrieren. Und wo ist der Ehrenbürger, fragt sich Abendroth, der mit Grimm an den schneidigen Oberst Tettenborn denkt, der sich als Befreier hat feiern lassen, um kurz darauf ruhmlos zu verschwinden.

Wirklich befreit wird Hamburg erst am 30. Mai 1814, als die Franzosen mit 27 000 Mann, 5000 Pferden und 90 Geschützen endlich die Stadt verlassen, diesmal für immer. Amandus Augustus Abendroth hört von ihrem Rückzug und ist erleichtert, obwohl er weiß, dass die Franzosen nicht nur Not und Leid, sondern auch manchen Fortschritt gebracht haben. Schon während seines Exils in Kiel hat er an den Formulierungen für eine Schrift gefeilt, mit der er nach vorn blicken und die Zukunft mitgestalten will. „Wünsche bei Hamburgs Wiedergeburt" heißt das Buch, das er schon im Februar 1814 in einer ersten Fassung drucken und verbreiten lässt. Sein Rat und seine Erfahrung werden Hamburg in den nächsten Jahrzehnten noch manchen Nutzen bringen.

MUSEUMSSTÜCK

Im Jahr 1811 wird Hamburg als Hambourg in den französischen
Staat eingegliedert. Offiziell ist die Stadt nun nicht mehr
besetzt, sondern hat die gleiche Stellung wie etwa Nantes oder
Marseille. Es gilt französisches Recht, und die Behörden sind nach
französischem Muster organisiert, was sich für Hamburg teilweise
durchaus positiv auswirkt. Das ändert sich erst im Mai 1814, als
Napoleons Armee wieder abziehen muss. Wir sehen hier das
originale Wappenschild der französischen Schifffahrtsbehörde.

1814–1841

STECKBRIEF

Stadtgebiet 2,48 qkm

Einwohner 155 000

Berufe Reeder, Kaufleute,
Seeleute, Handwerker

Speisen Fisch, Getreide,
Fleisch, Bier, Wein, Kartoffeln

Währung Nach Aufgabe der
Hamburgischen Münze
prägt der Münzmeister
Hans-Schierven Knoph
(Signatur HSK) einige
Kleinmünzen in seinem
Privathaus.

„Le Sphinx", französische Corvette

*Alles beim Alten. Als hätte es
die Französische Revolution nie
gegeben, wollen die Fürsten so
weiterregieren, wie sie es vor
Napoleon getan haben – ohne
lästige Mitsprache der Bürger.
Viele enttäuschte Freiheitskämpfer
ziehen sich ins Private zurück:
Sinnbild für das Zeitalter des
Biedermeier. Doch manche wollen
für die Freiheit kämpfen – mit
Worten. Und das beherrscht
niemand so wie ein Verleger in
Hamburg…*

Nach dem Wiener Kongress *1815* einigen sich vor allem Russland, Österreich und Preußen auf eine Restaurationspolitik. Die Herrschaft der Monarchen soll möglichst uneingeschränkt wiederhergestellt werden. Alle, die sich demokratische Reformen, Meinungsfreiheit und die deutsche Einheit gewünscht hatten, werden bitter enttäuscht.

1819 ermordet ein Student den vermeintlichen russischen Agenten von Kotzebue: ein Fanal für die Reaktion. Auf Druck des österreichischen Staatsministers von Metternich wird die Politik verschärft. Es gibt strenge Zensur, Verbote von Turnvereinen und Studentenverbindungen und polizeistaatliche Methoden.

Viele Bürger reagieren mit dem Rückzug ins Private: Es ist die Epoche des *Biedermeier* und der *Romantik*.

Wirtschaftlich wird die Einigung unter preußischer Führung vorangetrieben. Um die 38 deutschen Zollgrenzen zu überwinden, gründet Friedrich List *1819* den Handels- und Gewerbeverein. *1834* folgt der Deutsche Zollverein, eine wichtige Voraussetzung für den Beginn der Industrialisierung, die wiederum durch den *Eisenbahnbau* beschleunigt wird. Die ersten Linien sind Nürnberg–Fürth (1835) und Leipzig–Dresden (1839).

Großbritannien ist der weltweit erste *Industriestaat* und ökonomisch allen anderen weit voraus. Das Königreich wird zum Vorbild für die meisten europäischen Staaten.

Die Reformer schöpfen *1830* Hoffnung durch die Juli-Revolution in Frankreich: König Karl X. wird gestürzt, sein Nachfolger Louis-Philippe („Bürgerkönig") muss liberale Zugeständnisse machen. Auch in Deutschland kommt es zu Unruhen. Die im südlichen Landesteil lebenden katholischen Niederländer spalten sich ab: Belgien entsteht.

1832 versammeln sich rund 30 000 Teil-
nehmer zum Hambacher Fest und fordern mehr
Freiheiten. Die Repressionen werden erneut
verschärft, viele gehen ins Exil nach Frankreich
und in die Schweiz.

1837 erregen die „Göttinger Sieben"
große Aufmerksamkeit: Die sieben Professoren
werden entlassen, nachdem sie gegen
die Aufhebung der Verfassung durch den
Hannoveraner Kurfürsten protestiert hatten.
Die Gelehrten, unter ihnen die Brüder Grimm,
werden zum Symbol des Widerstands.

1840 kommt es in ganz Deutschland zu
patriotisch motivierten Proteststürmen, weil
Frankreich eine Westverschiebung der Grenze
zum Rhein gefordert hatte. Das Deutschlandlied und die „Wacht am Rhein" entstehen in
diesem Zusammenhang.

1814 bis 1841

1500   1600   1700   1800   1900   2000

1816   17.6.: Der britische Raddampfer „The Lady of the Lake" trifft als erstes Dampfschiff in Hamburg ein.

1827   3.5.: An der Dammtorstraße wird das Stadt-Theater eröffnet.

1833   12.9.: Johann Hinrich Wichern gründet in Horn das „Rauhe Haus" für Kinder aus schwierigen sozialen Verhältnissen.

1836   18.7.: Der „Hamburger Ruder-Club" wird als erster deutscher Ruderklub gegründet.

1840   5.5.: Das Johanneum zieht in ein neues Gebäude am Domplatz.

1841   5.10.: Mitglieder zweier Gesangsvereine singen vor Streit's Hotel erstmals das von Hoffmann von Fallersleben gedichtete Deutschlandlied.

1841   2.12.: Auf dem Gelände des früheren Maria-Magdalenen-Klosters wird die neue Börse eingeweiht.

Der Dichter kann seine Nervosität nicht ganz verbergen. Er stützt sein Gewicht mal auf das eine Bein, mal auf das andere, und wo er die Hände lassen soll, weiß er auch nicht so recht. Dann sind endlich alle da: die Kapelle der Hamburger Bürgerwacht, die Sänger der Liedertafel und des Hamburger Turnerbunds. Sie geben ein schönes Bild ab an diesem sonnigen Herbsttag, wie sie da vor dem Streit's Hotel am Jungfernstieg Aufstellung genommen haben. Und dann legen sie los: „Deutschland, Deutschland, über alles…".

Der Odysseus des Buchhandels

Das Lied ist alt, Haydn hat es 1797 geschrieben. Doch der Text ist nagelneu, und der Dichter Hoffmann von Fallersleben ist mächtig stolz, dass es an diesem Dienstag, dem 5. Oktober 1841, zum ersten Mal in der Öffentlichkeit gesungen wird. Wenn auch nicht für ihn, sondern zu Ehren von Carl Theodor Welcker, dem liberalen Politiker aus Baden, der gerade im Streit's logiert. Ein Mann, der für Einigkeit und Recht und Freiheit in Deutschland kämpft – genau wie er. Und wie Julius Campe.

Der 49 Jahre alte Verleger steht ein wenig abseits bei der Aufführung. Dass er einem historischen Moment beiwohnt, das ahnt er kaum. Doch er spürt, dass er mal wieder den richtigen Riecher hatte. Denn der Text gehört ihm, dem Inhaber des Verlages Hoffmann und Campe. Als Fallersleben nachher zu ihm hinübergeht, da legt er einen Gesichtsausdruck auf, der heißen soll: Na, das ging ja schnell. Und Campe lächelt ihn zustimmend an.

In der Tat ist es nicht einmal sechs Wochen her, dass Julius Campe gemeinsam mit dem Buchhändler Paul Neff aus Stuttgart auf Helgoland eingetroffen war. Im Gepäck hatte der Hamburger den druckfri-

Die dritte Strophe des Deutschlandliedes, niedergeschrieben von Heinrich Hoffmann von Fallersleben.

schen zweiten Teil der „Unpolitischen Lieder", eine Sammlung von 150 Gedichten, die ungemein erfolgreich werden sollte – und ganz und gar nicht unpolitisch war. Fallersleben ätzte darin gegen Unterdrückung und deutsche Kleinstaaterei, gegen Pressezensur und Obrigkeitsstaat. Am 29. August machen Dichter und Verleger einen Spaziergang am Strand der britischen Insel. „Ich habe ein Lied gemacht, das kostet aber vier Goldmünzen", sagt Fallersleben. Zurück im Hotel, liest er Campe die drei Strophen vor. Und zu seiner großen Überraschung holt der geschäftstüchtige Verleger die geforderten vier Münzen aus der Tasche, schnappt sich das Manuskript und reist ab.

Julius Campe ist wahrlich kein Zauderer. Eine Woche später ist das Werk gedruckt, versehen mit den Noten des

800   900   1000   1100   1200   1300

„Kaiserliedes" von Haydn und einem Porträt des Dichters. Es fällt beim deutschen Bürgertum auf fruchtbaren Boden. Die in späteren Zeiten so missverständlichen (und missverstandenen) Verse sind für die Zeitgenossen eindeutig. Nicht deutsches Überlegensheitsgefühl und Chauvinismus werden hier besungen, sondern die Sehnsucht nach staatlicher Einheit und Freiheit. 1841 ist Deutschland noch immer ein Flickenteppich von großen, mittleren, Klein- und Kleinststaaten. Lose zusammengehalten werden sie seit 1815 vom Deutschen Bund, den die Großmächte Preußen und Österreich beherrschen. Die konkurrieren zwar, sind sich aber mit dem russischen Zaren darin einig, alle Freiheits- und Demokratiebestrebungen notfalls gewaltsam zu unterdrücken.

Julius Campe ist dieses System zuwider. Geboren in der Nähe von Holzminden, schließt er sich als 20-Jähriger dem Lützower Freicorps an, um gegen Napoleon zu kämpfen. Wie so viele seiner Generation ist er tief frustriert, dass die Herrschenden nach dem Sieg nicht etwa Freiheit und Einheit anstreben, sondern das alte System restaurieren. Schon mit 13 war Julius Campe nach Hamburg gekommen, um im Verlag seines Halbbruders August zu lernen. Mit gerade mal 31 Jahren wird er den Verlag übernehmen und fortan mit dem gedruckten Wort seinen politischen Kampf führen.

Die vielleicht 50 Passanten, die das kleine Konzert mitten auf dem Jungfernstieg verfolgt hatten, applaudieren. Welcker bedankt sich gerührt bei den Sängern und Musikern, dann geht er zu Fallersleben, der mit Campe im Gespräch vertieft ist, und gratuliert ihm zu seinem Werk. Johann Marquardt und Steffen Samuelson, zwei junge Kaufmannsgesellen, kommen zu ihnen herüber, und schnell entspinnt sich eine lebhafte Diskussion – über Friedrich Wilhelm IV., der im vorigen Jahr den preußischen Thron bestiegen hat. „Jetzt wird es bald eine Verfassung geben", sagt Marquardt und schaut Welcker fragend an. Der zögert. „Es gibt zumindest Anzeichen", antwortet er, doch seine Skepsis allem Preußischen gegenüber kann er nicht verbergen. Die beiden Jungen sind enttäuscht, sie setzen all ihre Hoffnung in den neuen König. In der Tat weht ein neuer Wind: Friedrich Wilhelm hält Reden vor seinem Volk (das hatte es noch nie gegeben); er boykottierte die Bundeszentralbehörde, die im ganzen Reich Demokraten als Staatsfeinde verfolgt hatte;

Eine Ansicht der von Ole Jörgen Schmidt erbauten Englische Kirche aus dem Jahr 1838.

Friedrich Wilhelm holte auch Professoren wie Jakob und Wilhelm Grimm nach Berlin und gab ihnen eine Stellung, obwohl sie zuvor faktisch Berufsverbot hatten.

Während die Bürger aufgeregt diskutieren, hat Campe aufmerksam zugehört, ohne sich zu äußern. Jetzt macht er sich auf den Weg ins Verlagshaus. Fallersleben begleitet ihn. Schweigend schlendern die beiden den belebten Jungfernstieg hinunter und gehen am Johanneum vorbei Richtung Mühlenbrücke. „Die Zensur hat

der König nicht abgeschafft", sagt Campe schließlich, als sie auf der Höhe des Rathauses angelangt sind. „Und ich glaube auch nicht, dass er es tun wird."

Die Zensur ist Campes treuer Begleiter seit Jahrzehnten, denn sein Verlag steht wie kein anderer für die Autoren des „Jungen Deutschland": Karl Gutzkow, Ludwig Börne, Georg Büchner und, vor allen, Heinrich Heine erscheinen bei ihm. Demokraten und Vordenker sie alle – gefährliche Radikale in den Augen des Staates.

ROBERT MILES SLOMAN
(1783 – 1867)

ist Sohn eines englischen Einwanderers, der 1793 in Hamburg eine Reederei gründet. Er übernimmt die väterliche Firma, baut sie aus und richtet neben dem Englandverkehr 1836 auch eine regelmäßige Verbindung zwischen Hamburg und New York ein. Sloman setzt auf neue Technik, lässt Schiffe mit eisernem Rumpf bauen und erkennt früh die Chancen der Dampfschifffahrt. 1865 gründet er gemeinsam mit anderen Kaufleuten die Deutsche Gesellschaft zur Rettung Schiffbrüchiger. Mit 21 Schiffen besitzt er Mitte des 19. Jahrhunderts Hamburgs größte Reederei.

ALEXIS DE CHATEAUNEUF
(1799 – 1853)

entstammt einer jener Aristokratenfamilien, die vor der Französischen Revolution nach Hamburg geflohen sind. Nach Studienreisen durch Europa lässt sich der überzeugte Anhänger des Backsteinbaus 1822 als Architekt in Hamburg nieder. Seine Stunde schlägt nach dem Großen Brand von 1842, denn nun übernimmt er den Vorsitz der mit dem Wiederaufbau betrauten „Technischen Kommission" und kann selbst wichtige Bauwerke wie die Alsterarkaden und die Alte Post realisieren.

WILLIAM LINDLEY
(1808 – 1900)

gehört zu den Pionieren der Industriellen Revolution. Der Londoner ist ein genialer Ingenieur, der die neuen technischen Möglichkeiten seiner Zeit erkennt und auch als Unternehmer geschickt zu nutzen weiß. Nach Hamburg kommt er 1837, um den Bau der Hamburg-Bergedorfer Eisenbahn zu leiten. Während des Großen Brandes 1842 setzt er Gebäudesprengungen durch, die das weitere Vordringen des Feuers verhindern. Am Wiederaufbau Hamburgs ist er maßgeblich beteiligt, er richtet eine moderne Trinkwasserversorgung ein und eine Kanalisation, die teilweise heute noch in Betrieb ist.

1835 verbietet Preußen ihre Schriften, und das formell unabhängige Hamburg kann sich kaum dagegen wehren. Campe wendet viele Tricks an, um dennoch publizieren zu können, es ist sein tagtäglicher Kampf. Und oft ist er den Behörden eine Nasenlänge voraus, weil er immer wieder unter Fantasie-Verlagsnamen veröffentlicht, im Ausland drucken lässt oder so schnell ausliefert, dass die Bücher verkauft sind, bevor die Zensur sie verbieten kann.

Als sie im Verlag in der Bohnenstraße 28 ankommen, verabschieden sich die beiden Männer. Julius Campe geht in sein Kontor im ersten Stockwerk, er hat noch viel Korrespondenz zu erledigen. Auch mit Heinrich Heine, seinem Starautor, der ihn mit beißender Ironie gern mal mit „Herr und Gebiether, lieber Campe" anschreibt und mit dem er leidenschaftlich feilscht („Der Weg von Ihrem Herzen zu Ihrer Tasche ist sehr weit ..."). Für Campe sind die beiden Vater und Mutter – und die Bücher ihre gemeinsamen Kinder. Die sehr einträglich sind: von Heines Reisebildern und Gedichtbändern (die 50 Auflagen erreichen) bis zur Gesamtausgabe, die 1861 erscheint. Campe nimmt den Briefbogen aus der Schublade, taucht seine Feder in das Tintenfass, seufzt kurz und beginnt. „Lieber Heine! ..."

Campes Skepsis bezüglich der Zensur sollte sich allzu schnell bewahrheiten. Nur ein paar Wochen später verbietet Preußen sämtliche Erzeugnisse von Hoffmann und Campe – und das riesige Preußen, zu dem auch die Rheinprovinzen und das Ruhrgebiet gehören, ist Campes wichtigster Markt. Und es kommt noch schlimmer: Denn der Große Brand 1842 zerstört auch sein Verlagshaus. Doch im Nachhinein erweist sich das als Glücksfall, denn angesichts der Katastrophe hebt Preußen das Verbot auf. Julius Campe schreibt seine Erfolgsgeschichte weiter. Als er 1867 mit 75 Jahren stirbt, ist er ein reicher Mann und eine Legende – man nennt ihn den listenreichen „Odysseus des deutschen Buchhandels".

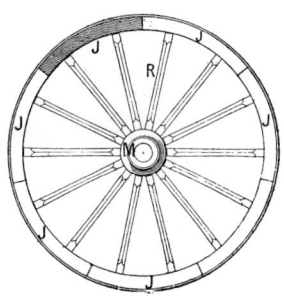

Maßeinheiten *Eine Kiepe sind 30 Stiegen. Ein Tylt ist ein Gros. Eine Recke sind 12 bis 16 Ellen. Und eine Elle sind zwischen 50 und 85 Zentimetern, je nachdem ob es hansische, preußische, englische oder rheinische Ellen sind. So ein Kaufmann war manchmal nicht zu beneiden, denn Maßeinheiten waren ein einziges Chaos, und manchmal variierten sie von Stadt zu Stadt. Da gab es Klafter, Spannen, Ruten und Zoll, Königs-, Häger-, Haken- und Trippelhufe, Kannen, Scheffel und Fuder, Gran, Unzen, Mark, Pfund und Zentner. Und wer gute Geschäfte machen wollte, der musste sie alle in ihren regionalen Unterschieden kennen. Erst 1872 war Schluss damit, als das metrische System in Deutschland eingeführt wurde.*

Straßen *Die Steinstraße heißt natürlich deswegen so, weil sie mit Steinen gepflastert war – angeblich als erste städtische Straße Deutschlands. Das war 1269. Die Fortschritte seitdem hielten sich in Grenzen. Zwar gab es in der Hamburger Innenstadt meist gepflasterte Straßen, außerhalb der Tore wurde es dann morastig und staubig (je nach Jahreszeit) und holprig (immer). Die Straßen, für deren Unterhalt niemand zahlen wollte, waren so schlecht, dass Reisen zur Tortur wurde. Und so waren die Hauptverkehrsadern weiterhin die Flüsse. Mit dem Bau der Eisenbahnen (ab 1835) und der parallel einsetzenden Industrialisierung, die nach guten Transportwegen verlangte, änderte sich dann auch das Straßenbild radikal. Über deren Qualität wurde weiter geklagt – bis heute...*

1500   1600   1700   1800   1900   2000

Nur auf den ersten Blick ist es ein normales Bild. In Wahrheit handelt es sich um einen Automaten, der tickt, klingt und viele bewegliche Szenen in Gang setzen kann. Dieses erstaunliche Multimedia-Objekt aus dem frühen 19. Jahrhundert zeigt einen Blick auf Alster, Lombardsbrücke und Stadt. Eine komplizierte Mechanik lässt Boote auf der Alster schwimmen, Kutschen über die Brücke fahren und ein Paar sich einen Ball zuwerfen. Das Flügelrad einer Windmühle dreht sich ebenso wie die Zeiger der Turmuhren von St. Petri und St. Jacobi. Dazu gibt es auch noch die Musik einer Spieldose. Für Norddeutschland sind solche Uhrenbilder ganz ungewöhnlich, wahrscheinlich stammt dieses kostbare Exemplar von einem Wiener Künstler.

1842–1870

STECKBRIEF

Staatsgebiet 415 qkm
Einwohner 330 000
Berufe Industriearbeiter,
  Reeder, Kaufleute, Seeleute,
  Handwerker,
Speisen Fisch, Getreide,
  Fleisch, Bier, Schnaps,
  Kartoffeln, Kolonialwaren

Währung Die Münzen
  werden in Hannover, Berlin
  oder Altona geprägt.

Raddampfer. 80 m lang, 1850

Und wieder gehen die Menschen
auf die Barrikaden. Es beginnt
in Paris, bald springt der Funke
der Revolution auf fast alle
europäischen Großstädte über.
Die Demokraten können sich
auch diesmal nicht durchsetzen.
Doch Preußen erfüllt den
Menschen den Wunsch nach der
deutschen Einheit, wenn auch mit
kriegerischen Mitteln. In Hamburg
dagegen wird diese Epoche immer
mit einer Katastrophe verbunden
sein – einem Feuer, wie man es nie
zuvor erlebt hat …

1840 kommt Friedrich Wilhelm IV. auf den preußischen Thron, der als liberaler Hoffnungsträger gilt. Er lässt inhaftierte „Demagogen" frei und schafft mit dem Weiterbau des Kölner Domes und *1843* mit der (historisch fragwürdigen) 1000-Jahr-Feier des Deutschen Reiches nationale Symbole. Eine Verfassung verweigert er aber.

Der aufgestaute Druck entlädt sich in fast ganz Europa *1848*. Die Revolution bricht erneut in Frankreich aus, als es aus Anlass des Verbotes eines Banketts im Februar zu Straßenschlachten kommt. Der König dankt rasch ab, die Unruhen brechen in allen großen Staaten außer Großbritannien und Russland aus. In Wien muss der verhasste Metternich fliehen, in Berlin verspricht der König eine Verfassung und nationale Einheit.

In der Frankfurter Paulskirche versammelt sich das erste frei gewählte deutsche Parlament, das eine gesamtdeutsche Verfassung beschließt mit einem Kaiser an der Spitze – doch Friedrich Wilhelm IV. lehnt die Krone aus der Hand des Volkes ab. Erneute Aufstände werden militärisch niedergeschlagen, *1849* bricht die Revolution zusammen.

In Frankreich kommt Napoleon III. an die Macht und lässt sich *1852* zum Kaiser wählen; in Preußen macht der König Zugeständnisse, aber die neue Verfassung ist keineswegs demokratisch, das neue Parlament eher machtlos. In Österreich versucht Kaiser Franz absolutistisch zu regieren.

1853 kommt es wegen eines Streits um die heiligen Stätten in Jerusalem zum Krieg zwischen Russland und dem Osmanischen Reich, auf dessen Seite Großbritannien und Frankreich eingreifen. Der Kampf um die Festung Sewastopol ist der erste Stellungskrieg der Geschichte mit Zehntausenden Toten. Florence Nightingale begründet die moderne Verwundetenfürsorge. Russland muss nach drei Jahren um Frieden bitten.

1859 wird bei der Schlacht von Solferino zwischen Franzosen und Österreichern Henry Dunant zufällig Zeuge und organisiert Hilfe für die Verwundeten. Später gründet er das Internationale Rote Kreuz und regt die Genfer Konvention an.

Extrem verlustreich verläuft auch der Amerikanische Bürgerkrieg, den die separatistischen Südstaaten nach vier Jahren *1865* verlieren. Moderne Kriegstechnik und traditionelle Kriegsführung führen zu 600 000 Toten. Nach dem Sieg des Nordens wird die Sklaverei abgeschafft.

Japan wird mit militärischer Gewalt aus seiner jahrhundertelangen Isolation gerissen: *1859* erzwingt ein amerikanisches Kanonenboot die Öffnung des Landes. Innerhalb weniger Jahrzehnte wird aus einem rückständigen Feudal- ein moderner Industriestaat.

Wegen seiner Provinzen an Rhein und Ruhr erstarkt Preußen wirtschaftlich und baut seine Militärmacht aus. Wilhelm I. löst seinen geisteskranken Bruder ab und macht Otto von Bismarck *1862* zu seinem Kanzler. Mit drei siegreichen Kriegen erreicht Bismarck die Einigung Deutschlands unter preußischer Führung: *1864* gemeinsam mit Österreich gegen Dänemark (das Südschleswig annektieren wollte); *1866* gegen Österreich und *1870* gegen Frankreich. In Versailles proklamieren die deutschen Fürsten Wilhelm zum Kaiser. Erstmals in seiner Geschichte ist Deutschland ein Staat mit einer Hauptstadt: Berlin.

1842 bis 1870

1842 5.5.: An der Deichstraße 44 bricht ein Feuer aus, das weite Teile der Stadt zerstört und als Großer Brand in Hamburgs Geschichte eingeht.

1842 1.9.: Die Bürgerschaft beschließt das von der Technischen Kommission erarbeitete Konzept für den Wiederaufbau.

1847 27.5.: Gründung der Hamburg-Amerikanischen Packetfahrt-Actien-Gesellschaft (Hapag)

1847 15.7.: Am Schaarmarkt kommt es wegen drastisch erhöhter Lebensmittelpreise zu Tumulten. Die Polizei beendet den „Kartoffelkrieg".

1848 2.1.: Einweihung der Alten Post

1848 8.3.: Carl Hagenbeck stellt auf dem Spielbudenplatz Tiere zur Schau.

1849 21.2.: Auf Beschluss von Rat und Bürgerschaft werden die Juden politisch gleichgestellt.

1850 13.6.: Die Bemühungen um die Reform der Hamburgischen Verfassung und das Ersetzen der Erbgesessenen Bürgerschaft durch ein gewähltes Parlament scheitern.

1853 27.10.: An der Fuhlentwiete wird das Konzerthaus Conventgarten eröffnet.

1858 Wasserbaudirektor Johannes Dalmann setzt sich mit seinem Konzept zum Bau eines offenen Tidehafens durch.

1859 1.1.: Zum ersten Mal gibt die Hamburgische Stadtpost eigene Briefmarken heraus.

1860 28.9.: Eine neue Verfassung ersetzt endlich den Hauptrezess von 1712.

1861 1.1.: Aufhebung der Torsperre

1862 1.12: Auf Steinwerder nimmt die Deutsche Seemannschule den Lehrbetrieb auf.

1865 Die Permanente Ausstellung des Hamburger Kunstvereins lockt Kunstliebhaber in die Börsenarkaden.

1867 1.7.: Hamburg ist Mitglied des Deutschen Bundes und gibt seine Autonomie auf.

1869 30.8.: Die von den Berliner Architekten Hermann von der Hude und Georg Theodor Schirrmacher entworfene Kunsthalle wird eröffnet.

1870 18.3.: Gründung der Commerzbank

800   900   1000   1100   1200   1300

Das Bild der Katastrophe

Oft muss er husten, die Luft ist beißend, und noch immer riecht es nach Rauch. Eine gute halbe Stunde dauert es, bis man ihn endlich vorlässt. In diesen Tagen ist die Obrigkeit misstrauisch, und die Nerven liegen blank. Noch immer kann niemand wirklich verstehen, was in den vergangenen vier Tagen geschehen ist. Das alte, das vertraute Hamburg gibt es nicht mehr. Es liegt in Trümmern.

Geduldig hat Hermann Biow dem Wächter am Eingang zur neuen Börse erklärt, warum er das Gebäude unbedingt betreten muss. Warum er jetzt aufs Dach steigen will, um seine Arbeit zu tun. Seine Arbeit? Ach, das versteht ja kaum jemand. So muss Biow schon Namen ins Feld führen, prominente Kaufleute, Angehörige der vornehmen Familien der Hansestadt, die sich für ihn und seine Kunst verbürgen würden, wenn man sie denn zurate zöge.

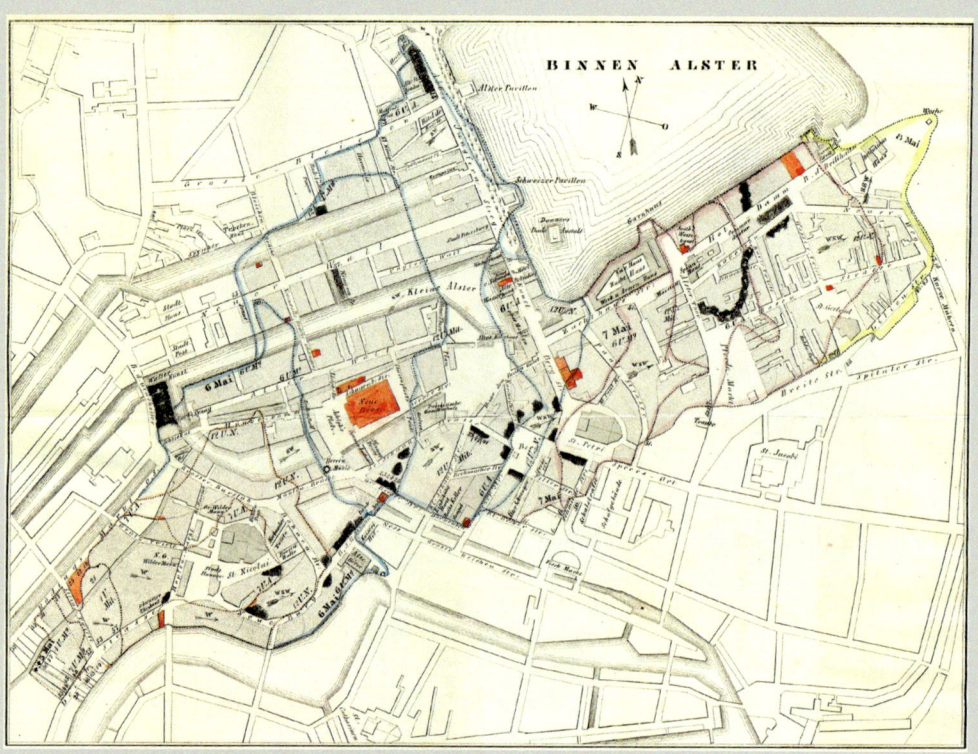

Auf diesem Plan wird der Verlauf des Großen Brandes von 5. bis zum 8. Mai 1842 dargestellt. Die schwarz markierten Gebäude wurden gesprengt, die rot einge- zeichneten Gebäude konnten erhalten werden.

Immerhin hat der Schlesier, der seit 1836 in Hamburg lebt und fünf Jahre später in Altona ein Atelier eröffnete, schon manche von ihnen porträtiert: Ratsherren, Reeder, Pastoren, Gelehrte. Sie alle sind im letzten halben Jahr zu ihm nach Altona gekom- men, haben sich getreu seinen Anweisun- gen im Atelier auf Sessel gesetzt oder auf die griechische Säule aus Pappmaschee gelehnt und minutenlang stillgehalten, so lange, bis er ihnen erlaubt hat, sich wie- der zu bewegen. Manche dieser Herren waren mürrisch, hatten Mühe, sich seinen Vorgaben zu fügen. Waren es wohl nicht gewohnt, die Anweisungen eines anderen zu befolgen.

Aber als er ihnen später die Daguerreotypien überreichte, die auf geisterhafte Weise mit Licht gemalten Porträts, die manchmal zwar nicht gerade schmeichelhaft wirkten, die aber andererseits so unzweifelhaft und unbestechlich wirklichkeitsgetreu waren, bedankten sich die hohen Herren mit scheuem Lächeln und hohem Trinkgeld. Nun müssen die Namen Sieveking und Jenisch, Meyer und Abendroth als Gewährsleute für ihn und seine Kunst herhalten. Und bei so viel Prominenz gibt sich der Wachmann am Eingang der Börse irgendwann geschlagen und gestattet Hermann Biow schließlich, mit seinem fotografischen Apparat das Gebäude zu betreten. Weist ihm sogar den Weg über Gänge und Treppen hinauf aufs Dach, das Biow, der schon etwas beleibter ist und außerdem schwer an seinem Holzkasten zu tragen hat, wenig später schweißüberströmt und atemlos betritt. Was er nun sieht, macht ihn fassungslos. Trümmer, Ruinen, rauchende Mauerstümpfe, wohin das Auge blickt. St. Nikolai verschwunden. St. Petri ein Trümmerhaufen. Die runde Kuppel der Gertrudenkapelle nicht mehr zu sehen. Vertraute Häuser sind zerborsten, wie Ameisen laufen die Menschen durcheinander. Sie schleppen Bündel, Säcke, manchmal Möbelstücke mit sich, die sie wahrscheinlich aus ihren halb zerstörten Häusern noch retten konnten. Oder sind es dreiste Plünderer, die nur vorgeben, ihr Eigentum bergen zu wollen? Die Polizisten blicken zwar streng, sind aber überfordert und können rechtmäßige Eigentümer von Dieben kaum unterscheiden.

„Das war knapp", sagt der Börsenwächter und reißt Hermann Biow aus seinen Gedanken. „Von allen vier Seiten züngelten die Flammen nach unserem Haus, das doch erst vor fünf Monaten eingeweiht worden ist", sagt der alte Mann und weist mit großer Geste um sich. Biow hat schon gehört, wie dramatisch der Kampf um die Börse am 6. Mai gewesen ist, dem zweiten Tag des Großen Brandes, der erst jetzt, am 8. Mai, endgültig gelöscht ist. In letzter Minute ist es den Feuerwehrleuten gelungen, die Flammen von dem einst schneeweißen und jetzt ziemlich verrußten Prachtbau, den die Herren Carl Ludwig Wimmel und Franz Gustav Forsmann 1839 bis 1841 errichtet haben, fernzuhalten. Biow dreht sich noch einmal um, wendet sich nach Süden und versucht, im rauchigen Dunst die Deichstraße zu erkennen. Dort, das weiß er längst, ist es in den

JOHANN HINRICH WICHERN
(1808–81)

war Pädagoge und Theologe.
Tätige Nächstenliebe stand für
ihn im Zentrum seines christlichen Glaubens. Dank guter Kontakte zu wohlhabenden Hamburger Familien fand er finanzielle
Unterstützung für seine sozialen
Projekte. 1833 gründete er das
Rauhe Haus, eine Einrichtung, in
der sozial gefährdete Kinder und
Jugendliche eine Lebensperspek-
tive erhielten. Wichern gilt als
Begründer der Inneren Mission,
mit der die Sozialarbeit der evangelischen Kirche begann.

SALOMON HEINE
(1767–1844)

brachte es vom Hausierer zu
einem der reichsten Hamburger Bankiers. Er förderte nicht
nur seinen Neffen, den Dichter
Heinrich Heine, sondern war
auf vielfältige Weise als Stifter
und Mäzen tätig. Beim Großen
Brand 1842 ließ er sein Haus
am Jungfernstieg sprengen, um
das Feuer durch eine Schneise
aufzuhalten. Er verzichtete auf
eine Entschädigung aus der
Feuerkasse, unterstützte Opfer
des Brandes mit großen Beträgen
und trug unter anderem durch
Schenkungen zum Wiederaufbau
der Petri- und Nikolaikirche bei.
Weil er Jude war, blieb ihm das
Hamburger Bürgerrecht dennoch
verwehrt.

JOHANNES VERSMANN
(1821–1899)

schaffte es, aus vergleichsweise
bescheidenen Verhältnissen zum
einflussreichsten Hamburger
Politiker im letzten Drittel des
19. Jahrhunderts aufzusteigen.
Der Apothekersohn besuchte
Christianeum und Johanneum
und studierte zunächst Medizin,
dann Jura und wurde Anwalt in
St. Pauli. Der Liberale kam 1859 in
die Bürgerschaft und schon 1861
in den Senat, er war mehrfach Bürgermeister. Er führte mit Bismarck
die schwierigen Verhandlungen
über Zollanschluss und Freihafen.
Während der Choleraepidemie griff
er spät, aber entscheidend ein, als
der zuständige Senator Hachmann
überfordert war.

Eine der beiden erhaltenen Fotografien, die Hermann Biow unmittelbar nach dem Großen Brand vom Dach der Börse aufgenommen hat.

Morgenstunden des 5. Mai ausgebrochen, dieses verheerende, alles verzehrende, weder Arm noch Reich schonende Feuer, das schon bald der Große Brand genannt werden wird.

Biow sieht hinüber zum Jungfernstieg, wo sein Kollege und Geschäftspartner Carl Friedrich Stelzner Haus und Besitz verloren hat. Dort ragen die verkohlten Rümpfe der Linden anklagend in den Himmel. Am Horizont erkennt er die Windmühle an der Lombardsbrücke – bis dahin hat das Feuer gewütet. Biow bückt sich, öffnet den Kasten und holt ein Stativ hervor. Dann schraubt er einen hölzernen Apparat darauf, hantiert an Knöpfen und Rädern aus blinkendem Messing und verschwindet

schließlich unter einem schwarzen Tuch. Was er jetzt tut, wird in die Geschichte eingehen, wenigstens in die Geschichte der Fotografie. Das Bild mit den rauchenden Trümmern der Stadt, ein trostloser Blick über Jungfernstieg und Binnenalster bis hin zur Lombardsbrücke, ist das weltweit erste Reportagefoto.

Am 2. Juni 1842 kann man im angesehenen „Hamburgischen Correspondeten" lesen, dass es sich der Fotograf Hermann Biow zur Aufgabe gemacht habe, „die noch rauchenden Ruinen zu durchwandern, und ehe die Notwendigkeit die noch stehenden großartigen Trümmer umstürzte, hat er dieselben nach allen Richtungen auf seine Silberplatte fixiert und so eine historisch unschätzbare Sammlung hervorgerufen, die als treue Abdrücke der Natur den späteren Zeiten ein wahrhaftes Bild der Verwüstung zeigen wird, die das furchtbare Element an jenen für Hamburgs Geschichte ewig denkwürdigen Schreckenstagen anrichtete."

Ein paar Tage später, aber noch im Mai 1842, erscheint Hermann Biow auf einer Sitzung der „Artistischen Section" des Historischen Vereins, dem Künstler, aber auch Kaufleute und Juristen angehören. Biow ist Sohn eines Malers, hat selbst als Maler und Grafiker gearbeitet, bevor er mit der Fotografie Neuland betrat. Die Herren beugen sich über einen großen Tisch, auf dem der Fotograf insgesamt 46 Daguerreotypien ausbreitet, die er in den vergangenen Tagen in der zerstörten Stadt

aufgenommen hat. Man hält die Köpfe schief, runzelt die Stirn und weiß nicht so recht, was man von diesen seltsamen Bildern halten soll, die nur aus Licht bestehen. Wie haltbar sind sie überhaupt, lösen sie sich vielleicht bald in nichts auf? Leidenschaftlich setzt sich der Maler Martin Genseler dafür ein, die einzigartigen Bilder anzukaufen und damit für Hamburg zu sichern. Den Ausschlag gibt schließlich der Kaufpreis. Biow fordert für die komplette Sammlung 500 Courantmark – eine Summe, die kein Kaufmann für etwas ausgibt, dessen Gegenwert er nicht wirklich einzuschätzen weiß.

So verliert sich die Spur dieser großartigen Sammlung, deren Bedeutung für die Frühgeschichte der Fotografie ebenso bedeutend ist wie für die Geschichte Hamburgs. Nur drei Motive davon sind erhalten geblieben, eins im Hamburg Museum, die beiden anderen in der Fotosammlung des Museums für Kunst und Gewerbe.

1849 verlässt Hermann Biow Hamburg und gründet in Dresden ein neues Atelier. Doch schon ein Jahr später erliegt er einer Leberkrankheit. Ursache sind wahrscheinlich die giftigen Quecksilberdämpfe, die er jahrelang beim Entwickeln seiner Daguerreotypien eingeatmet hat.

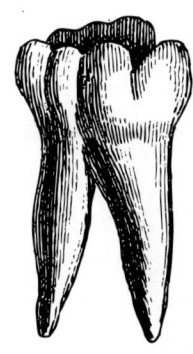

Zahnschmerzen *waren im 19. Jahrhundert zwar auch nicht schlimmer als heute, die Beseitigung der Ursachen war aber eine qualvolle Tortur. Wohl befassten sich einige Mediziner speziell mit der Zahnheilkunde, Zahnärzte wie heute gab es aber nicht. Wenn der Schmerz unerträglich wurde, gingen die Menschen zum „Zahnhandwerker" oder, wie seit dem Mittelalter, zum Barbier. Betäubt wurde entweder gar nicht oder mit einer Arsenpaste, manchmal sogar mit Kokain. Oft kam es zu Entzündungen und schwersten Erkrankungen.*

Eis *zum Kühlen und Konservieren zu bekommen war mit großem Aufwand verbunden. Im Winter wurde das Eis der zugefrorenen Elbe in spezielle Eiskeller gebracht, im 19. Jahrhundert machten Eisfabriken dies in großem Stil, etwa die 1872 gegründete „Actien-Gesellschaft Eiswerke Hamburg". Vor dem Bau von Kunsteisfabriken Ende des Jahrhunderts war die Eislagerung teuer. Meist waren es Betriebe wie Brauereien, die das Eis nutzten, Private eher selten. Hausfrauen hatten klassische Konservierungsmethoden: Einlegen, Einkochen, Pökeln.*

1500   1600   1700   1800   1900   2000

Geschlossen werden die Stadttore im Mittelalter und in der Frühen Neuzeit stets bei Sonnenuntergang. Erst im 19. Jahrhundert verlängert man die Öffnungszeit mitunter um wenige Stunden. Eigentlich hat sich die Torsperre mit der Beseitigung der Alten Wallanlagen überlebt, trotzdem hält man in Hamburg noch bis zum 31. Dezember 1860 daran fest. Im Hamburg Museum ist dieses originale Schild mit den Angaben zur Öffnungs- und Schließungszeit des Tores zu sehen.

1871–1888

STECKBRIEF

Staatsgebiet 415 qkm

Einwohner 622.000

Berufe Hafenarbeiter,
Reeder, Kaufleute, Seeleute,
Handwerker

Speisen Fisch, Getreide,
Fleisch, Bier, Wein, Schnaps,
Kartoffeln, Kolonialwaren

Währung Mit der Einführung
der Reichswährung werden
in Hamburg wieder Münzen
geprägt, sie tragen den
Buchstaben J.

Dampfschiff, 83 m lang, ca. 1880

Die Kleinstaaterei ist Geschichte, Deutschland erringt 1871 die Einheit. Der neue mächtige Staat weckt das Misstrauen seiner Nachbarn, während die rasante Industrialisierung zu sozialen Verwerfungen im Inneren führt. Bismarck will die Arbeiter für den Staat gewinnen: mit Zuckerbrot und Peitsche. Er führt – weltweit einzigartig – eine Sozialversicherung ein. Und er verbietet die Sozialdemokratische Partei. Doch die Aktivisten arbeiten im Untergrund weiter – und Hamburg ist eine Hochburg der Bewegung ...

Das *Deutsche Reich* besteht aus
25 Bundesstaaten, 22 davon sind Königreiche
(wie Bayern), Großherzogtümer (wie Baden),
Herzogtümer (wie Anhalt) und Fürstentümer
(wie das winzige Waldeck). Hinzu kommen die
drei Freien Städte Hamburg, Lübeck und Bremen. 1911 kommt das 1870 annektierte Elsass-
Lothringen als 26. Bundesstaat hinzu. Preußen
ist mit knapp zwei Dritteln der Gesamtbevölke-
rung und Fläche dominant. In Preußen gilt das
Dreiklassenwahlrecht, das Geringverdiener extrem benachteiligt und die Dominanz von Adel
und Großbürgertum zementiert. Der Reichstag
hat zwar das Budgetrecht, es gibt aber keine
dem Parlament verantwortliche Regierung.
Kanzler und Regierung werden ernannt, nicht
gewählt.

Wirtschaft und Recht werden
weitgehend vereinheitlicht: Maße, Münzen
und Gewichte, Rechtspflege und Gerichts-
organisation. Die ersten beiden Jahre des
jungen Staates sind geprägt vom Wirtschaftsaufschwung, ausgelöst durch französische
Reparationen (5 Milliarden Goldfrancs) und
Gründungseuphorie – doch schon 1873 kommt
es zur „Gründerkrise". Billige Industriewaren
aus Großbritannien und billiges Getreide aus
Russland und den USA führen *1878* zur
Einführung von Schutzzöllen.

Bismarcks Innenpolitik richtet sich
gegen die katholische Kirche („Kulturkampf")
und die Arbeiterbewegung. Der Staat verbietet den Jesuitenorden, politische Predigten
und setzt die staatliche Schulaufsicht und die
Zivilehe durch. Nach Attentatsversuchen auf
den Kaiser werden die *SPD* als Organisation und ihre Parteipresse verboten – gewählt
werden darf sie aber weiter.

Um die stark wachsende Arbeiterschaft für den
Staat zu gewinnen, führt Bismarck (weltweit
einmalig) die *Sozialgesetzgebung*
ein: Kranken-, Unfall-, Alters- und Invaliden-
versicherung. Die SPD, die sich mit straffer
Disziplin im Geheimen organisiert, gewinnt
dennoch weiter an Zustimmung.

Außenpolitisch versucht Bismarck, das große
Misstrauen gegen den neuen deutschen Staat
abzubauen. Ein immer komplexer werden-
des Werk von *Geheimverträgen*
soll den „Erbfeind" Frankreich isolieren. So
entsteht ein enges Bündnis mit Österreich-
Ungarn, dem Italien beitritt. Mit Russland gibt
es einen Nichtangriffspakt.

In diesem Zeitalter des Imperialismus gründet Deutschland trotz Bismarcks Skepsis *Kolonien*: im heutigen Kamerun, in Togo, Tansania und Namibia sowie einigen Pazifikinseln in Neuguinea.

In Europa und Nordamerika nimmt die *Industrialisierung* immer mehr Tempo auf, technische Neuerungen und wissenschaftliche Durchbrüche führen zu radikalen Veränderungen des Alltags. Die Städte wachsen dramatisch schnell, viele (vor allem Arbeiter) leben in elenden Verhältnissen.

In diesen Jahren wird die antiseptische Wundbehandlung eingeführt, der Tuberkelbazillus entdeckt, Viertaktmotor, Elektrolokomotive, Auto und Telefon erfunden, aber auch das Dynamit und das Maschinengewehr.

1888 stirbt der 90-jährige Kaiser. Sein Sohn Friedrich, verheiratet mit der Tochter der britischen Königin Victoria und großer Hoffnungsträger der liberalen Kräfte, sitzt nur 99 Tage auf dem Thron – er stirbt an Kehlkopfkrebs. Die Nachfolge in diesem Dreikaiserjahr tritt sein 29-jähriger Sohn Wilhelm II. an.

1871 bis 1888

1871 17.6.: Tausende jubeln auf dem Rathausmarkt dem Hamburger Infanterieregiment 76 zu, das siegreich aus dem Deutsch-Französischen Krieg zurückgekehrt ist.

1872 1.12.: Mit der Fertigstellung der Eisenbahnbrücken über die Norder- und Süderelbe wird die Bahnlinie zwischen Hamburg und Harburg eingeweiht.

1874 26.8.: Die von dem britischen Architekten Georg Gilbert Scott entworfene neogotische Kirche St. Nikolai wird eingeweiht. Mit ihrem 147,3 Meter hohen Turm ist sie damals das höchste Gebäude der Welt.

1876 18.1.: Die Altonaer Hafenbahn nimmt den Betrieb auf.

1877 5.4.: Auf Kuhwerder wird die Werft Blohm + Voss gegründet.

1877 25.9.: Am Steintorplatz öffnet das Museum für Kunst und Gewerbe seine Tore.

1877 1.7.: Der Ohlsdorfer Friedhof wird begründet.

1881 25.5.: Der Hamburger Senat schließt mit der Berliner Reichsregierung den Zollanschlussvertrag ab.

1886 1.1.: An der Brandstwiete nimmt mit dem Dovenhof Hamburgs modernstes Kontorhaus seinen Betrieb auf.

1887 1.2.: Der repräsentative Neorenaissancebau des Postdienstgebäudes am Stephansplatz wird eröffnet.

1888 29.10.: Kaiser Wilhelm II. weiht mit einer Zeremonie die neu erbaute Speicherstadt ein.

800   900   1000   1100   1200   1300

Die Arbeiter als Staatsfeinde

Der Blick auf den Cremon und die Deichstraße macht ihn noch immer wehmütig. Wohlvertraute Straßen und Häuser, seit er denken kann. Hier, am Kehrwiederbrook, wurde Hannes Böttcher vor 28 Jahren geboren. Doch sein Geburtshaus ist verschwunden – in seinem Rücken ragt stattdessen der fast fertige Block C in die Höhe. Einer von 26 geplanten Bauten, allesamt hochmoderne Lagerhäuser, die hier auf dem riesigen Areal bis drüben zum Wandrahm und Theerhof entstehen sollen. Dafür wurde alles abgerissen, was über Jahrhunderte entstanden und das Zuhause für 20 000 Menschen war: hier am Kehrwieder die Gängeviertel für die Armen, drüben am Wandrahm die barocken Luxushäuser für die Reichen. Speicherstadt nennen sie den Komplex, der ihm die Wohnung genommen und Arbeit gegeben hat. Böttcher seufzt leise, holt die Schmalzbrote aus seiner Tasche, nimmt sich ein Bill-Bräu aus der Holzkiste und setzt sich zu seinen Leuten. Zehn Mann sind sie in seiner Truppe, zehn von 2000 auf der ganzen Baustelle. Es ist Montag, der 5. März 1888, und er hat Mittagspause.

Jochen, sein alter Freund, bringt mal wieder alle mit einer Parodie des Poliers zum Lachen. „Wenn du dat so mokst, denn bruk wi keen Architekten", macht er dessen hohe Stimme nach. Und: „Dat schall sik de Kaiser ankieken?" Das mit dem Kaiser sagt Hinrich Lüttjohann, der Polier, jeden Tag. Denn im Herbst, so hof-

Keine Idylle: Das Leben in den Gängevierteln war menschenunwürdig. Aufgrund der schlechten hygienischen Bedingungen waren die Einwohner von der Cholera besonders stark betroffen.

fen die Hamburger, kommt der Monarch nach Hamburg, um den neuen Freihafen und die Speicherstadt einzuweihen.

Als Jochen gerade zur Höchstform aufläuft, kommt ein Arbeiter zu ihnen. Er ist vielleicht 35 und wirkt ziemlich nervös. Hannes Böttcher hat ihn noch nie gesehen. Und dann stammelt der Mann ein wenig rum und zieht Böttcher zur Seite. „Ich hab gehört, dass, äh, man bei dir, nun, gewisse Zeitungen kaufen kann." Böttcher schaut dem Mann in die Augen, und bald wendet der seinen Blick ab. „Ich bin Maurer", sagt Böttcher dann. „Kein Zeitungsjunge. Und jetzt sieh zu, dass du Land gewinnst." Als sie nach der Pause wieder an die Arbeit gehen, ist Jochen an seiner Seite und guckt ihn fragend an. „Spitzel!", flüstert der. „Verdammte Preußen." Hamburg ist zwar eine Freie Reichsstadt und hat eine eigene Polizei, doch jeder weiß, dass die Preußen eigene Spitzel schicken, weil sie den Hamburger Behörden misstrauen.

Nach Feierabend lässt Böttcher sich sehr viel Zeit. Er geht über die Brücke zum Baumwall und schlendert den Vorsetzen entlang. Oft bleibt er stehen und sieht sich um, dann geht er weiter am Hafen entlang und hoch zur Taubenstraße,

wo er in Hansens Kneipe ein Bier trinkt. Er wartet eine halbe Stunde, bis es dunkel ist, dann geht er zügig über Hopfen- und Erich- zur Lincolnstraße in den Hinterhof von Nummer 14. Böttcher weiß, dass ihm niemand gefolgt ist, als er schließlich den modrigen Kellerraum betritt. Die anderen drei – Karstensen, Schröder und Michalke – warten schon. Böttchers Bericht über den Polizeispitzel nehmen die Genossen unaufgeregt zur Kenntnis. „Seien wir froh, dass sie solche Trottel einsetzen", sagt Schröder. Der 47-jährige Schriftsetzer ist der Älteste des Quartetts. Er kämpft diesen Kampf, seit Bismarck vor fast zehn Jahren sein Sozialistengesetz durchgebracht hat und die Sozialdemokratie mit Verboten und Verhaftungen in die Knie zwingen will. Schröder war beim „Hamburg-Altonaer Volksblatt" gewesen, das 1878 wegen des Gesetzes eingestellt werden musste, dann bei der „Gerichts-" und bei der „Bürgerzeitung", die alle schließlich verboten wurden. Die Artikel in den Zeitungen waren so harmlos gewesen, dass die Leser gelangweilt waren und die Behörden Jahre brauchten, um halbwegs handfeste Gründe zu finden.

Doch damit war es vorbei, die Zeitung, die sie jetzt unter die Leute brach-

Der Sozialdemokrat

Zentral-Organ der deutschen Sozialdemokratie

ten, nahm kein Blatt vor den Mund. „Der Sozialdemokrat" wurde in Zürich produziert, und noch hatte es Bismarck nicht geschafft, die Schweizer Behörden von einem Verbot zu überzeugen. Und auch Polizeisenator Hachmann, der deutlich schärfer gegen die Sozialisten vorging als sein Vorgänger Kunhardt, hatte nur sporadische Erfolge gegen die illegale Verbreitung der Zeitung erzielen können. 860 Abonnenten gibt es in Hamburg, und jedes Exemplar wird weiter- und weitergereicht, sodass die Zahl der Leser ein Vielfaches beträgt.

Doch es ist ein gefährliches Geschäft, das sie betreiben. Seit acht Jahren schon herrscht der „Kleine Belagerungszustand" in dem Vier-Städte-Gebiet, wie die Behörden Hamburg, Altona, Wandsbek und Harburg nennen. Und das bedeutet: Viele Verhaftungen und Hausdurchsuchungen – und jeder kann ohne Gerichtsbeschluss ausgewiesen werden. Sechs Redakteure hat es schon getroffen, und sogar Verleger Wiss-

mann und Druckereibesitzer Dietz mussten die Stadt verlassen.

760 Exemplare des „Sozialdemokraten" lagern in dem Keller auf St. Pauli. Die meisten werden per Post verschickt: unter falschen Absendern an Tarnadressen in ganz Norddeutschland und Berlin. Böttcher verteilt einige aber auch direkt, 14 Stück nimmt er heute mit. Sie gehen an Genossen in Rothenburgsort: seine Nachbarn. Es ist kurz nach 20 Uhr, als er den Keller verlässt, die Pferdebahn bis zum Hauptbahnhof nimmt und dann mit der Straßeneisenbahn nach Rothenburgsort fährt. Böttcher ist immer noch nervös wegen des Spitzels, doch alles geht gut: Um 21.10 Uhr kommt er in der Billhörner Canalstraße an. Als er die Treppen des Hauses Nummer 16 bis zum dritten Stock hochgeht, ist er erleichtert. Seine Frau Elisabeth drückt ihn mit einem Lächeln an sich; sie hatte ihn früher erwartet. „Alles gut", beruhigt er sie und geht ins Schlafzimmer, in dem Clara und Wilhelm in ih-

800　　　900　　　1000　　　1100　　　1200　　　1300

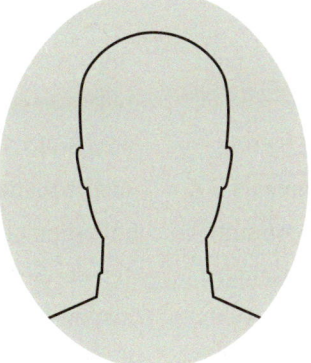

JOHANNES BRAHMS
(1833–1897)

wird in einem recht ärmlichen Haus an der Speckstraße geboren. Da sein Vater Musiker ist, wird sein Talent früh gefördert. Schon als Zehnjähriger gibt er sein erstes Konzert. Bald macht er sich als Pianist, Dirigent und Komponist in ganz Europa einen Namen. In der Hoffnung, eine Festanstellung als Leiter der Philharmonischen Konzerte zu erhalten, kehrt er 1859 nach Hamburg zurück. Die Stadt vergibt ihre Chance und verliert den bedeutenden Komponisten, der 1863 nach Wien übersiedelt. Als Brahms 1889 die Hamburger Ehrenbürgerwürde erhält, widmet er seine „Fest- und Gedenksprüche" dem Hamburger Bürgermeister Carl Friedrich Petersen.

JOHANNES DALMANN
(1823–1875)

hat Hamburg sein modernes Hafenkonzept zu verdanken. Der gebürtige Lübecker studiert in Berlin Hydrotechnik und arbeitet anschließend in der Hamburger Wasserbaudirektion. 1857 wird er zunächst kommissarisch Wasserbaudirektor, sieben Jahre später übernimmt er das Amt endgültig. Seit Jahren hat er sich mit den Strömungsverhältnissen der Elbe beschäftigt und dazu eine Denkschrift verfasst. Aufgrund seiner Erkenntnisse plädiert er vehement gegen den Bau eines Dockhafens nach Londoner Vorbild und für das Konzept eines offenen Tidehafens, mit dem er sich schließlich durchsetzen kann.

GEORGE GILBERT SCOTT
(1811–1878)

gehört in der zweiten Hälfte des 19. Jahrhunderts zu den Stararchitekten. Der Pfarrerssohn studiert Architektur und beginnt mit dem Bau von Arbeitshäusern im klassizistischen Stil. Später wendet er sich der Neogotik zu und wird einer ihrer wichtigsten Vertreter. In London baut er unter anderem den St.-Pancras-Bahnhof. Obwohl Gottfried Semper den Wettbewerb für den Wiederaufbau der Nikolaikirche gewonnen hat, wird Scott damit betraut. Von 1846 bis 1863 errichtet er ein Bauwerk im neogotischen Stil, das für kurze Zeit das höchste Gebäude der Welt ist. Im Juli 1943 wird die Kirche zerstört, heute dient sie als Gedenkstätte.

rem kleinen Bett liegen. Er streichelt der Dreijährigen und ihrem doppelt so alten Bruder über den Kopf, ohne sie zu wecken, dann setzt er sich zu seiner Lisbeth in die Küche. Zwei kleine Zimmer sind es, in denen sie zu viert leben, und Hannes Böttcher ist es manchmal fast peinlich, dass sie so viel Glück hatten. Denn seit die Menschen aus den Gängevierteln am Kehrwieder vertrieben wurden, herrscht extreme Wohnungsnot. Die Leute mussten sehen, wo sie bleiben. Und weil vorher kein Ersatz geschaffen wurde, sind die Mieten stark gestiegen – viele müssen zu acht auf dem gleichen Raum leben wie die vier Böttchers.

„14 sind es", sagt er zu Lisbeth, als er das Paket mit den Zeitungen in die kleine Nische neben dem Kohleofen legt. „Erwin holt sie morgen ab", erklärt er. Ein 14-jähriger Junge, der das „Hamburger Echo"

austrägt. Und in jedem Exemplar der legalen Zeitung eine illegale verstecken wird.

Zwei Jahre wird das Katz-und-Maus-Spiel mit der Polizei noch dauern. Der alte Kaiser stirbt, dann nach nur 99 Tagen sein Sohn, sodass es der erst 29 Jahre alte Wilhelm II. ist, der im September 1888 den neuen Freihafen und den ersten Teil der Speicherstadt eröffnen wird. Bismarck muss 1890 aufs Altenteil gehen, das Sozialistengesetz wird im selben Jahr abgeschafft. Die Bilanz ist aus Sicht der Regierung verheerend: Statt die Sozialdemokraten entscheidend zu schwächen, sind sie stärker denn je – 1890 gewinnen sie alle vier Hamburger Reichstagswahlkreise. Die im Untergrund gelernte Disziplin und die straffe Organisation machen die SPD besonders schlagkräftig, sie gewinnt immer mehr Anhänger bei Handwerkern und Kleinbürgern, die Arbeiterschaft bleibt ihr treu. Auch Hannes Böttcher. Er erlebt, wie seine SPD 1912 stärkste Partei im Reich wird; wie sie nach 1918 Kanzler und Präsidenten stellen wird. Das neuerliche Verbot bleibt ihm erspart: Hannes Böttcher stirbt am 8. Januar 1933 im Alter von 72 Jahren – drei Wochen bevor Adolf Hitler an die Macht kommt.

1895 malte Erich Wüst diese Darstellung des Hafens von St. Thomas, das zu den amerikanischen Jungferninseln gehört. Im 19. Jahrhundert unterhielten Hamburger Kaufleute intensive Handelsbeziehungen zu den karibischen Inseln und lateinamerikanischen Staaten, in denen sie Plantagenprodukte wie Zucker, Baumwolle und Tabak erwarben und nach Europa transportierten.

1500   1600   1700   1800   1900   2000

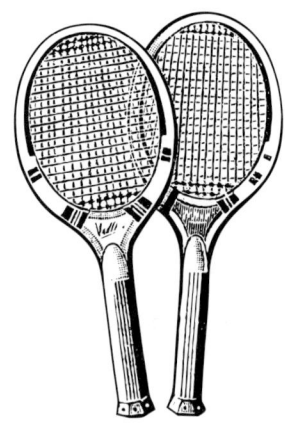

Militär *Der sprichwörtliche Bürgerstolz der Hamburger zeigt sich auch in der allgemeinen Verachtung von Berufssoldaten. Ganz ohne sie ging es zwar nicht, aber das Idealbild war der Bürger in Uniform, der seine Vaterstadt verteidigte. Deswegen gab es die Bürgerwache (die im 19. Jahrhundert aber zur Karikatur verkam) und dann das Bürgermilitär – jeder, der das Bürgerrecht hatte, musste dienen. Bürger konnte nur werden, wer ein bestimmtes Steueraufkommen beisteuerte – und als Soldat musste er sich selbst ausrüsten. Was sehr vorteilhaft war für den Etat der Stadt. Mit der von Preußen dominierten Reichsgründung 1871 war Schluss mit der „Wehrhoheit" Hamburgs. Die Stadt musste künftig das Infanterieregiment 76 der Bundesarmee stellen: Man nannte es das „2. Hanseatische".*

Sport *Die „Sportstadt Hamburg", heute ein politisches Ziel des Senats, ist historisch gesehen fraglos eine Tatsache. Die Hamburger Turnerschaft von 1816 ist der älteste Sportverein der Welt, 1849 entstand die erste deutsche Turnhalle am Besenbinderhof, und auch die britischen Sportarten Rudern, Polo und Tennis wurden von den englandliebenden Hamburgern im 19. Jahrhundert schnell übernommen. Fußball war zunächst auch ein Sport der Oberschicht, der aber gegen Ende des Jahrhunderts bei den Arbeitern beliebt wurde. Die gründeten bald eigene Vereine, auch weil viele Klubs und Verbände Arbeiter per Satzung von der Mitgliedschaft ausschlossen.*

1889–1913

STECKBRIEF

Staatsgebiet **415 qkm**

Einwohner **1 025 000**

Berufe **Kaufleute, Seeleute, Handwerker, Beamte**

Speisen **Fisch, Getreide, Fleisch, Bier, Wein, Schnaps, Kartoffeln, Kolonialwaren**

Währung **Zwischen 1905 und 1919 prägte man eine halbe Mark.**

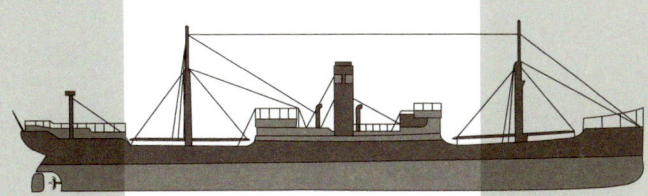

Dampfschiff, 100 m lang, ca. 1900

Es ist die Zeit des Imperialismus, in der die Großmächte fast den ganzen Planeten unter sich aufteilen. Und es ist die Zeit der technischen Revolutionen: Telefon, Automobile, Flugzeuge – nichts scheint mehr unmöglich. Auch Hamburg sieht sich als moderne Metropole. Doch dann ereilt die Stadt eine Katastrophe, wie man sie in Mitteleuropa für undenkbar hielt. Hervorgerufen durch Pfennigfuchserei und unvorstellbare Ignoranz …

1890 entlässt Kaiser Wilhelm II. Reichskanzler Bismarck: Ende und Beginn einer Ära. Der junge, oft schwankende Kaiser, der unter der Verkrüppelung seines linken Arms leidet, will ein persönliches Regiment führen. Die Sozialistengesetze werden aufgehoben, die Arbeiterbewegung aber politisch weiter bekämpft.

Deutschland steigt bis *1914* zum bevölkerungsreichsten, wirtschaftlich und militärisch stärksten Staat Europas auf – weltweit nur übertroffen von den Vereinigten Staaten.

Der Alltag verändert sich, vor allem in den weiter *stark wachsenden Städten*, radikal. Telefon und drahtlose Telegrafie, Straßen- und U-Bahnen, Automobile, Luftschiffe und Flugzeuge, aber auch Kinos sorgen für ein neues Lebensgefühl.

Der Kaiser bricht mit Bismarcks Bündnissystem und setzt auf eine Politik der Stärke („Deutschland braucht einen Platz an der Sonne"). Die Flotte wird zum Steckenpferd Wilhelms II., der einen unsinnigen *Rüstungswettlauf* mit Großbritannien in Gang setzt und das eigentlich befreundete Land so in die Arme der Gegner treibt. Am Ende führt diese Politik zu einer Isolierung Deutschlands, das am Vorabend des Ersten Weltkrieges lediglich Österreich-Ungarn als Verbündeten, die Großmächte Frankreich, Russland und Großbritannien aber zum Feind hat.

In diesem Zeitalter des *Imperialismus* wird fast alles Land der Erde unter den Kolonialmächten aufgeteilt. Selbst die USA beteiligen sich an dieser Politik und machen etwa die Philippinen, Hawaii und Kuba zu faktischen Protektoraten. Fast ganz Afrika und weite Teile Asiens sind unter europäischer Kontrolle.

Neben kolonialen Streitigkeiten wird der *Balkan* zum größten Brennpunkt der Politik. Das Osmanische Reich, seit 200 Jahren in einem Zerfallsprozess, wird immer weiter zurückgedrängt, viele Völker fordern ihre Unabhängigkeit. Weil sowohl Österreich-Ungarn als auch Russland den Balkan als ihr Interessengebiet betrachten, kommt es immer wieder zu Krisen, die nur mit Mühe beigelegt werden können.

Im Sommer *1914* herrscht zwischen Europas Großmächten seit 43 Jahren Frieden. Und die vorherigen Kriege waren allesamt kurz. Das führt in den Bevölkerungen und bei den meisten Militärs zu dramatischen Fehleinschätzungen der Gefahr. Die gewaltigen Fortschritte der Militärtechnik, die Bedeutung der Massenheere und die Industrialisierung der Kriegsführung wird selbst von den meisten Experten nicht richtig verstanden. Ein jahrelanger Krieg mit Millionen Toten ist außerhalb der Vorstellungskraft der Menschen.

1889 bis 1913

1889   14.6.: Johannes Brahms wird Hamburger Ehrenbürger.

1892   August/September: Eine schwere Choleraepidemie fordert vor allem in den armen Stadtteilen 8605 Todesopfer.

1892   19.11.: Als dritte Stadt in Deutschland eröffnet Hamburg ein Krematorium.

1893   1.5.: Auf der Elbinsel Kaltehofe wird ein neues Schöpfwerk mit Filteranlage in Betrieb genommen, wodurch die Seuchengefahr endlich gebannt ist.

1894   5.3.: Die erste elektrische Straßenbahn fährt durch Hamburg.

1897   26.10.: Das neue Rathaus wird eingeweiht.

1898   30.1.: Der neue Altonaer Bahnhof wird eröffnet.

1899   30.9.: Eine Straßenbrücke über der Süderelbe verbindet Hamburg mit Harburg.

1899   2.10.: An den Kohlhöfen öffnet Hamburgs erste öffentliche Bücherhalle ihre Tore.

1900   15.9.: Mit einer Aufführung von Goethes „Iphigenie auf Tauris" wird das Deutsche Schauspielhaus eröffnet.

1902   21.7.: Nach der Kollision des Ausflugsdampfers „Primus" mit einem Schlepper ertrinken 101 Menschen in der Elbe.

1903   7.6.: Der erste Zug erreicht den neu erbauten Dammtorbahnhof.

1906   3.7.: Der Michel brennt bis auf die Grundmauern nieder.

1906   5.12.: Offizielle Eröffnung des Hauptbahnhofs.

1907   7.5.: Carl Hagenbeck eröffnet in Stellingen seinen Tierpark.

1908   4.6.: Mit einem Festkonzert wird die Laeiszhalle eingeweiht.

1909   2.5.: Das Hotel Atlantic empfängt seine ersten Gäste.

1909   26.10.: Die Mönkebergstraße wird für den Verkehr freigegeben.

1911   7.9.: Der Elbtunnel wird dem Verkehr übergeben.

1912   6.7.: Die Bergedorfer Sternwarte wird eingeweiht.

1912   29.6.: Die Ringbahnstrecke der Hamburger Hochbahn ist fertiggestellt.

1914   August, Zehntausende Hamburger jubeln den Soldaten zu, die in den Krieg ziehen.

800   900   1000   1100   1200   1300

Tödliche
Ignoranz

Er knallt die Tür zu seinem kleinen Büro so laut zu, dass er sich selbst ein wenig erschreckt. Dann nimmt er einen Schluck Wasser, lässt sich auf seinen Stuhl fallen, nimmt seine Nickelbrille ab, reibt sich die Augen und versucht, sich zu beruhigen. Dr. Steffen Meinhardt ist hoffnungslos übermüdet, und er weiß, dass er auch deswegen so leicht reizbar ist. Obwohl: Dieses Volk hätte er auch angeschrien, wenn er gerade erholt aus dem Urlaub gekommen wäre. Denn das ist jetzt schon das dritte Mal diese Woche passiert. Es ist ein Albtraum. Die vergangenen drei Wochen sind ein einziger Albtraum.

Es klopft zaghaft, und Meinhardt bemüht sich, ein halbwegs freundliches „Herein" rauszubringen. Schwester Clara fragt schüchtern, was denn nun mit dem Mann geschehen solle. „Separieren", sagt der 31-jährige Arzt. „Und beobachten." Vielleicht würde er ja Glück haben, vielleicht hatte er sich nicht infiziert. Der Mann, ein

Arbeiter offenbar, hatte sturzbetrunken am Straßenrand in der Langen Reihe gelegen. Und als dann der Sanitätswagen vorbeikam, haben sie ihn für ein Choleraopfer gehalten und einfach aufgeladen – zu den wirklich Kranken. Und weil die Fahrer fast genauso betrunken waren wie der Arbeiter, hatte Meinhardt eben einen Wutanfall gekriegt. Aber es würde nichts nützen. Seit sich – kräftig unterstützt von den Brauereien – das Gerücht verbreitet hatte, Alkohol würde vor Ansteckung schützen, war die halbe Stadt volltrunken. Und wer nicht rechtzeitig aus der Stadt hatte fliehen können, der verlässt die Wohnung nur, wenn es unbedingt sein muss. Denn die Toten zählt man schon nach Tausenden. Und das öffentliche Leben steht längst still – 680 000 Hamburger konzentrieren sich darauf zu überleben.

Bevor sich Meinhardt nach 15 Stunden Dienst auf den Heimweg macht, schaut er noch einmal bei den Baracken vorbei. 22 dieser Behelfskrankensäle sind es mittlerweile, allein hier im Alten Allgemeinen Krankenhaus St. Georg. Dutzende Patienten sterben jeden Tag, die Arbeiter zimmern Särge im Akkord, andere heben den ganzen Tag in Ohlsdorf Gräber aus.

Meinhardt wirft einen Blick in Baracke 4, auch wenn er selbst nicht sagen kann, was er dort eigentlich genau will. Immerhin: Die Ordnung ist jetzt vorbildlich, es gibt genügend Betten, die Schwestern halten sich an die neuen Hygienevorschriften. Der junge Arzt will um jeden Preis, dass alles, wirklich alles für die Patienten getan wird, was zu leisten ist.

Dr. Steffen Meinhardt hat ein schlechtes Gewissen. Und wenn er gleich in seiner Wohnung an der Uhlandstraße im Bett liegt, wird er sich Vorwürfe machen. Wie jeden Abend. Weil auch er nicht gewagt hatte zu widersprechen. Es ist der 6. September 1892: Tag 22, seit der erste Hamburger der Cholera zum Opfer gefallen ist.

Es ist kurz nach drei Uhr in der Nacht zum 15. August, als in Altona Dr. Hugo Simon zu einem Patienten gerufen wird. Ein Arbeiter namens Sahling, der auf dem Kleinen Grasbrook Siele zu reinigen hat, leidet unter heftigen Attacken von Durchfall und Erbrechen. Simons Diagnose: asiatische Cholera. Sahling stirbt noch am selben Tag. Dass als offizielle Todesursache „Brechdurchfall" angegeben wird, geht auf Simons Vorgesetzten Dr. Wallichs zurück. Beide Ärzte sind sich in herzlicher Abneigung verbunden, und Wallichs verlangt einen wissenschaftlichen Nachweis, den Simon so schnell nicht erbringen kann.

In den folgenden Tagen häufen sich die Todesfälle, doch stets soll es Brechdurchfall oder „Cholerine", eine weit harmlosere Variante der Krankheit, gewesen sein. Zwar entdeckt Prof. Rumpf, Chef des AK Eppendorf, in bakteriologischen Untersuchungen auffällige „Stäbchen", der zuständige Physikus Dr. Erman schafft es aber in vier Tagen nicht, die Keime in Kultur zu nehmen (ein aus dem Urlaub zurückgekehrter Kollege erledigt das später in wenigen Stunden). Das Wort „Cholera" nehmen sie alle nicht in den Mund, obwohl sich die Zahl der Erkrankungen mit eindeutigen Symptomen dramatisch erhöht. Zum einen hat der Hamburger Medizinalrat Theodor Kraus klare Order ausgegeben, dass Einzelfälle nicht zu berücksichtigen seien – schließlich gibt es jedes Jahr im Hochsommer Todesfälle mit vergleichbaren Symptomen. Zum anderen wäre das Einräumen einer Choleraepidemie eine wirtschaftliche Katastrophe für die Hafenstadt. Denn kein Hafen der Welt würde noch ein Schiff aus Hamburg einlaufen lassen, ohne es sofort unter Quarantäne zu stellen.

Was sich in den folgenden Tagen in Hamburg ereignen sollte, ist dann Ergebnis einer Mischung aus wissenschaftlicher Eitelkeit, Ignoranz, Vertuschung, falschem Stolz und Gewinnstreben – die Hapag etwa droht, ihren Sitz nach Bremen zu verlegen, sollte der Hafen gesperrt werden. Während die Amtsärzte im preußischen Altona am 20. August endgültig überzeugt sind, dass die Cholera ausgebrochen sei, und dies den übergeordneten Behörden melden, ignorieren die Hamburger noch drei wertvolle Tage alle Alarmzeichen. Selbst als Professor Fraenkel vom AK Eppendorf schriftlich den Seuchenausbruch bestätigt, bleiben Kraus und sein Chef, Polizeisenator Hachmann, untätig. Am 23. August werden sogar noch Gesundheitspässe für sieben Auswandererschiffe in die USA ausgestellt – die Seuche wird auf hoher See ausbrechen. Auch die Schulen bleiben geöffnet, und nicht einmal ein großes Volksfest wird abgesagt. Als endlich Meldung nach Berlin gemacht wird, ist es längst zu spät. Und dort ist man dank der Altonaer Meldungen eh schon im Bilde. Reichskanzler Caprivi entsendet den berühmten Bakteriologen Robert Koch, der am 24. in Hamburg eintrifft – und

von Ärzten und Senat abweisend kühl empfangen wird.

Koch ist entsetzt. Nach Besichtigung der Gängeviertel, der riesigen Elendsquartiere, sagt er den berühmt gewordenen Satz: „Ich vergesse, dass ich in Europa bin." Er ist überzeugt, dass die Cholera durch das Trinkwasser verbreitet wird, und verlangt Sofortmaßnahmen: vor allem die Information an die Bevölkerung, nur abgekochtes Wasser zu verwenden. Unter dem Druck aus Berlin beugen sich die Hamburger Verantwortlichen, auch wenn sie von der „Wassertheorie" gar nichts halten. Die Plakate, die sie dann anschlagen lassen, sind so kompliziert und bürokratisch formuliert, dass der Großteil der Bevölkerung sie schlicht nicht versteht. Und so stecken sich weiter Tausende an, indem sie Leitungswasser trinken – und das ist ungefiltertes Elbwasser. Die Flut schwemmt Massen an Fäkalien, die ungeklärt im Fluss landen, stromaufwärts bis Rothenburgsort, wo das Trinkwasser entnommen wird. Auch die Abwässer aus den Auswandererhallen gelangen so ins Trinkwasser – dort hat die vermutlich von russischen Immigranten eingeschleppte Cholera wohl ihren Hamburger Ursprung. Und weil die seit

Verkehr *Die Großstadthektik begann ganz gemütlich: mit dem ersten Alsterdampfer 1859 und der Pferdebahn 1866. Doch die Industrialisierung ließ das Verkehrsaufkommen geradezu explodieren: Die Dampfstraßenbahn (1878) und vor allem die „Elektrische" (ab 1894) beförderten bald Abermillionen Fahrgäste – doch das reichte längst nicht. Der Bedarf war so groß, dass um die Jahrhundertwende allein durch den Glockengießerwall morgens 120 Straßenbahnen in nur einer Stunde fuhren. Und so wurde ab 1907 das S-Bahn- und ab 1912 das Hochbahn-Netz gebaut. 1918 beförderten alle zusammen 357 Millionen Menschen. Moderne Zeiten...*

Händler *Bäcker, Milchmann, Schlachter, Fischmann, Lebensmittel- und Kolonialwarengeschäfte – es war die Hochzeit der Fach- und Einzelhändler, da die Bevölkerung sich wohnortnah versorgen musste. Viele arme Arbeiterfamilien waren aber auch ständig „in der Kreide" und gerieten bisweilen in Abhängigkeit von den Händlern, denen sie Geld schuldeten. Und so wurden Einkaufsgenossenschaften gegründet, um Arbeitern günstigere Waren anbieten zu können. Hamburg wurde ein Zentrum dieses Trends, aus dem die coop hervorgehen sollte. Immer mehr Produkte wurden auch eigens für diese Märkte hergestellt. Die teilweise erhaltenen riesigen Gebäude auf der Peute im Hafen geben noch heute Zeugnis von dieser Form der Arbeiterselbsthilfe.*

FRANZ ANDREAS MEYER
(1837–1901)

hat das Johanneum besucht und studiert später im Polytechnikum Hannover bei Conrad Wilhelm Hase, der die Formen mittelalterlicher Backsteingotik auch auf die neuen Bauaufgaben des Industriezeitalters überträgt. 1862 kehrt er nach Hamburg zurück und arbeitet in der Schifffahrts- und Hafendeputation. Er wechselt in die Sektion Ingenieurwesen und wird Oberingenieur. Mit seinen architektonischen und städtebaulichen Projekten prägt er nun Hamburgs Gesicht, unter anderem beim Entstehen der City. Bis heute trägt die Backsteinarchitektur der Speicherstadt seine Handschrift.

ALBERT BALLIN
(1857–1918)

ist das Kind einer jüdischen Familie, die beim Großen Brand 1842 alles verloren hat. Der Vater gründet eine Auswandereragentur, in der Albert Ballin mitarbeiten muss. Es ist der Beginn einer enormen Karriere, die 1899 ihren Höhepunkt erreicht, als er Generaldirektor der Hapag wird, der weltgrößten Schifffahrtslinie. Ballin steigt mit großem Erfolg in das Auswanderergeschäft ein und lässt immer größere und luxuriösere Schiffe bauen. Obwohl er als Jude angefeindet wird, ist er ein deutscher Patriot, der gute Beziehungen zu Wilhelm II. pflegt. Als der Erste Weltkrieg verloren ist, sieht er sein Lebenswerk zerstört und begeht am 9. November 1918 Selbstmord.

ALFRED LICHTWARK
(1852–1914)

stammt aus ärmlichen Verhältnissen, erweist sich aber als hochbegabt. Nach dem Pädagogikstudium arbeitet er als Lehrer, bis er 1886 als erster Direktor der Kunsthalle nach Hamburg zurückkehrt. Gezielt sammelt er mittelalterliche Kunst, aber auch Romantik. Er kauft französische Impressionisten und fördert deutsche Maler wie Max Liebermann. Er baut eine Sammlung mit Hamburger Motiven auf und holt auch den von Meister Bertram geschaffenen früheren Altar der Petrikirche 1906 nach Hamburg zurück. Durch sein Wirken wird die Kunsthalle zu einem der modernsten Museen Deutschlands.

Jahrzehnten geplante Wasserfiltrationsanlage immer noch nicht fertig ist, nimmt die Katastrophe ihren Lauf.

Altona hat eine solche Anlage längst in Betrieb, weshalb die Cholera dort glimpflich verläuft. Die Grenze zwischen den Städten verläuft manchmal mitten durch eine Straße. Während auf Hamburger Seite die Menschen massenhaft erkranken, gibt es auf der anderen Straßenseite kaum Fälle.

Es ist 6.40 Uhr, als Dr. Meinhardt am nächsten Morgen auf dem Weg zur Arbeit die Neustraße hinuntergeht. Und wieder denkt er an den 18. August zurück, als der Hafenarbeiter Hansen auf seiner Station eingeliefert wurde und er sich sicher war, einen Cholerapatienten zu haben. Doch ein Satz seines Vorgesetzten hatte genügt, daraus „Brechdurchfall" zu machen. Meinhardt hatte sich nicht getraut, dem Professor zu widersprechen. Er hat eine Frau und zwei Kinder und eine Karriere in Aussicht...

Am späten Vormittag ist er in Baracke 7. Der wieder nüchterne Arbeiter aus St. Georg hat einen schweren Kopf, aber weder Durchfall noch Fieber. Er hat wohl Glück gehabt. Zwei Monate wird es noch dauern, bis die Epidemie endlich abgeklungen ist und Hamburg für seuchenfrei erklärt werden kann. Die Zahl der Toten wird offiziell mit 8605 angegeben. Der Ruf der Stadt ist katastrophal beschädigt, die Presse im ganzen Reich überbietet sich in Vorwürfen an die inkompetenten Stadtväter. Sogar die Eigenständigkeit der Stadt wird infrage gestellt. Doch nun immerhin reagieren Bürgerschaft und Senat entschlossen. Die Filtrationsanlage wird mit Hochdruck fertiggestellt, die Gängeviertel saniert, schärfere Bauvorschriften in puncto Hygiene erlassen. Hamburg wird endlich eine wirklich moderne Stadt.

Bis ins späte 19. Jahrhundert hinein leben die Menschen in einer eher stillen Zeit. Musik hören sie meistens nur in der Kirche oder wenn der Lehrer in der Schule Geige spielte. Das beginnt sich erst zu ändern, als in den 1890er-Jahren Grammofone auf den Markt kommen. Diese frühen Wiedergabegeräte funktionierten nicht mehr wie der von Thomas Alva Edison erfundenen Phonograph mit Wachszylindern, sondern bereits mit Schallplatten. Charakteristisch für die im späten 19. und frühen 20. Jahrhundert hergestellten Grammofone sind ihre großen Schalltrichter. Allerdings findet man Grammofone als teure Luxusgüter zunächst nur in den Haushalten des gehobenen Bürgertums.

1914– 1918

Währung Mit der halben Mark
wurde auch während des
Ersten Weltkriegs gezahlt.

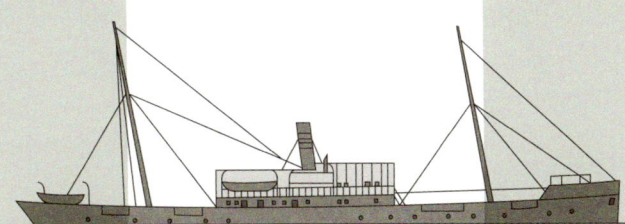

Dampfschiff, 100 m lang, ca. 1900

In Europa gehen die Lichter
aus. Die Großmächte führen
vier Jahre lang einen Krieg
gegeneinander, dessen Schrecken
die Vorstellungskraft der Menschen
weit übersteigt. Am Ende ist
Deutschland besiegt, doch
wirkliche Gewinner gibt es nicht.
Die Front ist für die Hamburger
weit weg, doch die Auswirkungen
sind auch in der Hansestadt
katastrophal. Als im harten
Winter 1916/1917 mitten in
der Stadt Menschen verhungern,
kommt es zu Aufständen …

Am 28. Juni *1914* erschießen serbische Extremisten den österreichischen Thronfolger Franz Ferdinand bei dessen Besuch in Sarajevo. Dieses Attentat wird zum Anlass für den Ersten Weltkrieg. Österreich brennt auf Rache und stellt weitgehende Forderungen an Serbien, die das kleine Land mit russischer Rückendeckung nur zum Teil erfüllen will. Die Krise spitzt sich so lange zu, bis nicht mehr die Politik, sondern die Logik der Militärs das Handeln bestimmt. Weil jede Armee fürchtet, zu spät zur Mobilmachung zu schreiten und so ins Hintertreffen zu geraten, entwickelt sich eine Eigendynamik, die in den ersten Augusttagen zu diversen Kriegserklärungen führt. Deutschland und Österreich-Ungarn stehen schließlich gemeinsam mit dem Osmanischen Reich im *Krieg* gegen Frankreich, Russland, Großbritannien und Italien. Dies ist die „Urkatastrophe" des blutigen 20. Jahrhunderts.

Alle Offensivaktionen scheitern in den ersten Wochen des Krieges: Deutschland gelingt es nicht, Frankreich schnell zu besiegen; Russland scheitert mit seinem Vorstoß in Ostpreußen; Österreich kann Serbien nicht rasch bezwingen. Die Folge: vier Jahre Stellungskrieg im Westen, währenddessen jede mit noch so großem Aufwand betriebene Offensive scheitert. Millionen Soldaten sterben sinnlos.

Im Osten gelingt es *1917* der deutschen Armee, die russische entscheidend zurückzuschlagen. Nach dem Sturz des Zaren im Februar übernehmen im Oktober Lenin und die Bolschewisten die Macht und schließen einen Separatfrieden mit Deutschland, das riesige Gebiete annektiert.

Diese Entlastung nutzt Deutschland nichts mehr, da 1917 die USA in den Krieg eintreten und im Laufe des Jahres *1918* immer mehr Truppen nach Frankreich bringen. Im Oktober bricht die Front zusammen, im ausgehungerten Deutschen Reich bricht im November die Revolution aus. Der Kaiser dankt ab und geht ins holländische Exil, die Republik wird ausgerufen. Der Krieg ist vorbei.

Der Erste Weltkrieg hat rund zehn Millionen Tote gekostet, fast ausschließlich Soldaten, von denen die Mehrheit trotz nur leichter Verletzungen an Infektionen stirbt. Borniere Militärs auf allen Seiten haben ihre Truppen trotz immer neuer Fehlschläge in immer neuen Offensiven verheizt. Sinnbildlich dafür steht die Schlacht um *Verdun* 1916: Der deutsche Angriff wurde nach fast zehn Monaten und wenigen Hundert Metern Geländegewinn abgebrochen. Die Verluste auf beiden Seiten betrugen rund 800 000 Mann. Ähnliches spiel-

te sich in den Alpen ab: Dort versuchten
die Italiener in insgesamt elf Offensiven,
die Österreicher am Isonzo zurückzudrän-
gen – ohne jeden Erfolg, aber mit mindestens
500 000 Toten. Angesichts dieser nie gekannten Zahlen zeigten sich die Politiker
aller Mächte unfähig, einen Kompromiss-
frieden zu schließen. Die enormen Opfer,
so ihre Meinung, konnten nur durch einen
Sieg gerechtfertigt werden. Und so dauerte
das Gemetzel vier Jahre, bevor Deutschland
wirtschaftlich und militärisch am Ende war.

Die Militärs, vor allem die Generäle Ludendorff
und von Hindenburg – die ab 1917 eine fakti-
sche Militärdiktatur errichtet hatten – stahlen
sich nach der Niederlage aus der Verantwor-
tung. Zwar hatten sie im September 1918 dem
Kaiser erklärt, der Krieg sei verloren; doch
schürten sie im Anschluss die *Dolch-
stoßlegende*. Demnach haben die revol-
tierenden Arbeiter „dem im Felde unbesiegten
Heer den Dolch in den Rücken gestoßen". Dies
wurde zu einer schweren Belastung der jungen
Republik.

1914 – 1918 IN HAMBURG

1915   1.2.: Als Kriegsfolge werden
       Lebensmittel rationiert.
1916   18.8.: Erste Friedensdemonstration
       seit Kriegsausbruch
1916/ Im „Steckrübenwinter" leidet
1917   die Stadt unter einer schweren
       Hungersnot.
1918   5.11.: Beginn der November-
       revolution in Hamburg
1918   11.11.: Kriegsende

1914 bis 1918

Eine Stadt voll Hungerleider

Als sie an der Maxstraße vorbeikommen, muss sie sich an dem Haltegriff festhalten. Nicht weil die Straßenbahn durch eine Kurve fährt, Dagmar Böttcher ist schwindlig. Nur leise sagt sie: „Lübecker Straße", dabei sollte doch jeder im Wagen ihre Ansage hören. Als an der Lübecker Straße vier junge Frauen zusteigen und Fahrkarten brauchen, dauert es eine kleine Ewigkeit, bis sie die 25 Pfennige kassiert hat. Dann nimmt sie die Pfeife in den Mund und gibt das Abfahrtsignal – und kurz wird ihr schwarz vor Augen, wie so oft in den vergangenen Monaten. Seit sechs Stunden ist die 29 Jahre alte Frau jetzt auf ihrer Schicht als Schaffnerin der Linie 2, und das Letzte, was sie gegessen hat, war eine Stulle Graubrot heute Morgen. Dafür hat sie Julius und Otto, ihren beiden Söhnen, eine Scheibe mehr in die Schule mitgegeben. Acht und zehn sind die beiden jetzt, und sie müssen doch noch wachsen. Ob sie nachher nach Schichtende wohl endlich Milch für die Jungs bekommt?

Die Bahn ruckelt am Steindamm entlang, als der Streit der Fahrgäste immer lauter wird. „Gut, dass sie das gemacht

800   900   1000   1100   1200   1300

haben", sagt eine sichtlich erregte Frau, vielleicht 50 Jahre alt. „Bei den Bonzen biegen sich die Tische, und uns geben sie vergammelte Rüben." Jetzt regt sich ein alter Herr auf: „Ganz gemeine Diebe sind das!" Und dass man es den Männern im Feld schuldig sei, jetzt Disziplin zu wahren, sagt er noch, bevor wahre Schimpftiraden auf ihn niedergehen. Erst als er am Steindamm aussteigt, beruhigen sich die Leute wieder.

Den ganzen Tag schon sieht Dagmar Böttcher solche Szenen. Und den ganzen Tag schon fährt sie an den Geschäften vorbei, die geplündert wurden. Bäckereien, Milchgeschäfte, Schlachter, immer wieder sind eingeschlagene Schaufensterscheiben zu sehen. Es ist der 27. Februar 1917, und in Hamburg toben die schlimmsten Hungerunruhen seit Ausbruch des Krieges vor zweieinhalb Jahren.

Dagmar Böttcher ist eigentlich froh über ihre Arbeit. Seit einem Dreivierteljahr ist sie Straßenbahnerin – wie so viele Frauen, die die Lücken schließen müssen, seit fast alle wehrfähigen Männer an der Front stehen. Bei der Arbeit ist sie abgelenkt: vom Hunger, der ihr ständiger Begleiter geworden ist, von der Sorge um ihre Jungs – und von der Trauer um ihren

Karl. Sieben Monate und 16 Tage ist es jetzt her, seit die beiden uniformierten Männer mit den betont ernsten Gesichtern vor ihrer Tür standen. Sie wusste es sofort. „Karl ist tot", hatte sie gesagt, noch bevor der Reserveleutnant und der Oberfeldwebel vom Reserve-Infanterie-Regiment 76 auch nur grüßen konnten. Wenn Soldaten an der Tür klingeln, dann kann das nur einen Grund haben, das wissen alle Frauen und Mütter, deren Männer und Söhne an der Front sind. Die Beileidsbekundungen hatte sie gar nicht mehr richtig wahrgenommen, und die Worte vom Heldentod an der Somme und vom ewigen Dank des Vaterlands kamen ihr so unwirklich vor, dass sie nachher nicht sicher war, ob sie wirklich gesagt wurden. Seit diesem 11. Juli 1916 verflucht sie die Welt mit ihren Kriegen und betet zu Gott, dass er ihre Söhne beschützen möge.

Als die Straßenbahn am Dammtor vorbeifährt, sieht Dagmar Böttcher Truppen aufmarschieren. Die Obrigkeit ist extrem beunruhigt, weil die Plünderungen nicht nur in den Arbeitervierteln, sondern auch in Eppendorf, Winterhude und Eimsbüttel zunehmen. Sogar Gymnasiasten und Oberrealschüler haben sich daran beteiligt. Ein Mann, der Hoheluft zusteigt, er-

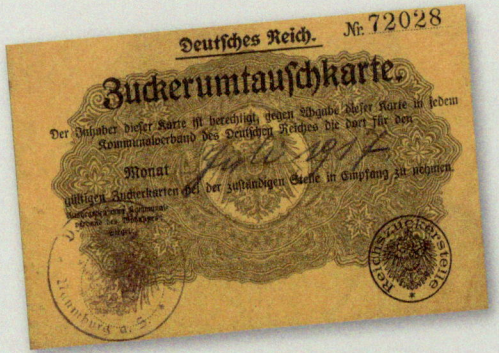

zählt von Bäcker Dahlmann in Ottensen. „Der hat gebettelt, sie sollen seine Scheiben einwerfen, damit die Polizei nicht denkt, er macht gemeinsame Sache mit den Arbeitern."

Die Rückfahrt nach Wandsbek ist Dagmar Böttchers letzte Tour für heute. Die Diskussionen werden immer erregter, die Stimmung immer angespannter. Manche fluchen geradezu hasserfüllt auf „die Bauern – die schaffen weg und verkaufen heimlich an die Reichen".

Es ist 17.30 Uhr, als sie von der Wandsbeker Chaussee links in den Peterkampsweg einbiegt und schon aus der Ferne ihre beiden Jungs sieht, wie sie sich mit den Nachbarskindern eine Schneeballschlacht in der Dämmerung liefern. Sie muss lächeln und beneidet diese Kinder, die auch einem so schrecklichen Winter schöne

Seiten abgewinnen können. „Essen in 30 Minuten", ruft sie ihnen tapfer zu. Doch sie ist wütend, dass es wieder keine Milch gab – nach einer Dreiviertelstunde Anstehen. Dagmar Böttcher geht ins Treppenhaus in der Nummer 23. Essen. Das heißt Steckrüben. Wie gestern. Und vorgestern. Und all die Tage zuvor. Selbst im Brot sind Steckrüben. Im dritten Stock geht die Tür von der alten Rademehl auf. Sie mag die fast 80-jährige Frau sehr, denn sie passt oft auf die Kinder auf, wenn sie arbeiten muss. Heute aber würde sie sie am liebsten küssen, als sie ihr das kleine Stück Hammelfleisch und die Kartoffeln hinhält. „Legen wir zusammen, dann wird das eine richtige Mahlzeit", sagt sie. Und als Dagmar Böttcher abwehren will, sagt sie nur. „Ist doch für die Jungs, mien Deern. Und ich brauch doch nicht mehr viel." Und hat dennoch zu wenig, denkt Dagmar Böttcher. Frau Krause aus dem vierten Stock, die ist im Januar einfach umgefallen. Tot. Und vorige Woche haben sie den alten Hansen aus der 27 rausgetragen. „Die Alten sterben wie die Fliegen", hatte der Sargträger gesagt.

Als Julius und Otto im Bett sind, holt sie die Kiste oben vom Küchenschrank und nimmt den Brief ganz oben heraus.

„Feldpostbrief an Frau Breckwoldt" heißt dieses Ölbild, das Karl Müller 1916 gemalt hat. Die Szene spielt mitten im Ersten Weltkrieg, wohl an einem Kaffeetisch im Wohnzimmer. Die Ehefrau ist glücklich über das Lebenszeichen, das ihr Mann von der Front geschickt hat, die Eltern lauschen fast andächtig. Dieses Bild ist in der Abteilung 20. Jahrhundert in einem rekonstruierten Wohnzimmer aus der Kaiserzeit zu sehen. Der Künstler, der diese patriotische Szene gemalt hat, wurde 1942 von den nationalsozialistischen Machthabern aufgrund seiner jüdischen Herkunft in das KZ Theresienstadt deportiert, wo er noch im selben Jahr starb.

Hunger *Die Versorgungslage der Zivil-bevölkerung im Ersten Weltkrieg war ab 1915 schlecht – und wurde immer schlimmer. Die Seeblockade der Briten verhinderte Importe, die Produktion litt, weil viele Bauern eingezogen wurden. Zahlreiche Landwirte verkauften ihre Lebens-mittel auf dem Schwarzmarkt, statt sie zu festgesetzten Preisen abzu-geben. Deswegen wurde fast alles rationiert: Es wurden Brot-, Fett-, Milch-, Fleisch- und Kartoffelmarken eingeführt, doch vor allem die städ-tische Bevölkerung hungerte, am schlimmsten im „Steckrübenwinter" 1916/17, als außer Kohl und Rüben fast nichts zu bekommen war. Es entstanden viele Notrezepte, etwa der „Kriegskuchen" – ohne Zucker, Eier und Fett. Viele Kinder und Alte starben an den Folgen dieser Man-gelernährung.*

Kosten *Der Krieg verschlang so ungeheure Summen, dass der Staat besondere Maßnahmen ergreifen musste. Immer neue Kriegsanleihen wurden aufgelegt, die fast jeder, der Geld hatte, zeichne-te. Gleichzeitig wurde der Goldstan-dard der Währung aufgegeben – und alle waren aufgefordert, ihren Gold-schmuck gegen Eisen einzutauschen. „Gold gab ich für Eisen" hieß die Ak-tion – eine 100 Jahre alte Idee, mit der Preußen den Befreiungskrieg gegen Napoleon finanziert hatte. Der gesell-schaftliche Druck war so groß, dass sich kaum noch jemand traute, auch nur einen goldenen Ehering öffentlich zu tragen. Die Finanzsorgen ließen sich so natürlich nicht lösen, vielmehr wurde die Inflation kräftig angeheizt, sodass die vorher so stabile Reichs-mark 1918 nur noch die Hälfte wert war. Es kam dann noch viel schlimmer: Die Hyperinflation von 1923 vernichtete die Geldvermögen der gesamten Bevölke-rung.*

Vor den Lebensmittelgeschäften bildeten sich lange Schlangen. Für viele Hamburger bedeutete der Krieg vor allem Hunger.

Sie liest die Worte, ohne richtig hinzusehen. „Mein Dagmarchen! Ich schreibe Dir noch schnell, weil ich nicht weiß, wann ich wieder Gelegenheit habe. Es kann jetzt nicht mehr lange dauern, bis es losgeht. Gleich sind es 45 Stunden, die das Trommelfeuer nun schon dauert. Fritz vom 83., der seit Oktober 14 hier ist, sagt, dass es nie länger als zwei Tage dauert. Dann greifen sie an.

Dagmarchen, Du darfst Dir keine Sorgen machen. Unsere Stellung ist sicher ausgebaut, und bisher haben wir jeden Angriff abgewehrt. Fritz sagt das auch. Und dass ich im September vielleicht Urlaub kriege und wir uns endlich wiedersehen können. Wie geht es den Jungs? Haben sie auch genug zu essen? Und sind sie fleißig in der Schule? Du musst auch mal streng zu ihnen sein, wo ich nicht da bin. Jetzt muss ich Schluss machen. In Liebe, Dein Karl"

In den nächsten 20 Monaten wird es immer wieder zu Protesten und Streiks kommen. Dann endlich, im November 1918, ist der Weltkrieg vorbei. Doch Dagmars Sohn Otto wird noch eineinhalb Jahre später sein Opfer, als der von der schlechten Ernährung geschwächte Junge an der Spanischen Grippe stirbt. Julius schafft es.

20 Jahre später folgt der nächste lange Krieg. Am 24. September 1944 steht kein Uniformierter vor der Tür, es ist nur ein Brief: Julius Böttcher ist für den Führer gefallen.

RICHARD DEHMEL
(1863–1920)

ist den Hamburgern aufgrund
seiner freizügigen Lyrik eher
suspekt, wird aber in literarischen Kreisen außerordentlich
geschätzt. Mit seiner zweiten
Frau Ida lebt er seit 1902 in
Blankenese in einem Haus, das er
nach eigenen Vorgaben erbauen
ließ. 1914 zieht er begeistert in
den Ersten Weltkrieg, noch 1918
verfasst er einen Durchhalteap-
pell an die Deutschen. Er stirbt
an einer Venenentzündung, die er
sich im Kriegseinsatz zugezogen
hat.

OTTO STOLTEN
(1853–1928)

schafft den Aufstieg vom Schlos-
ser zum Zweiten Hamburger
Bürgermeister. In Dresden findet
er zur Sozialdemokratie, für die
er in die Hamburger Bürgerschaft
und in den Berliner Reichstag
gewählt wird. Als SPD-Fraktions-
vorsitzender in der Bürgerschaft
vertritt er die Politik des Burgfrie-
dens, was auch in der Partei auf
Widerspruch stößt. Mitglied des
Senats kann Stolten erst nach der
Novemberrevolution werden.

LOTTE LEHMANN
(1888–1976)

ist am Hamburger Stadt-Theater
ein Publikumsliebling. Die Sopra-
nistin kommt 1910 nach Hamburg,
wo sie unter anderem als Elsa
im „Lohengrin" Erfolge feiert.
1916 verlässt sie die Hansestadt
wieder, um ein lukratives Angebot
aus Wien anzunehmen, wo sie
ihre Weltkarriere begründet. Sie
gastiert weltweit und emigriert
nach dem „Anschluss" Österreichs 1938 in die USA, wo sie
1976 stirbt.

1919–1937

STECKBRIEF

Staatsgebiet 755 qkm
Einwohner 1 677 000
Berufe Kaufleute,
   Hafenarbeiter, Soldaten,
   Verwaltungsbeamte
Speisen Fisch, Fleisch, Bier,
   Kartoffeln, Schnaps

Währung Im „Dritten Reich"
prägte man die Reichsmark
weiter.

„Nordmark", Frachter, 1930, HAPAG

Der Krieg ist zu Ende, doch alle Europäer haben mit den Folgen schwer zu kämpfen. Die Menschen sind so geschwächt, dass 1920 die Spanische Grippe 20 Millionen Tote fordert. Deutschland hat jetzt zwar erstmals eine echte Demokratie, doch Linke und Rechte attackieren den jungen Staat, der unter der Last der Kriegsreparationen zusammenzubrechen droht. Doch Kunst, Wissenschaft und Architektur blühen auf. Es ist ein Hamburger Stadtplaner, der Maßstäbe setzt – weil seine Bauten nicht den Staat repräsentieren, sondern den Menschen dienen sollen…

Am 9. November *1918* rufen sowohl Philipp Scheidemann (SPD) als auch Karl Liebknecht (KPD) die Republik aus. Es folgt ein Bürgerkrieg, bei dem die sozialdemokratische Regierung mithilfe von Truppen rechtsgerichteter paramilitärischer Einheiten, die sich aus Kriegsheimkehrern rekrutierten, die Oberhand behalten. *1919* gibt es die ersten freien, gleichen und geheimen Wahlen in Deutschlands Geschichte, an der auch Frauen teilnehmen dürfen: In Weimar tritt die Nationalversammlung zusammen und beschließt die Verfassung der *Weimarer Republik.*

In Paris beginnen die Friedensverhandlungen, bei denen Deutschland und seine Verbündeten ausgeschlossen sind. Die Bedingungen sind hart: Deutschland und seinen Verbündeten wird die alleinige Kriegsschuld gegeben, das Reich muss große Gebiete abtreten, darf nur noch eine Armee von 100 000 Mann unterhalten (keine Flotte, keine Luftwaffe) und soll die Kosten des Krieges tragen. Der Vertrag wird in *Versailles* unterschrieben – bei Weigerung wären alliierte Truppen einmarschiert. In St. Germain wird ein ähnlicher Vertrag mit Österreich geschlossen.

Europas Landkarte hat sich radikal verändert. Der österreichische und der osmanische Vielvölkerstaat werden zerschlagen: Die Tschechoslowakei, Ungarn und Jugoslawien gehen daraus hervor. Finnland und Polen werden souveräne Staaten, die Türkei entsteht in ihrer heutigen Form. Grenzen werden oft wahllos und ohne Rücksicht auf die Bevölkerung gezogen – viele Millionen werden vertrieben oder gehen freiwillig.

Die europäische Bevölkerung ist wegen des Krieges geschwächt. Als *1920* die Spanische Grippe ausbricht, sterben rund 20 Millionen Menschen – doppelt so viele wie in den Schlachten des Krieges.

Dem großen Krieg folgen kleine: in Russland, wo sich die Bolschewisten gegen die „Weiße Armee" der Monarchisten behaupten können; in der Türkei, die sich gegen Griechenland und Alliierte durchsetzen kann.

In der Weimarer Republik herrschen von Beginn an instabile Verhältnisse. Die demokratischen Parteien werden von links und rechts attackiert. *1923* kommt es zu einer nie gekannten Inflation (auf dem Höhepunkt bekommt man für einen US-Dollar 420 Milliarden Mark). Das Vermögen der Sparer ist vernichtet.

Nach einer Währungsreform folgen Jahre relativer Stabilität: die kurzen „Goldenen Zwanziger". Sie enden abrupt nach dem New Yorker Börsenkrach *1929*, der eine weltweite Wirtschaftskrise ungekannten Ausmaßes auslöst. In allen Industrieländern ist Massenarbeitslosigkeit die Folge – in Deutschland steigt die Zahl der Arbeitslosen im Winter 1932 auf sechs Millionen. Damit einher geht die politische Radikalisierung, von der Kommunisten und vor allem Nationalsozialisten profitieren, die *1932* stärkste politische Kraft werden. Das Land wird autoritär mithilfe von Notverordnungen regiert.

Am 30. Januar *1933* ernennt Reichspräsident Paul von Hindenburg Adolf Hitler zum Reichskanzler. Binnen weniger Monate wird (sogar für Hitler überraschend schnell) die Diktatur vollendet. Alle Parteien außer der NSDAP sind verboten, Zehntausende politische Gegner werden verhaftet, alle gesellschaftlichen Institutionen sind gleichgeschaltet.

1919 bis 1937

1919   Schwere Versorgungskrise, die Schwarzmärkte blühen.

1919   10.5.: Die Hamburger Universität wird eröffnet.

1919   23.6.: Die „Sülze"-Unruhen, die sich an der Entdeckung verdorbener Lebensmittel entzündet haben, führen zu einem tagelangen Aufstand.

191   28.6.: Der Versailler Vertrag wird unterzeichnet. Für Hamburgs Wirtschaft wirkt er sich verheerend aus.

1920   29.12.: Hamburg bekommt eine demokratische Verfassung. Die Bürgerschaft geht aus allgemeinen, unmittelbaren und geheimen Wahlen hervor. Sie wählt den Senat.

1922   20.4.: Der als „Lord von Barmbeck" bekannte Ein- und Ausbrecher Julius Adolf Petersen wird zu 15 Jahren Zuchthaus verurteilt.

1923   Sommer: Die Preise steigen sprunghaft, erst mit der Einführung der Rentenmark am 16.11. endet die Hyperinflation.

1923   23.10.: Der von kommunistischen Kampftrupps angezettelte „Hamburger Aufstand" wird niedergeschlagen.

1924   1.4.: Eröffnung des Chilehauses.

1925   Der Hamburger Hafenarbeiter Ernst Thälmann wird Vorsitzender der KPD.

1926   12.8.: Im Stadtpark wird ein Denkmal des Dichters Heinrich Heine enthüllt.

1929   31.12.: Mit Rudolf Roß wird zum ersten Mal ein Sozialdemokrat Erster Bürgermeister.

1931   2.8.: In aller Stille wird das von Ernst Barlach geschaffene Denkmal für die Toten des Ersten Weltkriegs eingeweiht.

1932   17.2.: „Altonaer Blutsonntag". Bei Unruhen, die von der SA provoziert werden, sterben in Altona 18 Menschen.

1932   19.12.: Der „Fliegende Hamburger", ein Schnelltriebwagen der Deutschen Reichsbahn, nimmt den Betrieb auf. Er benötigt für die Strecke von Hamburg nach Berlin nur 142 Minuten.

1933   5.3.: Bei der Reichstagswahl wird die NSDAP in Hamburg mit 38,8 Prozent stärkste Kraft. Die Nationalsozialisten übernehmen die Macht, Vincent Krogmann wird Bürgermeister.

1933   1.4.: Auch in Hamburg inszenieren die Nationalsozialisten einen Boykott jüdischer Geschäfte.

800   900   1000   1100   1200   1300

1933 15.5.: NS-Studenten verbrennen am Kaiser-Friedrich-Ufer die Bücher missliebiger Autoren.

1934 17.8.: Adolf Hitler lässt sich bei einem seiner zahlreichen Hamburg-besuche feiern.

1935 10.3.: Mit einem Sieg über den US-Boxer Steve Hamas durch den Schwergewichtler Max Schmeling wird die Hanseatenhalle in Rothenburgsort eingeweiht.

1935 6.6.: Bürgermeister Krogmann eröffnet den Park „Planten un Blomen".

1936 15.3.: Das 76er-Denkmal von dem Bildhauer Richard Kuöhl wird am Dammtor eingeweiht.

1937 1.4.: Durch das Groß-Hamburg-Gesetz, das unter anderem die Eingemeindung der bis dahin preußischen Orte Altona, Harburg-Wilhelmsburg und Wandsbek verfügt, wird Hamburgs Staatsgebiet fast verdoppelt.

1937 10.6.: Hamburgs Reichsstatthalter Karl Kaufmann veröffentlicht die unter Leitung vom Architekten Konstanty Gutschow entwickelten Pläne, die Hamburg zu einer monströsen Vorzeigestadt der Nationalsozialisten machen sollen.

1937 30.6.: In der Kunsthalle und dem Museum für Kunst und Gewerbe werden Hunderte als „entartet" eingestufte Werke konfisziert und später verkauft oder vernichtet.

1500   1600   1700   1800   1900   2000

Als im Frühjahr 1930 die Baukolonnen für die Errichtung des Krematoriums anrücken, ist es mit der Stille auf dem Ohlsdorfer Friedhof erst einmal vorbei. Nachdem das gewaltige Fundament ausgehoben ist, beginnen die Arbeiter mit der Tragkonstruktion aus Eisenbeton, die von Freitreppen und Pfeilervorhallen gerahmt wird. Weißhaarig, mit weißem Bart und Brille inspiziert ein älterer Herr das Gelände. Nicht nur die Ingenieure und Vorarbeiter, sondern auch die Maurer behandeln ihn mit großem Respekt. Fritz Schumacher ist damals schon 61 Jahre alt und von einer Krankheit gezeichnet. Dass er dennoch aufrecht geht, passt zu seiner immer noch stattlichen Erscheinung, ist aber auch dem Umstand geschuldet, dass er ein Korsett tragen muss.

Nachdenklich betrachtet Hamburgs Oberbaudirektor die Baustelle dieses Großprojekts, das ihn an seine architektonischen Anfänge erinnert.

Es scheint unendlich lange her zu sein, denn so vieles hat er inzwischen erdacht, entworfen und realisiert, dennoch erinnert Schumacher sich noch genau daran, wie er vor mehr als 20 Jahren als Hochschullehrer in Dresden gewirkt hat. 39 Jahre war er, als er im dortigen Stadtteil Tolkewitz am Elbufer den Auftrag zum Bau eines Krematoriums erhielt. Es war sein erster großer öffentlicher Bauauftrag, und er konnte damals umsetzen, was er als neue Architektur anstrebte, etwas, das nicht mehr rückwärtsgewandt, sondern neu war.

Jetzt steht er als alter Mann in Hamburg und beobachtet, wie Ingenieure und Bauarbeiter erneut ein von ihm entworfenes Krematorium errichten. Die Architektur hat eine neue Sprache gewonnen, doch sein Streben nach einer harmonischen Kultur und einer Veredelung des

800   900   1000   1100   1200   1300

Lebens durch die Kunst, das empfindet er noch so stark wie damals in Dresden.

Wird es sein letztes öffentliches Gebäude werden? Schumacher wendet sich ab, verlässt die Baustelle und unternimmt einen Spaziergang durch das gewaltige Gräberfeld des Ohlsdorfer Friedhofs. Für ihn ist das kein düsterer Ort, er liebt diesen riesigen Park mit immer neuen Durchblicken und Perspektiven. Und den Gräbern, die vom Leben zeugen, von Reichtum und Armut, von Liebe und Eitelkeit und vom Tod, der alle Unterschiede auf ewig einebnet. An der Mittelallee bleibt er kurz vor der Kapelle 13 stehen, einem monumentalen Klinkerbau, den er erst vor einem Jahr vollendet hat. Er neigt den Kopf ein wenig zur Seite, mustert den Rundbau und entschließt sich schließlich, einen kurzen Blick hineinzuwerfen. Durch die Buntglasfenster wird das Licht gedämpft, der Raum hat eine eigene, wei-

Baumeister der Moderne

In den Jahren nach dem Ersten Weltkrieg ist
die Stadt Ende Januar/Anfang Februar stets
wie elektrisiert. Immer zur Faschingszeit
veranstalten Künstler im Curio-Haus an
der Rothenbaumchaussee Feste, über
die die ganze Stadt spricht. Es sind nicht
einfach Faschingsveranstaltungen, sondern
Gesamtkunstwerke, zu denen neben Malern
und Bildhauern auch Literaten, Schauspieler,
Sänger, Tänzer, aber auch Bühnenbildner
und Architekten beitragen. In den Augen
von Hamburgs braven Bürgern verwandelt
sich das Curio-Haus alle Jahre wieder in
die hanseatische Dependance von Sodom
und Gomorrha. Für die kreative Szene in
der Hansestadt ist die Teilnahme dagegen
ein Muss. Zumindest einmal im Jahr kann
Hamburg für ein paar Tage mit den großen
deutschen Kunstzentren der Weimarer
Republik mithalten. Dieser „Zaubermantel"
ist ein Originalkostüm, das auf einem der
legendären Feste getragen wurde.

hevolle Stimmung. Schumacher nickt und ist zufrieden, denn er spürt, wie sich Menschen in diesem Raum in ihrer Trauer aufgehoben fühlen können. Das hat er so gewollt, und es ist ihm gelungen. Schade, dass ich nie eine Kirche gebaut habe, es hat sich nie ergeben, denkt er. Gemacht hätte er es schon gern.

Langsam verlässt er die Kapelle, geht weiter an den Grabmälern vorbei, die manchmal schlicht sind und manchmal pompös. Vor einer besonders protzigen Gruft aus poliertem schwarzem Marmor, die von einer überlebensgroßen weißen Engelsfigur bekrönt wird, bleibt er kurz stehen und schüttelt den Kopf. Und wieder denkt er an sein erstes Gebäude, das Krematorium in Dresden. Damals hat er noch nicht mit Klinkern gearbeitet, sondern mit hellem Sandstein. Er weiß noch, wie er die Eingangsfront gezeichnet hat, mit einer zweiflügeligen Treppenanlage, die sich in der Wasserfläche eines vorgelagerten Beckens spiegelte. Ein bisschen theatralisch war das schon, aber das stört ihn nicht, wo er das Theater doch liebt.

Und seine Wirkung hat das 1912 vollendete Dresdner Krematorium jedenfalls nicht verfehlt. Es galt bald als Sehenswür-

digkeit, die für 25 Pfennige besichtigt werden konnte. In einer Zeitschrift las er, dass es an Arnold Böcklins berühmtes Gemälde „Toteninsel" erinnern würde. Gut beobachtet, dachte er damals und warf einen Blick auf die Kopie des Bildes, das in seinem Arbeitszimmer hängt. Schon als er das Original im Leipziger Museum gesehen hatte, erkannte er darin jene monumentale, feierliche Stimmung, nach der er selbst in seinem Werk strebte.

Hat er sie gefunden? Als alter Mann baut er jetzt erneut ein Krematorium, doch diesmal will er die monumentale Wirkung mit ganz anderem architektonischen Material erreichen. Seit er in Hamburg tätig ist, hat er den Backstein nicht nur als heimatstiftenden, bodenständigen Baustoff entdeckt, er schätzt auch die enormen Möglichkeiten, den dieser durchs Feuer gegangene Baustein bietet. Hier wird er im Zusammenspiel mit Keramik, Bronze und farbigem Glas eine besondere Wirkung entfalten und dem Gebäude eine feierliche Würde verleihen, dessen ist er sich sicher.

Längst hat er mit dem Bildhauer Richard Kuöhl gesprochen, der die Plastik eines Phönix entwerfen soll. Das ist der mythische Vogel, der in den Flammen ver-

1500   1600   1700   1800   1900   2000

geht, aber später zu neuem Leben erweckt wird. Das Symbol wird mit Christus gleichgesetzt, ist aber älter und religiös keineswegs festgelegt. Und genau das schwebte Schumacher auch vor, der einen würdigen Raum schaffen will, der sakral, aber konfessionell nicht eingegrenzt wirken soll. Dazu tragen auch die Buntglasfenster des ungarischen Malers Ervin Bossanyi bei. Und an der Straßenseite soll eine goldene Inschrift mit den Worten „Eine von diesen" daran erinnern, dass jeder Mensch zu seiner letzten Stunde gelangen wird.

Aber so weit ist Fritz Schumacher nicht, noch ist er der Oberbaudirektor der zweitgrößten deutschen Stadt, deren urbaner Entwicklung er in den vergangenen Jahrzehnten eine neue Richtung gegeben hatte. Hamburg war in dieser Zeit enorm gewachsen, und mit dem Zustrom der Menschen galt es, soziale Aufgaben in ganz neuer Dimension zu bewältigen.

Fast 100 Staatsbauten hat er errichtet, ganze Siedlungen, Wohnquartiere und Parks hat er geplant und dabei immer eine lebenswerte Stadt vor Augen gehabt. Obwohl ihm die Krankheit das Leben schwer macht, ist er voller Schaffenskraft. Es ist schon Spätnachmittag, als er an der Fuhlsbütteler Straße eine Kraftdroschke heranwinkt. Der Taxifahrer öffnet ihm die hintere Tür und fährt ihn zu seinem schönen Haus, das an der Alster steht. Stock und Hut legt er an der Flurgarderobe ab und geht gleich in sein Arbeitszimmer, von dem er einen Blick auf den innerstädtischen See hat. Immer öfter sitzt er jetzt an seinem Lieblingsplatz und zeichnet nicht, sondern sucht nach Wörtern, nach Formulierungen. Er findet Befriedigung darin, Sätze zu bauen, die wie Mauern wachsen und zu Gebäuden werden, zu Gedankengebäuden. Schumacher schreibt Briefe, immer wieder Manuskripte für seine Vorträge, in denen er seine Gedanken sortierte, um sie dann in freier Rede vorzutragen, rhetorisch und in flüssiger Sprache, wie er es schon zu seiner Schulzeit eingeübt hatte. Und er schreibt Bücher. „Das Werden einer Wohnstadt" soll der Band heißen, den er schon bald vollenden wird.

Als das Krematorium 1933 eingeweiht wird, sind Schumachers Tage als Oberbaudirektor gezählt. Am 3. Mai 1933 bekommt er die dürre Mitteilung: „Der Senat beschließt den Übertritt des Oberbaudirektors Professor Dr. Ing. e.h. Dr. h.c. Dr. h.c. Fritz Schumacher in den Ruhestand." Jetzt ist er 63, und in der Stadt, der er so lange gedient hat, haben die Nationalsozialisten das Sagen. Er sitzt in seinem Arbeitszimmer und liest in der Fachzeitschrift „Deutsche Bauhütte" über sein Krematorium: „Im Ganzen wirkt alles wie neue kommunistische Bauweise Moskauer Richtung mit der absoluten Unterdrückung jeder religiösen Neigung." Man will ihn nicht mehr, aber die neuen Machthaber mit ihrem Geschrei, ihren Uniformen und ihren Ressentiments sind auch ihm fremd. Vielleicht ist es sogar gut, dass er nicht im Dienste dieses neuen Staates steht, von dem kaum Gutes zu erwarten ist.

An einem kalten Spätwintertag des Jahres 1934 schellt die Glocke an Schumachers Haustür. Die Schwester öffnet und kündigt ihm den ungarischen Maler Ervin Bossanyi an, der gleich darauf das Arbeitszimmer betritt. Schumacher schätzt ihn sehr, hat ihn selbst 1929 nach Hamburg geholt und ihm viele Aufträge verschafft, zuletzt für die Glasfenster in Ohlsdorf. Mit ihrer Farbigkeit verleihen sie dem Raum genau jene Stimmung, die sich der Architekt gewünscht hat. Jetzt steht der Maler mit bedrückter Miene vor Schumacher, reicht ihm die Hand und

verabschiedet sich für immer. Die Nazis greifen ihn an, diffamieren ihn als „entarteten Künstler". „Man muss gehen, solange noch Zeit bleibt", sagt Bossanyi und erzählt, dass er für sich und seine Familie Visa für England erhalten hat. Schon am nächsten Tag werden sie an der Überseebrücke den Dampfer besteigen und Hamburg für immer verlassen.

Von Richard Kuöhl erhält Schumacher ganz andere Nachrichten. Der begabte Bildhauer hat zwar der Hamburgischen Sezession angehört, jener modernen Künstlergruppe, die sich auf Druck der Nationalsozialisten schon im Frühjahr 1933 aufgelöst hat. Aber für Kuöhl ist das kein Problem, er dient sich den neuen Machthabern an und wird mit Aufträgen reichlich belohnt.

Da er deutsch und arisch ist und der „Reichskammer der bildenden Künstler" angehört, kann er sich 1934 an einem Wettbewerb für ein Denkmal für das Hamburger Infanterieregiment 76 beteiligen, das der Senat ausgeschrieben hat. Kuöhl bekommt den Zuschlag für sein pathetisch-todessüchtiges Gefallenendenkmal, das am Dammtordamm vor dem Eingang zum Alten Botanischen Garten steht. Es zeigt Soldaten, die im Gleichschritt in den Tod marschieren. Kurz nach der Einweihung im März 1936 ist der ehemalige Oberbaudirektor an einem klaren und lauen Vorfrühlingstag von seinem Haus an der Alster hierherspaziert, um diesen Klotz aus Muschelkalk zu betrachten. Da steht der alte Mann, noch immer aufrecht und doch irgendwie verloren vor einem Monument, das ihm fremd ist und immer fremd bleiben wird. Mit seinem dunkelblauen Anzug, dem Stehkragen, mit schwarzer Krawatte und heller Krawattenperle scheint er aus der Zeit gefallen zu sein. Es ist nicht mehr seine Zeit, auch wenn die neuen Machthaber ihn nicht behelligen und sogar mit Respekt behandeln.

Als Fritz Schumacher am 5. November 1947, einen Tag nach seinem 78. Geburtstag, stirbt, ist das „Tausendjährige Reich" vorbei, und Hamburg liegt in Trümmern. Auch seine Wohnung an der Marie-Louisen-Straße, in die er erst 1942 aus seinem schönen Stadthaus an der Alster umgezogen war, ist beim Feuersturm zerstört worden – mit seinen Manuskripten, Büchern, Bildern, Kunstschätzen, dem ganzen Archiv. Die Trauerfeier findet in dem von ihm erbauten Krematorium statt, das sein letzter Bauauftrag war. Beigesetzt wird er auf dem Ohlsdorfer Friedhof, der Senat weist ihm eine Ehrengrabstätte zu – eine letzte Geste für den bedeutendsten Städteplaner, den Hamburg je hatte.

FRITZ HÖGER
(1877–1949)

lernt das Zimmerhandwerk und studiert anschließend Architektur. 1907 eröffnet er ein eigenes Architektenbüro und baut zunächst Privathäuser, bald aber auch Kontorhäuser. Mit seinem Chilehaus, aber auch Bauten außerhalb Hamburgs wie dem Anzeigerhochhaus in Hannover, wird er zu einem der wichtigsten Vertreter des Backsteinexpressionismus. Obwohl er schon 1932 der NSDAP beitritt und sich als Nationalsozialist fühlt, können die braunen Machthaber mit seiner Architektur nichts anfangen, was sich für Höger rückblickend als Glücksfall erweist.

ERNST THÄLMANN
(1886–1944)

ist Hafenarbeiter und wird 1903 SPD-Mitglied. In der Novemberrevolution beteiligt er sich in Hamburg am Aufbau des Arbeiter- und Soldatenrates. Er schließt sich der USPD und später der Kommunistischen Partei an, in der er schnell Karriere macht. Er wird Reichstagsabgeordneter und Vorsitzender der KPD, die er auf stalinistischen Kurs bringt. Bei der Reichspräsidentenwahl 1932 tritt er erfolglos gegen Hindenburg und Hitler an. Am 3. März 1933 wird Thälmann verhaftet und später ins KZ Buchenwald gebracht, wo Gestapo-Beamte ihn 1944 auf persönlichen Befehl Hitlers ermorden.

MAX SCHMELING
(1905–2005)

ist einer der erfolgreichsten deutschen Sportler aller Zeiten und gilt bis heute als Vorbild in Sachen Fairness. Der Schwergewichtsboxer stammt aus der Uckermark und kommt 1906 mit seiner Familie nach Eilbek. Schmeling kann sich schnell als Profiboxer einen Namen machen. 1930 wird er Weltmeister. Obwohl er sich nicht von seiner tschechischen Frau Anny Ondra und jüdischen Freunden distanziert, können die Nazis den populären Sportler für sich instrumentalisieren. Als er in New York den afroamerikanischen Boxer Joe Louis durch K.o. besiegt, feiert die NS-Propaganda das als „Beweis für die Überlegenheit der arischen Rasse".

Kino *Es begann mit „bewegten Bildern"
aus dem Kinematografen 1896, als im
Hansa Theater ein (sehr kurzer) Film
gezeigt wurde – Beginn des Sieges-
zuges des Kinos in Hamburg, das in
den Zwanzigern seine goldene Zeit
erlebte. 1927 gab es rund 4300 Kinos in
Deutschland und wohl rund 70 in Hamburg. Das Hinterzimmervergnügen war
zur Massenveranstaltung, aus Vorführ-
räumen in Kneipen und Hotels waren
Kinopaläste geworden – wie das Ufa am
Gänsemarkt, das 1929 mit 2665 Plätzen
das größte Kino Europas war. Das Kino
war Ausdruck von Lebensfreude und
Vergnügungswillen geworden, die sich
nach den Leiden und Entbehrungen
des Weltkriegs Bahn brachen. Zwei bis
drei Kinobesuche pro Woche waren da
nichts Ungewöhnliches.*

Gleichberechtigung *Der Kampf um Gleichberechtigung schien für die Frauen
gewonnen: 1919 gewährte ihnen die
Weimarer Verfassung das volle Stimm-
recht. Doch rechtlich und erst recht
gesellschaftlich konnte von Gleichberechtigung keine Rede sein. Im Gegen-
teil: In manchen Bereichen wurde die
Uhr zurückgedreht. Denn die Millionen
Frauen, die im Krieg den Platz ihrer
Männer in Wirtschaft und Verwaltung
eingenommen hatten, wurden nun
wieder an den Herd gedrängt. Und das
Bürgerliche Gesetzbuch beschränkte
die Eigenständigkeit vor allem von ver-
heirateten Frauen, die nicht einmal frei
über ihr eigenes Vermögen verfügen
durften. Das Bild des Vamps der Goldenen Zwanziger, der auch ein sexuell
freizügiges Leben führte, entspricht
jedenfalls nicht der Lebenswirklichkeit
der übergroßen Mehrheit.*

1938– 1945

STECKBRIEF

Staatsgebiet 755 qkm
Einwohner 1 396 000
Berufe Besatzungssoldaten
Speisen Lebensmittelmangel

Währung Die Münzstätte Hamburg wurde durch die Luftangriffe zerstört. Die Prägung setzte erst nach Kriegsende wieder ein.

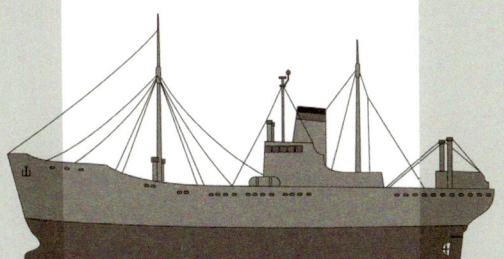

Frachter aus den 1940er Jahren

Es ist eines der dunkelsten Kapitel der Menschheitsgeschichte, das in diesen Jahren in Deutschland geschrieben wird. Hitler entfesselt einen weltweiten Krieg, dem mehr als 50 Millionen Menschen zum Opfer fallen werden. Seinem Rassenwahn, alle Juden zu ermorden und alle Slawen zu Untermenschen zu degradieren, folgen weite Teile der Deutschen. Doch in diesen Zeiten schlimmster Barbarei gibt es kleine Lichter der Hoffnung. Eine junge Hamburgerin bleibt auch im Angesicht des Holocaust an der Seite ihres jüdischen Ehemanns.

In Europa ist der *Faschismus* auf dem Vormarsch. In Italien (Mussolini) und Portugal (Salazar) herrschen Diktatoren, in Österreich und Ungarn quasi faschistische Regierungen. In Spanien bekämpfen Faschisten und Linke sich seit *1936* in einem Bürgerkrieg (der *1939* mit dem Sieg Francos endet).

In der Sowjetunion installiert *Stalin* sein Terrorregime mit Millionen Ermordeten und Inhaftierten. Das autoritär regierte Japan steigt zur Großmacht auf und annektiert Korea und Teile Chinas. Die *USA* erholen sich unter dem New Deal des Präsidenten Franklin Roosevelt mit starken staatlichen Eingriffen in die Wirtschaft nur langsam von der Krise. Das Land bleibt vorerst isolationistisch.

Hitler zerstört Stück für Stück das System des Versailler Friedensvertrages: Er rüstet auf, verweigert weitere Reparationszahlungen, besetzt das Rheinland. Dank einer Planwirtschaft und staatlicher Investitionen auf Kredit sinken die Arbeitslosenzahlen sehr schnell, was ihn extrem populär macht. Parallel beginnt die *Judenverfolgung* und der Aufbau des „totalen Staates" – SS und Gestapo entfalten den Terror gegen jegliche Andersdenkende.

1938 beginnt die deutsche Expansionspolitik mit dem „Anschluss" Österreichs an Deutschland und der Annexion des Sudetenlandes. In deren Vorfeld wird bei der Münchner Konferenz der Friede noch einmal gewahrt, doch spätestens nach dem Einmarsch in Prag im Frühjahr *1939* stehen die Zeichen auf Krieg.

Er beginnt am 1. September *1939* mit dem Überfall auf Polen, nachdem Hitler sich zuvor mit Stalin auf einen Nichtangriffspakt und die Aufteilung Polens geeinigt hatte. Der Feldzug dauert nur sechs Wochen, man spricht von einem „Blitzkrieg". *1940* wird Frankreich ebenso schnell besiegt, deutsche Truppen haben zudem die Niederlande, Belgien, Dänemark und Norwegen überrannt – Hitler ist auf dem Höhepunkt seiner Macht. Einzig *Großbritannien* leistet noch Widerstand: Der Versuch einer Invasion scheitert 1940 schon im Ansatz, weil die britische Luftwaffe in monatelangen Kämpfen die Oberhand behält.

Deutschland führt den Krieg ohne Rücksicht auf die Zivilbevölkerung. Warschau, Rotterdam und Coventry etwa werden bei Luftangriffen zerstört. Vor allem im Osten kommt es zu ersten Massenerschießungen von Juden.

Im Juni *1941* beginnt Hitler den Feldzug, der von Beginn an sein Hauptziel war: der Überfall auf die Sowjetunion. Doch ein weiterer schneller Sieg gelingt nicht. Im Dezember bleibt die Offensive kurz vor Moskau stecken. Am 7. Dezember überfällt die japanische Flotte den US-Marinestützpunkt *Pearl Harbor* auf Hawaii. Damit ist klar, dass Japan die Sowjetunion nicht von Osten her angreifen wird – Stalin kann Elitetruppen nach Westen verlegen. Hitler erklärt den USA den Krieg, der für Deutschland bereits jetzt nicht mehr zu gewinnen ist.

In Berlin treffen sich im Januar *1942* Größen von SS und verschiedenen Ministerien (Wannseekonferenz) und beschließen die systematische Ermordung aller in Europa lebenden Juden. Die großen Vernichtungslager werden errichtet. Bis *1945* werden rund sechs Millionen Juden, Roma und Sinti, Behinderte und Kranke dem Wahn zum Opfer fallen.

Nach großen, aber nicht kriegsentscheidenden Erfolgen im Laufe des Jahres *1942* in Russland und Nordafrika ist die Wehrmacht auf dem Rückzug. Die Briten beginnen mit der systematischen Bombardierung deutscher Industriegebiete und Städte, die bis Kriegsende immer weiter intensiviert werden. Entscheidende demoralisierende Wirkung haben die Angriffe nicht.

1943 landen alliierte Truppen auf Sizilien, im Juni *1944* in der Normandie. Am 20. Juli scheitert das Stauffenberg-Attentat auf Hitler in dessen Hauptquartier Wolfsschanze in Ostpreußen. In den folgenden neun Monaten bis zum Kriegsende sterben mehr Menschen als in den knapp fünf Jahren zuvor.

Hitlers letzter Befehl sieht die „Zerstörung der Lebensgrundlagen des deutschen Volkes" vor – er wird nicht mehr befolgt. Am 8. Mai *1945* schweigen die Waffen in Europa. Japan kämpft weiter. Das Inselreich war seit Mitte 1942, als große Teile seiner Flugzeugträger-Flotte bei den Midways zerstört wurden, in der Defensive. Nach den Abwürfen der beiden Atombomben auf *Hiroshima* und Nagasaki am 6. und 8. August *1945* kapituliert auch Japan.

Der fast sechsjährige Krieg hat weltweit mindestens *55 Millionen Menschen* das Leben gekostet. Es gibt nur zwei Sieger: die USA und die Sowjetunion, die einzig verbliebenen Weltmächte.

1938 bis 1945

1938   9.11.: Im reichsweiten Novemberpogrom zerstören die Nationalsozialisten auch in Hamburg zahlreiche jüdische Geschäfte und Einrichtungen, darunter die große Synagoge am Bornplatz.

1939   13.2.: Hitler reist zum Stapellauf des Schlachtschiffs „Bismarck" an.

1941   25.10.: Die ersten Hamburger Juden werden in die Vernichtungslager im Osten deportiert.

1942   6.4.: Die Brotrationen werden von 2250 auf 2000 Gramm pro Woche gesenkt.

1943   25.7.: Kurz nach Mitternacht beginnt die „Operation Gomorrha", bei der bis zum 3. August britische und amerikanische Bomber weite Teil der Stadt zerstören.

1944   13.5.: Die Gestapo verhaftet 165 in Hamburg lebende Chinesen, denen sie Kollaboration mit den Briten vorwirft.

1944   1.9.: Aus Papiermangel gibt es ab jetzt in Hamburg nur noch eine Zeitung.

1944   15.12.: In Prag hat der Hamburgfilm „Große Freiheit Nr. 7" mit Hans Albers Premiere. In Hamburg und im gesamten Reichsgebiet bleibt er aus moralischen und ideologischen Gründen verboten.

1945   17.1.: Schwerer Luftangriff auf den Hafen und auf Industrieanlagen in Harburg-Wilhelmsburg

1945   19.4.: Die SS räumt das KZ Neuengamme.

1945   21.4.: In der Schule am Bullenhuser Damm bringen SS-Leute 20 jüdische Kinder, zwei Pfleger, zwei Ärzte und 24 sowjetische Kriegsgefangene um.

1945   3.5.: In der Neustädter Bucht greifen britische Jagdflugzeuge irrtümlich die Schiffe „Cap Arcona" und „Thielbek" an, auf denen sich mehr als 7000 Häftlinge aus dem KZ Neuengamme befinden. Nur etwa 200 von ihnen überleben.

1945   3.5.: Britische Truppen marschieren in Hamburg ein. Im Rathaus übergibt Hamburgs Kampfkommandant Generalmajor Alwin Wolz die Stadt kampflos an den britischen Brigadegeneral Douglas Spurling. Für Hamburg ist der Krieg zu Ende.

1945   15.5.: Die Briten setzen Rudolf Petersen als Bürgermeister ein.

800   900   1000   1100   1200   1300

Zwischen Feuersturm und Holocaust

Simon Krim genießt die fast menschenleeren Straßen. Es ist ein bitterkalter Abend, und es ist auch mitten im Grindelviertel stockduster; niemand traut sich, gegen die Verdunkelungsvorschriften zu verstoßen. So ist es nur hier und da ein Lichtschein, der aus manchen Fenstern durch die Vorhänge auf die Straße gelangt. Simon Krim friert, und er ist hungrig, doch jetzt beginnt für ihn die schönste Stunde des Tages: Seine Frau Ida hat sich bei ihm eingehakt, und wenn sie nach 20 Minuten den Innocentiapark erreichen und dort ihre Runden drehen, dann fühlt es sich fast so an, als wären sie ein normales Ehepaar, das in einer normalen Stadt einen abendlichen Winterspaziergang unternimmt. Simon Krim mag den Winter, das heißt: Er mag die Dunkelheit. Dann geht er gern mit Ida oder seinem Sohn Kurt spazieren. Denn so begegnen ihm nur wenige Menschen, und die sehen einen 67-jährigen Herrn in Beglei-

tung einer Dame oder eines jungen Mannes – der gelbe Judenstern auf seinem Mantel ist kaum sichtbar.

Doch an diesem Mittwoch will der Selbstbetrug nicht recht funktionieren. Simon Krim ist ohnehin wortkarg, heute mag er gar nicht reden. Ida respektiert sein Schweigen, sie weiß, dass jedes Wort

eines zu viel wäre. Es ist der 14. Februar 1945. In 15 Minuten, um Punkt 20 Uhr, müssen die beiden zurück im „Judenhaus" in der Bornstraße 22 sein – dann beginnt die Ausgangssperre für „Nicht-Arier". Doch die beiden denken den ganzen Tag an Berthold Rosenberg, der an diesem Abend nicht zurückkehren wird. Heute Morgen musste der 61-Jährige zum Sammelplatz vor dem Logenhaus, dann wurde er zum Hannoverschen Bahnhof gebracht und mit Dutzenden anderen in einen Güterwaggon gepfercht. Wenn er Glück hat, muss er nur zwei Tage darin ausharren, bevor der Zug in Theresienstadt ankommen wird.

Als das Ehepaar an dem Zimmer vorbeikommt, in dem Rosenberg mit drei anderen gewohnt hat, sieht Krim seine Frau an: „Warum er und nicht ich?" Simon Krim und Berthold Rosenberg haben viele Gemeinsamkeiten. Beide sind mit deutlich jüngeren „arischen" Frauen verheiratet. Die Gestapo hat immer wieder immensen Druck auf Henni Rosenberg und Ida Krim ausgeübt, damit sie sich scheiden lassen – doch die beiden mutigen Frauen sind standhaft geblieben und lieber mit ihren Männern ins Judenhaus gezogen, als sie im Stich zu lassen. Im NS-Staat handelt es sich damit um „privilegierte Mischehen". Ein Status,

der beide Männer so lange davor bewahrt hatte, in die Vernichtungslager geschickt zu werden. Bis heute morgen.

Simon Krim weiß, dass der Krieg bald zu Ende sein wird. Umso größer ist seine Sorge, dass fanatische Nationalsozialisten kurz vor dem Ende auch noch die letzten überlebenden Juden ermorden werden. Als sie vor der Tür zu ihrem kleinen Zimmer stehen, nimmt Ida Krim die große Hand ihres Mannes und drückt sie so fest, dass es ihr wehtut. Noch nie hat er eine so große Dankbarkeit verspürt wie in diesem Moment.

Simon Krim hat die ersten 56 Jahre seines Lebens auf der Sonnenseite gestanden. 1877 im damals österreichischen Galizien geboren, kommt er im Alter von elf Jahren mit seinen Eltern nach Wandsbek. Den technik- und fortschrittsbegeisterten jungen Kaufmann faszinieren die ersten Automobile, und so gründet er 1906 sein eigenes Autohandelshaus. Ab 1908 bietet er die Fahrzeuge an erster Adresse an: am Alsterdamm, der später in Ballindamm umbenannt wird. Die Geschäfte laufen gut.

Der Fronteinsatz im Ersten Weltkrieg bleibt ihm erspart: Er wird dienstuntauglich geschrieben und meldet sich dann als Kraftfahrer für die Sanitätskolonne Wandsbek. Wie Millionen andere zeichnet er Kriegsanleihen, tauscht Gold gegen Eisen, leidet Hunger in den Kriegswintern. In den wirtschaftlich schwierigen Jahren der Weimarer Republik geht es mit dem Autohandel bergauf, seine Kunden kommen aus den besten Kreisen. Den jüdischen Glauben hat er nie praktiziert, die Mutter seines Sohnes Kurt, der 1921 geboren wird, und seine dritte Frau Ida sind Christinnen. Simon Krim konzentriert sich auf sein Geschäft, das ihn zum angesehenen und sehr wohlhabenden Mann gemacht hat. Er besitzt mehrere Grundstücke an der Hoheluftchaussee und der Alstertwiete, an der Sievekingsallee hat er eine große Reparaturwerkstatt. Und er ist großzügig: Der Schwester seiner Frau etwa finanziert er den Lebensunterhalt. Als die Nationalsozialisten 1933 an die Macht kommen, verschwendet Krim keinen Gedanken an Auswanderung. Weder als es Boykottaufrufe gibt („Kauft nicht bei Juden"), noch als die Nürnberger Rassegesetze 1935 verabschiedet werden. Und auch nicht als er 1936 sein Geschäft aufgeben muss und 1938 die Synagogen brennen und bald darauf das gesamte Vermögen aller Juden beschlagnahmt wird. Von einen Tag auf den anderen sind die Krims verarmt. Und immer drängender

JOSEPH CARLEBACH
(1883–1942)

hat erst Mathematik, Physik und Chemie studiert und als Lehrer gearbeitet, bevor er die Rabbinerausbildung absolvierte. Am Ersten Weltkrieg nimmt er als Offizier teil, 1920 wird er Rabbiner in Lübeck, 1926 wechselt er nach Altona, und 1936 wird er Oberrabbiner in Hamburg. Hier setzt sich der hochgebildete Geistliche, der sich auch mit zahlreichen Publikationen einen Namen gemacht hat, für die bedrängten und verfolgten Juden der Stadt ein. Carlebach verzichtet bewusst auf eine Emigration, um seiner Gemeinde beizustehen. 1941 wird er mit seiner Frau und vier Kindern nach Riga deportiert und später umgebracht.

REINHOLD MEYER
(1920–1944)

studiert Germanistik und ist Juniorchef der Buchhandlung der Agentur des Rauhen Hauses. Im Keller der Buchhandlung am Jungfernstieg, die von seiner Schwester Anneliese Tuchel noch bis in die 1990er-Jahre geleitet wurde, treffen sich Intellektuelle, Künstler und Wissenschaftler, die Gegner der NS-Herrschaft sind. Ein Gestapo-Spitzel verrät die Gruppe, deren Mitglieder im Herbst 1943 festgenommen werden. Meyer stirbt im KZ Fuhlsbüttel an einer schweren Diphterie, die er sich in der Haft zugezogen hat.

GUSTAV OELSNER
(1879–1956)

stammt aus einer assimilierten jüdischen Familie in Posen und studiert in Berlin Architektur. Anschließend ist er in Architekturbüros und staatlichen Bauämtern tätig. 1924 wird er Bausenator in der damals noch preußischen Stadt Altona, die er als moderner Stadtplaner und mit zahlreichen öffentlichen Bauten prägt. Die Nationalsozialisten belegen ihn mit Berufsverbot, 1939 emigriert er in die Türkei, wo er Regierungsberater und Universitätsprofessor wirkt. 1949 kehrt er nach Hamburg zurück. In der Baubehörde beteiligt er sich am Wiederaufbau der kriegszerstörten Stadt.

werden die Aufforderungen der Gestapo, Ida Krim solle ihren Mann verlassen. Doch der Satz „in guten wie in schlechten Tagen" ist für sie keine leere Floskel. Sie arbeitet weiter als Mannequin, offiziell Vorführdame genannt, für Hamburger Modehäuser und verdient so den Lebensunterhalt.

Trotz allen Unrechts und allen Hasses, der den noch etwa 7500 in Hamburg lebenden Juden entgegenschlägt, liegt jenseits aller Vorstellungskraft, was noch kommen sollte.

Im Oktober 1941 müssen sich 1034 Juden auf dem Platz vor dem Niedersächsischen Logenhaus gleich neben dem Universitätshauptgebäude einfinden. In langen Reihen stehen sie Schlange, warten darauf, dass die Bürokraten des Massenmordes ihre Schicksale abstempeln. Dann, nach einer Nacht im Freien oder auf dem Fußboden im Logenhaus, geht es zum Hannoverschen Bahnhof, es folgt ein tagelanger Transport in fensterlosen Güterwaggons nach Lodz – ohne Toilette, ohne Wasser. Keiner der 1034 wird den Holocaust überleben. Es ist der erste von 17 Hamburger Transporten. Von den 5848 Deportierten überleben nur 233.

Ida und Simon Krim bleiben zunächst unbehelligt. Doch im Februar 1943 bekommen sie die Aufforderung, ihre Wohnung an der Andreasstraße zu räumen und in das „Judenhaus" an der Bornstraße zu ziehen. Ida Krim kämpft wie eine Löwin dagegen. Sie beschwert sich bei der Gestapo, reist sogar nach Berlin – ohne Erfolg. Im Mai beziehen „Volksdeutsche" ihre Wohnung, das Ehepaar bekommt das kleine Zimmer im Grindelviertel. Dort wollen die Behörden alle Juden in einer Art Ghetto zusammenziehen, auch um die Transporte in die Vernichtungslager leichter organisieren zu können.

Am Abend des 14. Februar 1945 liegt Simon Krim lange wach. Er denkt an Berthold Rosenberg, wie der in diesem Moment in einem Waggon hockt, irgendwo zwischen Hamburg und Theresienstadt. Er denkt an Bertholds Bruder Ernst, der vor zwei Wochen abtransportiert wurde. Er denkt an die vielen Dutzend anderen, die deportiert wurden, seit er hierhergezogen ist. Und er fragt sich, was – oder wer – ihn bisher gerettet hat. Denn selbst Juden, die als hochdekorierte Helden aus dem Ersten Weltkrieg zurückgekehrt waren und deswegen lange geschont wurden, sind

ermordet worden. Hält eine der Hamburger Nazi-Größen ihre schützende Hand über ihn? Vielleicht ein früherer Kunde? Oder kommt morgen der Brief, der seine Deportation befiehlt?

Simon Krim kann nur hoffen, dass das Regime bald kollabiert. Hamburg liegt in Trümmern, die Amerikaner und Briten stehen am Rhein, die Russen an der Oder, es kann nicht mehr lange dauern. Es darf nicht. Jeden Abend, wenn er auf Schlaf hofft, denkt er, dass am nächsten Morgen der Brief mit dem Deportationsbefehl kommen könnte. Je weiter die Alliierten vorrücken, desto größer werden nicht nur seine Hoffnungen, sondern auch seine Ängste, dass Fanatiker noch kurz vor dem Ende ein Massaker anrichten könnten.

Elf unendlich erscheinende Wochen geht das so. Dann nehmen britische Truppen Hamburg kampflos ein – erst jetzt kann Simon Krim sicher sein, dass er gerettet ist. Erst jetzt kann er ohne Angst um sein Leben einschlafen.

Und auch die Rosenberg-Brüder überleben: Die Rote Armee befreit das Lager rechtzeitig.

Krims Blick geht in diesem Frühling 1945 sofort nach vorn: Er will sein Geschäft wiederaufbauen. Er schafft es, einen Lkw zu organisieren, und gründet ein Fuhrgeschäft, bald hat er wieder ein Autohaus, das er mit seinem Sohn Kurt führt. Bis zu 250 Mitarbeiter hat der Betrieb. In den 50er-Jahren wird er entschädigt, seine Frau muss das Geld einklagen. Doch über die dunklen Jahre spricht er mit seinen drei Kindern nicht – es bleibt ein Tabuthema in der Familie. Nicht auffallen, das ist es, was die Familie vor allem will.

Manchmal denkt Simon Krim im Stillen: Was für ein Leben. Geboren unter einem österreichischen Kaiser im heutigen Polen, aufgewachsen unter einem deutschen Kaiser in der preußischen Stadt Wandsbek; er erlebt den Krieg und die Revolution, Demokratie und Weltwirtschaftskrise, Terrorherrschaft, Feuersturm, Besatzungszeit – und dann, endlich: Demokratie, Frieden, Wohlstand. Simon Krim lebt in einem Zeitalter der Extreme. Er stirbt, 88-jährig, 1965 in Hamburg.

Witze *„Die Länder sind gleichgeschaltet. Wir haben jetzt keine Preußen, Sachsen, Bayern oder Badener mehr, es gibt nur noch Braun-Schweiger."* *Ein Witz aus dem Jahr 1933, als man höchstens Ärger, aber noch kein Gefängnis riskierte, wenn man ihn erzählte. Was sich bald ändern sollte, wie dieses Beispiel von 1938 zeigt: „Paul: Was gibt es für neue Witze? Otto: Sechs Monate."* *Während der letzten Kriegsjahre wurde es dann sogar lebensgefährlich, einen Witz über die NS-Führung zu machen. Ein falscher Satz konnte jeden wegen „Wehrkraftzersetzung" an den Strang bringen – wahrhaftiger Galgenhumor. Witze kursierten dennoch weiter, auch wenn sie nur noch in kleinem Kreise Menschen erzählt wurden, denen man wirklich vertrauen konnte.*

NS-Organisationen *Ob „Kraft durch Freude", NS-Volkswohlfahrt und Frauenschaft oder Deutsche Arbeitsfront – auch neben der Partei, SA und SS gab es unzählige Organisationen im Nazi-Staat, um die Bürger möglichst umfassend beeinflussen und kontrollieren zu können. Besonders wirksam war das bei der Jugend, die ab 1935 Mitglied in der Hitler-Jugend sein musste. Schon die Zehnjährigen kamen in das Jungvolk beziehungsweise den Jungmädelbund, es folgten Hitler-Jugend und Bund Deutscher Mädel für die 14- bis 18-Jährigen. Dass die Indoktrination mit vielen spielerischen und Abenteuerelementen verknüpft war, machte sie umso erfolgreicher: Die junge Generation gehörte zu den fanatischsten Hitler-Anhängern, Zehntausende Kinder starben noch in den letzten Kriegsmonaten in den Volkssturmaufgeboten.*

1500   1600   1700   1800   1900   2000

*Seit dem frühen 20. Jahrhundert gibt es Figuren,
die man aus einer Masse aus Holzmehl und Leim
herstellt. Aus diesem preiswerten Elastolin werden
mit Vorliebe Soldaten gefertigt. In der NS-Zeit bieten
die Spielwarengeschäfte eine ganze Armee an, denn
mit Kriegsspielzeug sollen die Jungen bereits auf ihre
künftige Aufgabe in SS, SA oder Wehrmacht vorbereitet
werden.*

1946–1962

Deutschland ist eine Ruinen-
landschaft, Hamburg ein einziges
Trümmerfeld. Die Menschen leiden
Hunger, Millionen Kriegsheimkehrer
sind traumatisiert, Millionen
Flüchtlinge drängen in das zerstörte
Land. Es erscheint vielen wirklich
wie ein Wunder, dass Deutschland
binnen weniger Jahre zu einem
reichen, prosperierenden Land wird.
Und während die Welt auf dem
Höhepunkt des Kalten Krieges am
Rande der nuklearen Katastrophe
steht, ist es die Natur, die Hamburg
eine schwere Prüfung auferlegt ...

STECKBRIEF

Staatsgebiet **755 qkm**
Einwohner **1.847.000**
Berufe **Kaufleute,
Hafenarbeiter, Handwerker,
Beamte, Gastarbeiter**
Speisen **Fisch, Fleisch, Bier,
Kartoffeln, Südfrüchte**

Währung **Deutsche Mark**

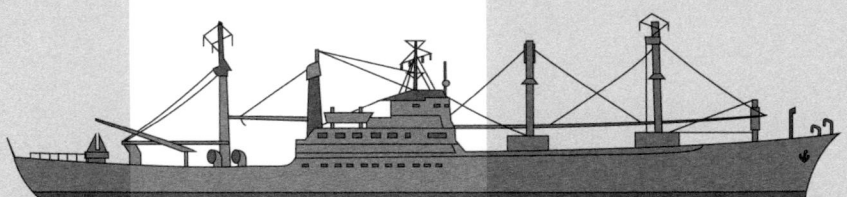

Stückgutfrachter, 159 m lang, ca. 1960

Deutschland wird in vier *Besatzungs-zonen* aufgeteilt: Im Nordwesten regieren die Engländer, im Osten die Sowjets, im Süden die Amerikaner und im Südwesten die Franzosen. In dieser „Stunde null" herrscht in weiten Teilen der Bevölkerung großer Hunger, es mangelt an allem. Millionen Soldaten sind in Kriegsgefangenschaft, die Städte weitgehend zerstört, die Wirtschaft liegt am Boden.

Der *Ost-West-Konflikt* bahnt sich bereits an, die Gegensätze zwischen den drei Westmächten und der Sowjetunion werden größer. Die USA lassen den Morgenthau-Plan fallen, nach dem Deutschland ein entindustrialisiertes Agrarland werden soll, und entscheiden sich für den Wiederaufbau mit dem Marshallplan, sodass Milliarden Dollar nach Westeuropa fließen.

1946 beginnen die Nürnberger Prozesse gegen die deutschen Kriegsverbrecher. Dort wird für viele Deutsche erstmals das ganze Ausmaß der Nazi-Barbarei öffentlich. Es ist das erste Mal, dass sich Kriegsverbrecher vor einem Tribunal verantworten müssen. Prominentester Häftling ist Hermann Göring, der sich vor der Vollstreckung seines Todesurteils vergiftet.

Bis *1948* schließen sich die westdeutschen Gebiete zur „Tri-Zone" zusammen. Die Währungsreform mit der Einführung der D-Mark schafft die Voraussetzungen zum Wirtschaftsaufschwung.

1949 werden zuerst die Bundesrepublik Deutschland und kurz darauf die Deutsche Demokratische Republik gegründet. Die Teilung ist damit zementiert. Berlin hat einen Sonderstatus. Nachdem die Blockade der geteilten Stadt dank der US-Luftbrücke gescheitert ist, bleibt es bei der Verwaltung durch die vier Siegermächte.

In Bonn wählt der erste Bundestag Konrad Adenauer (CDU) *1949* zum Bundeskanzler; in der DDR gibt es keine demokratischen Wahlen: An der Spitze steht Walter Ulbricht.

In *China* erringen die Kommunisten unter Mao die Macht, die Unterlegenen unter Tschiang Kai-Tscheck ziehen sich nach Taiwan zurück. Maos Herrschaft wird mindestens 70 Millionen Chinesen das Leben kosten. Japan wird wie Deutschland demokratisiert und verzichtet auf eine starke Militärmacht.

1953 stirbt Stalin, dessen Terrorregime Millionen Russen zum Opfer gefallen waren. Neuer starker Mann ist Nikita Chruschtschow, der die Entstalinisierung einleitet. Die Sowjetunion holt technologisch schnell auf, baut eigene Atom- und Wasserstoffbomben und schafft es 1957 als erste Nation, einen Satelliten ins All zu schießen: den Sputnik. Dies und der erste bemannte Raumflug 1961 mit Juri Gagarin schockieren den Westen.

Die *USA* erleben nach dem Krieg einen nie gekannten Wirtschaftsaufschwung und werden ökonomisch und kulturell zum Vorbild für weite Teile der Welt. Der Kalte Krieg führt zu einer Kommunisten-Paranoia, vor allem Senator Joe McCarthy verfolgt Linke aller Couleur. Auch Weltstars wie Charlie Chaplin werden zur Ausreise genötigt.

In Asien und Afrika geht die Entkolonialisierung rasch voran, oft in blutigen Befreiungskämpfen wie in Vietnam, wo die Franzosen nach ihrer militärischen Niederlage 1954 abziehen. Aus dem britischen Kolonialreich in Indien gehen drei Staaten hervor: Indien, Pakistan und Bangladesch.

Westdeutschland erlebt in den 50er-Jahren das *Wirtschaftswunder.* Vollbeschäftigung und wachsender Wohlstand lassen die Menschen die „schlimme Zeit" langsam vergessen. 1957 gründen Deutschland, Italien, Frankreich und die Beneluxstaaten die Europäische Wirtschaftsgemeinschaft, aus der die EG und später die EU hervorgehen.

Der Kalte Krieg erlebt seinen Höhepunkt: *1961* wird die Mauer in Berlin gebaut, mitten in der Stadt stehen sich amerikanische und sowjetische Panzer gegenüber. 1962 droht ein Atomkrieg, als die Sowjets auf Kuba Mittelstreckenraketen stationieren.

Die deutsche Demokratie besteht ihre Bewährungsprobe, als die Regierung die Redaktion des „Spiegel" wegen eines kritischen Artikels durchsuchen und Chefredakteur und Herausgeber verhaften lässt. Zehntausende protestieren auf den Straßen, Verteidigungsminister Strauß muss schließlich zurücktreten.

1946 bis 1962

1946 7.5.: Ein britisches Militärgericht verurteilt im Curio-Haus elf Angehörige der Wachmannschaften des ehemaligen KZ Neuengamme zum Tode.

1941 4.9.: „Deutsche Romantik" heißt die erste Ausstellung, mit der die Kunsthalle wieder für das Publikum geöffnet wird.

1947 21.11.: In den Kammerspielen hat das Kriegsheimkehrerdrama „Draußen vor der Tür" von Wolfgang Borchert Premiere.

1948 1.2.: Die Demontage der Wert Blohm + Voss beginnt.

1948 20. Juni: Mit der Einführung der Deutschen Mark sind Hamburgs Läden über Nacht wieder gut gefüllt.

1948 11.10.: Der Verleger Axel Springer bringt das „Hamburger Abendblatt" auf den Markt.

1949 18.5.: Die Bürgerschaft billigt das Grundgesetz, Hamburg wird Bundesland in der Bundesrepublik Deutschland.

1950 Mai: Die ersten beiden der 15-geschossigen Grindelhochhäuser werden eröffnet.

1952 1.7.: Hamburgs neue Verfassung tritt in Kraft.

1952 8.10.: Rudolf Augstein verlegt Redaktion und Verlag seines Nachrichtenmagazins „Der Spiegel" von Hannover nach Hamburg.

1953 30.4.: In Planten un Blomen wird die IGA eröffnet.

1955 15.10.: Das neue Gebäude der Hamburgischen Staatsoper wird an der Dammtorstraße eingeweiht.

1955 1.10.: Gustaf Gründgens wird Intendant des Deutschen Schauspielhauses.

1958 17.4.: 100 000 Menschen protestieren auf dem Rathausmarkt gegen die geplante Ausrüstung der Bundeswehr mit Atomwaffen.

1962 16./17.2.: Hamburg wird von einer Sturmflut heimgesucht, die 317 Todesopfer fordert.

1962 26.10.: Wegen des Verdachts auf Hochverrat lässt die Bundesanwaltschaft die Redaktionsräume des „Spiegel" besetzen und Herausgeber Rudolf Augstein und leitende Redakteure verhaften. Drahtzieher der „Spiegel-Affäre" ist der CSU-Politiker Franz Josef Strauß, der als Verteidigungsminister zurücktreten muss.

800   900   1000   1100   1200   1300

Der Tag, an dem Hamburg versank

Noch kurz vor dem Einschlafen denkt Reinhard Pflug an den neuen Kühlschrank, der drüben in der Küche leise vor sich hin schnurrt. Man kann es sich auch auf engem Raum gemütlich machen. Erst gestern ist das gute Stück von Neckermann geliefert worden, gemeinsam mit seinem Freund Karl hat er ihn in die Laube geschleppt und in der Einbauküche am vorgesehenen Platz angeschlossen. Ingrid ist glücklich, denkt er in dieser stürmischen Februarnacht. Nach dem Abendessen haben sie noch mit Reinhard junior und der Tochter Katrin „Mensch ärgere dich nicht" gespielt. Dabei hat sich der Vater das eine oder andere Schnäpschen genehmigt. Draußen heult der Wind. Hoffentlich lässt der Sturm bald nach, denkt Reinhard, als er schließlich einschläft.

Kurz nach Mitternacht wird er wach. Ingrid ist unruhig, kann offenbar nicht schlafen. „Was ist denn nur? Wieso schläfst du denn nicht?", fragt er seine Frau. „Weil es irgendwo brennt", sagt sie. Dann hört auch er die Sirenen. Aber das beunruhigt ihn nicht, die Feuerwehr ist ja offenbar zur Stelle und wird den

Brand schon löschen. Jetzt, da er wach ist, muss er zur Toilette. Kein schöner Gedanke, bei dem Sturm durch die Kälte hinüber zum Toilettenhäuschen zu laufen. Als er das Bett verlässt, tritt er in etwas Nasses. „Ingrid, hier ist irgendwas umgekippt. Der Fußboden ist nass." Er schaltet die Nachttischlampe ein und ist auf einmal hellwach. Im trüben Licht sieht er, wie schmutziges Wasser aus den Fußbodenritzen dringt. Er starrt auf die Dielenbretter, die er selbst verlegt hat und aus deren Fugen eine bräunliche Brühe quillt. „Du musst sofort die Kinder wecken", sagt Ingrid, die auch auf den Fußboden starrt. „Wenn das von der Elbe kommt, dann läuft der Deich über", sagt Reinhard, dem das Wasser schon bis an die Knöchel reicht. Schnell geht er rüber, weckt Reinhard junior und Karin. Die Kinder sind schlaftrunken und verstehen nicht, worum es überhaupt geht. Da ist Wasser, wo es nicht hingehört. Mitten in der Wohnküche steigt die braune Brühe immer weiter an. „Wir müssen hoch aufs Dach. Zieht schnell was Warmes an, draußen ist es elend kalt. Aber macht schnell", sagt Reinhard, der auf den nagelneuen Kühlschrank schaut, der längst unter Wasser steht. „Aber wenigstens die Musiktruhe müs-

sen wir retten", sagt er, schiebt die Stühle zusammen, stellt sie auf den Küchentisch und wuchtet gemeinsam mit Ingrid das wertvolle Möbelstück darauf. Dann wird es aber Zeit, Ingrid packt die wichtigsten Papiere zusammen und sucht schnell noch ein paar warme Sachen und Decken, die sie oben vor Sturm und Kälte schützen sollen. Dann müssen sie das Haus verlassen. „Komm schnell her", sagt Reinhard zu seinem Sohn, nimmt ihn auf den Arm, drückt die Küchentür auf und steht kurz darauf im Freien. Ingrid trägt Karin und läuft dicht hinter ihrem Mann. Sie müssen sich gegen die Strömung stemmen, glücklicherweise hat Reinhard die Gartenleiter zuvor an der Regenrinne der Laube mit Draht befestigt. Jetzt klettern sie nacheinander aufs Dach.

Aber was ist das für ein Anblick! Der ganze Kleingartenverein Köhlbrand ist überschwemmt, und das Wasser steigt weiter. „Was ist mit den Leuten da unten im Grund?", fragt Ingrid, die sich nicht vorstellen mag, was in diesen Momenten mit den Nachbarn geschieht, die im Maakenwerder Grund wohnen. Haben sie noch eine Chance? Leben sie überhaupt noch, konnten sie sich in letzter Minute irgendwie in Sicherheit bringen? Reinhard denkt an seinen Freund Karl Schwendler, der erst gestern beim Ausladen des neuen Kühlschranks geholfen hat. Der wohnt mit seiner Familie da unten. Und der kleine Holger ist noch kein halbes Jahr alt.

„Was ist mit den Kaninchen? Müssen die jetzt sterben?", fragt Reinhard junior. Die hat der Vater in der Aufregung glatt vergessen. Aber der Flut preisgeben wird er sie nicht. „Du bist verrückt", sagt Ingrid und schüttelt den Kopf, aber Reinhard steigt schon nach unten. „Einer von euch muss an den Rand kommen und mir die Käfige abnehmen", sagt er. Die Strömung ist stark, er muss höllisch aufpassen, nicht weggerissen zu werden. Zum Glück stehen die Ställe dicht an der Laube, aber hochstemmen kann er sie nicht, denn sie sind fest verschraubt. Also öffnet er die Türen und greift nach den Tieren, geht hinüber zur Leiter und reicht sie Ingrid eins nach dem anderen nach oben. Dann endlich kommt er selbst wieder hoch, und jetzt erst stellt er fest, wie sehr ihm Kälte, Nässe und Sturm zusetzen. Aber die Kinder sind ganz begeistert. „Toll hast du das gemacht", sagt Reinhard junior, der eines der Kaninchen auf dem Schoß streichelt. Die anderen hoppeln auf dem Teerdach hin und her. „Zum Glück hat unsere Laube ein Fundament. Hoffentlich hält es auch", sagt Ingrid. „Es muss halten. Und es wird halten", meint Reinhard, der wieder an Karl Schwendler denken muss, dessen Laube unten im Grund ohne Fundament nur auf Ziegelsteinen steht.

Immer weiter steigt das Wasser an, reißt alles mit sich, Gartengeräte, Bretter, Fahrräder, eine verbeulte Badewanne schwimmt vorbei, Teile eines Gewächshauses. Und der Sturm ist gnadenlos, mit seinem Eishauch kriecht er unter die Kleider, der Regen vermischt sich in den frühen Morgenstunden auch noch mit Graupelkörnern, die schmerzhaft ins Gesicht schneiden. Die Pflugs sitzen in der Dunkelheit dicht beisammen, um sich gegenseitig Wärme zu geben, bis endlich Hilfe kommt. Nur einen Meter unter ihnen schwappt das Wasser.

Den Krögers nebenan geht es besser. Sie haben nicht nur ein festes Fundament, sondern auch ein aufgestocktes und ausgebautes Dachgeschoss, das hoch über dem Wasser liegt. Die sitzen im Trockenen und sind außer Gefahr. Ausgerechnet die Krögers, mit denen sich Reinhard und Ingrid Pflug noch nie besonders gut verstanden haben. Reinhard blickt hinüber auf das Haus, das wie ein Fels in der Brandung zu stehen scheint. Verwundert sieht er, wie das Dachfenster geöffnet wird und der Kopf des Nachbarn dort erscheint. „Hallo, Herr Pflug, können Sie mich hören?", schreit er gegen den Wind an. „Sie können zu uns herüberkommen. Bei uns ist unterm Dach noch genug Platz."

„Würden wir gern, aber wie? Wir kommen doch nicht rüber", schreit Reinhard zurück, der genau weiß, dass sich mit seiner Leiter der Abstand zwischen den Häusern nicht überbrücken lassen würde. „Ich habe eine Leiter, die drei Meter lang ist. Das könnte gerade reichen", ruft der Nachbar. Kurz darauf wirft Kröger eine Wäscheleine aufs Dach, die Reinhard auffängt. Am anderen Ende hat er die Leiter befestigt, sodass die Pflugs das eine Ende zu sich herüberziehen können. Es ist knapp, aber es reicht. Die Leiter bildet eine waagerechte, wenn auch ziemlich wackelige Verbindung zwischen den beiden Lauben.

„Kommen Sie doch endlich", ruft Kröger, aber Ingrid traut sich nicht, über den Abgrund zu kriechen. „Ich geh zuerst. Ich kann das gut", sagt Reinhard junior, der behände über die Leiter klettert und schon bald darauf Krögers Dachfenster erreicht hat. Seine Schwester will ihm nicht nachstehen und schafft es auch. Schließlich fasst sich auch Ingrid ein Herz und klettert zu ihren Kindern hinüber. Und als Reinhard Pflug als Letzter über die Leiter kriecht, wird ihm beim Blick nach unten ganz bang. Noch nie sind ihm drei Meter so weit vorgekommen. „Willkommen", sagt der Nachbar, und Reinhardt bedankt

Ab Mai 1945 ist Hamburg britisch besetzt. Das wird auch an den Autokennzeichen deutlich. Überall in den britischen Besatzungszonen beginnen die Nummernschilder mit dem Buchstaben B. BS steht für Britisch-Schleswig-Holstein, und Hamburg erhält BH. Erst 1956 ist Schluss damit, seither gibt es HH für Hansestadt Hamburg.

1500   1600   1700   1800   1900   2000

Wirtschaftswunder *Ein Sexsymbol war er vielleicht nicht gerade, aber der sehr beleibte Wirtschaftsminister Ludwig Erhard, stets mit Hut und Zigarre unterwegs, verkörperte schon ein Idealbild: das des wohlgenährten, erfolgreichen Wohlstandsbürgers. Anders formuliert: Die Jahre des Wirtschaftswunders waren auch die Jahre des großen Fressens. Man muss wohl die Hungerjahre nach 1945 erlebt haben, um wirklich verstehen zu können, welche Bedeutung das Essen hatte. Ein prall gedeckter Tisch war ein Statussymbol und sichtbares Zeichen, dass die Mangeljahre vorbei waren. Nie wieder wollte man das erleben, und viele legten sich gewaltige Vorratslager im Keller an, die notfalls für Monate gereicht hätten. Auch noch Jahrzehnte später, als Deutschland längst zur Überflussgesellschaft geworden war. Und die Teller wurden leer gegessen, auch wenn es einem schon zu den Ohren wieder rauskam ...*

Halbstarke *Der Begriff taucht zwar schon in Polizeiakten Anfang des Jahrhunderts auf, in den 50er-Jahren wurde er aber stilprägend. Er steht für das Aufbegehren der Jugendlichen, die mit den alten Feindbildern nichts anfangen konnten und die US-Kultur geradezu aufsogen. Vor allem Rock 'n' Roll, Jeans und Cola. James Dean und Marlon Brando wurden Ikonen der Aufsässigkeit, Chuck Berry und Bill Haley lieferten den Sound dazu. Als Letzterer 1958 in der ausverkauften (und bestuhlten) Ernst-Merck-Halle auftrat, kam es zu einer legendären Saalschlacht (die das Gestühl nicht überstand) und Straßenkämpfen mit der Polizei. Tragisch: Wegen der Vorfälle sagte Elvis Presley seinen Auftritt in Hamburg ab.*

800   900   1000   1100   1200   1300

sich, auch für die Hose, das Hemd und den trockenen Pullover, den Frau Kröger ihm reicht. Gemeinsam sitzen sie die nächsten Stunden beisammen, erwarten den Tag, trinken Weinbrand und sind dankbar, trocken und in Sicherheit zu sein. Reinhard denkt an die Leute, die „im Grund" leben und in höchster Gefahr schweben. Was wird mit Kurt und seiner Familie, sind die Retter rechtzeitig gekommen und haben sie vor dem Ertrinken bewahrt?

Am Morgen ist das Wasser dann plötzlich verschwunden. Im frühen Tageslicht sieht Reinhard, wie seine zwölf Kaninchen munter auf dem Dach hoppeln. Von außen scheint seine Laube die Flut gut überstanden zu haben. Als er aber die Tür öffnet, sieht er den Schlamm und Lachen einer stinkenden Brühe. Die Möbel sind unbrauchbar, die gute Küche ist hin, der neue Kühlschrank sowieso. Aber die Musiktruhe, die sie in letzter Minute noch auf Tisch und Stühle gehievt hatten, ist unversehrt geblieben.

Karl Schwendler überlebte die Hamburger Sturmflut im Februar 1962, doch seine Frau und sein neugeborener Sohn Holger gehören zu den 315 Todesopfern. Die Familie Pflug hat die Katastrophe gut überstanden. Sie erhält eine großzügige Unterstützung „für die Wiederbeschaffung von Hausrat und Bekleidung", viel mehr, als Reinhard erwartet und gehofft hat. Reinhard und Ingrid leben heute als Ruheständler in Hamburg. Die Kinder Reinhard junior und Karin sind berufstätig und wohnen auch in Hamburg.

IDA EHRE
(1900–1989)

in Cottbus, Bukarest, Mannheim und Berlin steht die Tochter eines jüdischen Oberkantors als Schauspielerin auf der Bühne. Mit dem Machtantritt der Nationalsozialisten wird ihre Karriere abrupt unterbrochen. Nachdem die Emigration nach Chile misslingt, kommt sie in Fuhlsbüttel in Haft. 1945 eröffnet Ida Ehre mit den Kammerspielen eine der bedeutendsten Bühnen der Nachkriegszeit. Eine Sternstunde ist 1946 die Uraufführung von Wolfgang Borcherts Heimkehrerdrama „Draußen vor der Tür".

AXEL SPRINGER
(1912–1985)

wird als Sohn des Verlegers Hinrich Springer in Altona geboren. 1945 erhält er von der englischen Militärregierung die Lizenz zur Publikation von Büchern, doch schon wenig später beginnt er, ein großes Medienhaus aufzubauen. 1946 gründet Springer die „Hörzu", zwei Jahre später das „Hamburger Abendblatt" und 1952 die „Bild". Mit diesen und zahlreichen weiteren Titeln baut Axel Springer seinen Verlag zum größten Zeitungshaus Europas aus. Springer ist konservativ und bekennt sich zur Wiedervereinigung Deutschlands, die er aber selbst nicht mehr erlebt.

ALFRED TOEPFER
(1894–1993)

schließt eine kaufmännische Lehre ab und gründet 1920 eine eigene Getreidehandlung, die immer weiter expandiert. Er wirkt auf vielfältige Weise als Mäzen und bemüht sich mit großem Engagement um die europäische Verständigung. Dass dieser verdienstvolle Mann, dessen 1931 gegründete Stiftung F.V.S. Projekte in den Bereichen Kultur, Wissenschaft, Bildung und Naturschutz weit über Deutschland hinaus mit erheblichen Mitteln fordert, persönlich und geschäftlich in das nationalsozialistische System verstrickt ist, gerät erst spät in den Fokus der öffentlichen Wahrnehmung.

1963– 1978

STECKBRIEF

Staatsgebiet **755 qkm**

Einwohner **1 664 000**

Berufe **Facharbeiter, Versicherungskaufleute, Arbeitslose**

Speisen **Fleisch, Bier, Wein, Gemüse, Fertigprodukte**

Währung **Deutsche Mark**

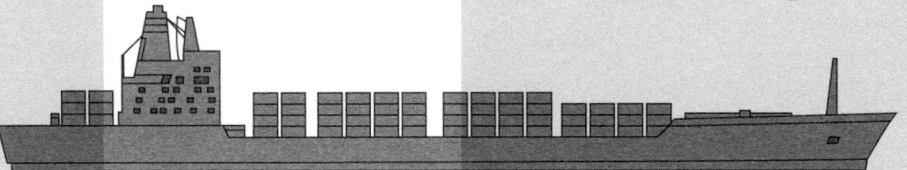

Containerschiff, 290 m lang, ca. 1977

Wirtschaftlich sind es goldene Jahre, die den Menschen im Westen einen immer höheren Lebensstandard bringen. Doch es rumort in den Köpfen der Jugend, die radikal alles infrage stellt, was die Vätergeneration tut und denkt. Es ist der Konflikt zwischen „langhaarigen Gammlern" und „alten Nazis", Konvention und Aufbruch, Obrigkeitsstaat und anarchischer Unangepasstheit. Ein Satz wird all das auf den Punkt bringen. Er steht auf einem Transparent, das zwei junge Hamburger Studenten vor dem Uni-Präsidium durch das Audimax tragen ...

Das Attentat von Dallas schockiert die Welt: US-Präsident Kennedy wird *1963* ermordet. Im selben Jahr unterschreiben Bundeskanzler Adenauer und Präsident de Gaulle den deutsch-französischen Freundschaftsvertrag: die jahrhundertelange „Erbfeindschaft" soll der Vergangenheit angehören.

1966 wird die SPD in der Großen Koalition erstmals seit dem Krieg an der Regierung beteiligt.

Die USA schicken immer mehr Soldaten nach Südvietnam, um den kommunistischen Norden zu bekämpfen. Der Krieg eskaliert, ohne dass es entscheidende militärische Erfolge gibt. *1967* besiegt Israel im Sechs-Tage-Krieg Ägyphten und Jordanien, *1973* kann es sich im Jom-Kippur-Krieg erneut gegen seine arabischen Nachbarn behaupten.

Während des Besuchs des persischen Schahs in Deutschland 1967 kommt es zu Protesten, die am 2. Juni in Berlin eskalieren: Ein Polizist tötet den Studenten Benno Ohnesorg. Teile der linken Studentenschaft radikalisieren sich.

1969 gelingt den Amerikanern die Landung auf dem Mond.

Die SPD gewinnt zusammen mit der FDP *1969* hauchdünn die Bundestagswahl, Willy Brandt wird Bundeskanzler und leitet die Entspannungspolitik mit dem Ostblock ein. Höhepunkt ist ein Besuch in Warschau, wo er die Oder-Neiße-Grenze anerkennt und vor dem Mahnmal im Ghetto auf die Knie fällt.

Die Bundesrepublik ist tief *gespalten:* Politisch stehen sich Reformer und Konservative unversöhnlich gegenüber; gesellschaftlich die weitgehend linke Jugend und die ältere Generation, deren Werte abgelehnt werden.

Die erdölexportierenden Staaten gründen *1973* die OPEC und erhöhen die Preise drastisch. Folge ist eine Ölkrise, die die „goldenen" Jahre mit Vollbeschäftigung und hohen Wachstumsraten beendet.

1974 tritt Willy Brandt zurück, weil sein enger Mitarbeiter Günter Guillaume als DDR-Spion enttarnt wird. Nachfolger wird Helmut Schmidt.

1975 ziehen die letzten Amerikaner aus Vietnam ab, das Land wird kommunistisch. In Kambodscha sterben bis *1979* unter dem Terrorregime des Steinzeitkommunisten Pol Pot Millionen Menschen.

Die Terrororganisation Rote Armee Fraktion wird zur größten Herausforderung des Staates. Blutiger Höhepunkt ist der Deutsche Herbst *1977:* Der Bankier Ponto und General- bundesanwalt Buback werden ermordet, Arbeitgeberpräsident Schleyer entführt, um die Freilassung von inhaftierten Terroristen um Andreas Baader zu erzwingen. Als die GSG 9 die Geiseln an Bord einer entführten Lufthansa-Maschine in Mogadischu befreit, wird Schleyer erschossen.

1978 gründen sich in Berlin und Hamburg alternative Listen, aus denen die Grünen hervorgehen.

1963 – 1978 IN HAMBURG

1966   26.6.: Zum letzten Mal spielen die Beatles in Hamburg, wo ihre Karriere begonnen hatte.

1967   9.11.: Zwei Studenten enthüllen bei einem Festakt in der Uni ein Trans- parent mit der Aufschrift „Unter den Talaren Muff von 1000 Jahren".

1968   11.5.: Einweihung des Fernsehturms (Heinrich-Hertz-Turm)

1970   1.9.: Die Reedereien Hapag und Norddeutscher Lloyd fusionieren zu Hapag-Lloyd

1973   Die Alsterschwimmhalle und das CCH werden eröffnet.

1978   2.10.: Der Straßenbahnbetrieb wird eingestellt.

Ein Spruch für die Ewigkeit

Es ist spät geworden an diesem trüben Novemberabend. Gert Hinnerk Behlmer hat eine schwarze Stoffbahn auf dem Boden seiner Studentenbude ausgebreitet und schaut auf die Armbanduhr. Gleich ist es Mitternacht, und noch immer ist er nicht ganz fertig. Es ist nicht so leicht, die Leukoplaststreifen zu Buchstaben zu formen. Vor allem die Rundungen machen Schwierigkeiten, aber irgendwann bekommt er es dann doch hin. Als er den letzten Buchstaben aufgeklebt hat, tritt er zurück, betrachtet sein Werk und ist zufrieden. Es sieht gut aus, sehr ordentlich, lässt sich gut lesen. „Unter den Talaren Muff von 1000 Jahren" steht in zwei Zeilen auf schwarzem Grund. Bei der Feier zum Rektorenwechsel im Auditorium Maximum wird dieses Transparent morgen seine Wirkung gewiss nicht verfehlen. Den Stoff hat er vor fünf Monaten aus Hannover mitgebracht. Es ist ein Stück vom Trauerflor, der bei der Beerdigung von Benno Ohnesorg an die Trauergäste ausgeteilt wurde. Ein Polizist hatte den Studenten, der mit Tausenden anderen gegen den Besuch des persischen Schahs in Berlin protestierte, ohne jeden Anlass erschossen. Das Ereignis erschüttert viele Menschen, wühlt sie noch immer auf.

Vor allem die Studenten sind nicht nur fassungslos, sondern auch zornig. Und sie sind entschlossen, etwas zu tun. Wie kann es sein, dass ein Polizist einen Kommilitonen erschießt, der nur friedlich protestiert hat? Wie kann es sein, dass jeder Amtsträger auf seine Autorität pocht, ohne sich rechtfertigen zu müssen? Und wie kann es sein, dass die Professoren noch immer darauf beharren, alles allein zu bestimmen? Die Studenten sollen studieren und den Mund halten. Gert Hinnerk Behlmer geht in das Wohnzimmer seiner WG an der Grindelallee 104, die drei Mitbewohner schlafen schon. Er setzt sich in den Sessel, über dem der vollbärtige Karl Marx in den Raum blickt.

Behlmer war Oberleutnant der Reserve und zuletzt stellvertretender Kompaniechef bei der Bundeswehr. Und jetzt behandeln ihn die Professoren wie einen dummen Jungen? Nein, so soll, so kann es nicht weitergehen. Die Aktion, die er sich gemeinsam mit seinem Freund Detlev Al-

bers für den morgen anstehenden Rektorenwechsel im Audimax ausgedacht hat, ist richtig. Na ja, dass die Herren Professoren nicht erbaut sein werden, damit kann er leben.

Behlmer genehmigt sich vor dem Zubettgehen noch ein Glas von dem italienischen Rotwein, der in einer angebrochenen Flasche in der WG-Küche herumsteht. Jetzt ist schon der 9. November. Es ist der Tag der Novemberrevolution und der Tag, an dem die Nazis 1938 im „1000-jährigen Reich" die Synagogen angezündet haben. Manche der Professoren, die damals ins Amt kamen und oft genug die Stellen ihrer vertriebenen oder gar ermordeten jüdischen oder linken Kollegen einnahmen, lehren noch immer an der Uni, ganz so, als wäre nie etwas geschehen. Die NS-Zeit ist kein Thema, man spricht nicht darüber, kehrt es alles unter den Teppich, damit alles so bleibt, wie es ist.

Als Behlmer vor ein paar Tagen mit Detlev Albers über den Campus ging, hatten sie an einem Bauzaun ein Plakat gesehen. Darauf stand etwa: „Mief in der Uni seit 100 Jahren". Immer wieder hat er in den vergangenen Tagen an den Spruch gedacht und mit ihm sprachlich gespielt. Schließlich waren aus der Uni die Talare

Ein historischer Moment: Detlev Albers (links) und Gert Hinnerk Behlmer tragen das Transparent direkt vor den Professoren, die es zu diesem Zeitpunkt noch nicht lesen können.

geworden, aus Mief wurde Muff und aus 100 wurden nicht zufällig 1000 Jahre. Außerdem reimt es sich jetzt, denkt Behlmer zufrieden, bevor er sich entschließt, ins Bett zu gehen.

Am nächsten Morgen ist er schon früh wach. Er nimmt ein weißes Hemd aus dem Schrank, zieht den dunklen Anzug an, bindet sich die Krawatte und schaut im Bad noch einmal kurz in den Spiegel. Er sieht aus wie ein ordentlicher Studentenvertreter. Noch bis vor Kurzem waren Albers und Behlmer die beiden Vorsitzenden des Allgemeinen Studentenausschusses (AStA), viele Professoren und auch Karl-Heinz Schäfer, der scheidende Rektor, ken-

nen sie persönlich. Und das wird ihr Vorhaben heute erleichtern.

Gert Hinnerk Behlmer macht sich ein schnelles Frühstück und schaut auf die Uhr. Es ist 8.20 Uhr, eigentlich noch viel zu früh. Von den Mitbewohnern ist noch nichts zu hören. Er geht noch einmal hinüber ins eigene Zimmer, wo das schwarze Transparent mit dem Spruch liegt. Sorgfältig faltet er es zusammen und steckt es links in sein Jackett. Der leichte Stoff trägt nicht auf, niemand wird etwas sehen und Verdacht schöpfen.

Schon um 9 Uhr ist er mit Detlev Albers verabredet. Der wirkt ein wenig bedrückt. Auch er trägt einen dunklen Anzug und Schlips. „Mir ist ziemlich mulmig", gibt Albers zu, als die beiden zur Moorweide spazieren. Sorgfältig sprechen sie ihre Aktion durch, überlegen gemeinsam, was passieren könnte und wie die Reaktion sein wird. Auf der weiten Grasfläche der Moorweide sind sie allein, gleich zweimal proben sie hier den entscheidenden Moment: Gemessenen Schritts gehen sie nebeneinander, dann nickt Behlmer Albers zu, greift unter sein Jackett, zieht den schwarzen Stoff hervor und hält Albers das eine Ende hin. Der greift danach, beide ziehen die Stoffbahn auseinander,

Es ist ein Monstrum, hat aber gut funktioniert. Mit dem Telexgerät kann man Nachrichten über Telefonkabel versenden. Bis in die 1990er-Jahre ist der Fernschreiber ein wichtiges Kommunikationsmittel. Viele Hamburger Unternehmen und Firmen nutzen Telex. Die Technik verliert erst um die Jahrhundertwende an Bedeutung und wird durch Fax und später durch E-Mail abgelöst.

Geldautomat *Es war nicht die Zeit, in der planlose Menschen es leicht hatten. Wer bis Freitagmittag kein Geld am Bankschalter geholt hatte, bekam bis Montagmorgen auch keines mehr. Wer bis sonnabends 13 Uhr noch nicht eingekauft hatte, musste zusehen, wie er über das Wochenende kam. Denn der Ladenschluss war in Deutschland heilig. Und an Tankstellen (die durften am Wochenende öffnen) bekam man vielleicht ein Snickers, aber bestimmt keine Milch und keine Brötchen. Man sorgte also vor, hatte Vorräte zu Hause und teilte sich sein Geld ein – oder pumpte sich etwas. Mit dem Aufkommen der Geldautomaten in den späten Achtzigern hatten sich derlei private Leihgeschäfte dann weitgehend erledigt – zumindest fiel die Ausrede weg.*

Telefon *Es gab sie als alte schwarze, neuere cremeweiße oder – ganz chic – in Grün oder Orange, doch sie alle hatten eines gemeinsam: die Wählscheibe. Das Telefon der Deutschen stand gern auf einem kleinen Extratischchen und meist in Blickweite einer Uhr, denn weil das Wort Flatrate noch nicht erfunden war, galt der Acht-Minuten-Takt der Deutschen Bundespost, und der kostete für ein Ortsgespräch 23 Pfennige. Ferngespräche waren deutlich teurer. Und um zu verhindern, dass der neunjährige Sohn zum Spaß oder aus Versehen die Zeitansage in New York anrief oder die 14-jährige Tochter vier Stunden mit der Freundin Probleme wälzte, hatten viele ein kleines Schloss bei der Ziffer Drei angeschraubt. So konnte man nur den Notruf 112 wählen – und sonst nix.*

und schon im nächsten Moment ist das Spruchband entfaltet. „Das müsstet eigentlich klappen", meint Detlev Albers, als sie zurück zum Unigelände gehen. Gegen 10.30 Uhr betreten sie das Audimax, als ehemalige AStA-Vorsitzende kommen sie problemlos an den Einlasskontrollen vorbei. In ihren Anzügen sehen sie seriös aus, keinesfalls wie Revoluzzer. Der Pedell nickt ihnen zu, er kennt die beiden Studenten, die noch nie Ärger gemacht und auch als AStA-Chefs immer die Form gewahrt haben. Bald sind alle 1700 Plätze besetzt. Die Honoratioren bestimmen das Bild, nur 350 Studenten haben Eintrittskarten bekommen, sie sitzen ganz hinten im Saal. Ein Raunen geht durch die Reihen, als Altbürgermeister Max Brauer, Schulsenator Wilhelm Drexelius und der Hamburger Bischof Hans-Otto Wölber als Ehrengäste den Saal betreten und in der ersten Reihe Platz nehmen. Jetzt steigen Albers und Behlmer die Treppe hinauf, die zum rückwärtigen Eingang führt. In wenigen Augenblicken wird der Pedell die Tür öffnen, durch die der scheidende und der künftige Rektor treten, um in Begleitung der Ordinarien in einer feierlichen Prozession einzuziehen.

Punkt 11 Uhr gibt der Dirigent des Universitätsorchesters den Einsatz, die Musiker spielen eine Orchestersuite von Johann Sebastian Bach, die Tür öffnet sich, alle im Saal stehen auf, und Professor Karl-Heinz Schäfer und sein künftiger Nachfolger, der Wirtschaftswissenschaftler Werner Ehrlicher, betreten samt Gefolge den großen Hörsaal des Audimax. Direkt hinter ihnen gehen die amtierenden AStA-Vorsitzenden Björn Pätzold und Norbert Jankwoski. Alle Ordinarien tragen Talare, der Rektor außerdem die Amtskette. Als sie gemessenen Schritts in den Saal kommen, nickt Behlmer Albers zu, sodass sie sich an die Spitze der Prozession setzen. Beide wissen, dass der entscheidende Moment jetzt kommen wird. Als sie gleich darauf das

Plakat enthüllen und nun vor dem Zug in den Saal hinuntertragen, kommt Unruhe auf, aber noch weiß keiner der Betroffenen, was eigentlich geschieht. Im ersten Moment glaubt der Pedell, es handele sich um eine besondere Form der Huldigung durch die früheren AStA-Vorsitzenden. Weder Schäfer noch Ehrlicher können das Spruchband lesen, das vor ihnen getragen wird, angesichts der vielen Fotografen, die hektisch Bilder schießen, werden sie aber zunehmend misstrauisch. Erst als der Zug einschwenkt und die Bühne erreicht, können Schäfer und Ehrlicher den Spruch erkennen. Da spielen sich im Publikum schon tumultartige Szenen ab. Die Ehrengäste sind außer sich, halten die Aktion für eine geschmacklose Respektlosigkeit, viele Studenten klatschen, es gibt Zwischenrufe. „Nieder mit den Ordinarien, alle Macht den Studentenräten" und „Es lebe das Mittelalter!" ist aus den hinteren Rängen zu vernehmen. Von weiter vorn hört man dagegen deutlich den wütenden Ruf: „Ihr gehört alle ins KZ!"

Als sich den Tumult gelegt hat, sitzen Albers und Behlmer ganz hinten auf der Treppe und sind gespannt, wie der am-

tierende und der künftige Rektor reagieren werden. Aber die Herren im Talar tun so, als wäre nichts geschehen, halten ihre vorbereiteten Reden und gehen mit keinem Wort auf den Vorfall ein. Dem AStA-Vorsitzenden Pätzold wird eine kurze Rede gestattet, in der er studentische Forderungen vorträgt.

In Wahrheit ist an diesem 9. November 1967 im Hamburger Audimax sehr viel geschehen. Die Aktion ist der Startschuss für eine grundlegende Reform der bundesdeutschen Universitäten und Hochschulen. Albers und Behlmer werden in den Gründungsausschuss der Bremer Uni berufen. Sie arbeiten am neuen Hamburger Hochschulgesetz mit und können ihre Vorstellungen von studentischer Teilhabe und Mitbestimmung in den Aufbau einer neuen Alma Mater mit einbringen. Was aber damals noch niemand ahnt: Der mit Leukoplast auf schwarzem Tuch aufgeklebte Spruch wird zum Symbol der „1968er"-Studentenbewegung, die die Bundesrepublik so stark verändert wie kein anderes Ereignis seit Kriegsende.

Der Zwischenruf, die Studenten gehörten alle ins KZ, kam von dem Orientalistik-Professor Bertold Spuler, der deshalb zwar kurzzeitig in Schwierigkeiten geriet, dann aber doch im Amt bleiben durfte. Detlev Albers lehrte als Professor für Politikwissenschaft in Bremen und war dort zehn Jahre lang SPD-Vorsitzender. Er starb am 31. Mai 2008. Der Jurist Gert Hinnerk Behlmer wurde Hamburger Staatsrat in der Senatskanzlei und der Kulturbehörde. Er lebt bis heute in Hamburg und engagiert sich als aktiver Pensionär im Kulturleben der Stadt.

HELMUT SCHMIDT
(geb. 1918)

studiert nach der Entlassung aus der Kriegsgefangenschaft Volkswirtschaftslehre und arbeitet später in der Hamburger Behörde für Wirtschaft und Verkehr. Schon 1945 tritt er der SPD bei, in der er bald Karriere macht. Er wird Bundestagsabgeordneter und 1961 Innensenator in Hamburg. Nach dem Rücktritt von Willy Brandt wird Schmidt 1974 Bundeskanzler. 1982 verliert er sein Amt durch ein konstruktives Misstrauensvotum an Helmut Kohl. Schmidt wird Mitherausgeber der „Zeit", schreibt Bücher und äußert sich mit großer Autorität zu Zeitfragen und politischen Entwicklungen.

HEIDI KABEL
(1914 – 2010)

wird von Richard Ohnsorg, dem Gründer des nach ihm benannten Theaters, für die Bühne entdeckt. Sie nimmt Schauspielunterricht und spielt bald Rollen in niederdeutschen Stücken. Mehr als 66 Jahre bleibt die beliebte Volksschauspielerin und Sängerin dem Ohnsorg-Theater verbunden. Durch Fernsehübertragungen wird Heidi Kabel bald deutschlandweit bekannt. 1998 verabschiedet sich die damals 84-Jährige mit einer Gala im CCH von ihrem Publikum. Sie stirbt 2010 im Alter von 95 Jahren.

DAGMAR BERGHOFF
(geb. 1943)

wird zwar in Berlin geboren, zieht aber schon als Kleinkind mit ihrer Familie nach Ahrensburg und später nach Hamburg. Sie studiert an der Hochschule für Musik und Theater, übernimmt Nebenrollen in Fernsehproduktionen und wird 1967 Rundfunksprecherin, Fernsehansagerin und Moderatorin. Als sie am 16. Juni 1976 die Nachmittagsausgabe der „Tagesschau" liest, ist das eine Sensation, denn nie zuvor sind die ARD-Nachrichten von einer Frau präsentiert worden. Sie setzt sich durch, ist enorm beliebt und wird schließlich Chefsprecherin der ARD-Nachrichtensendung, die sie am 31. Dezember 1999 zum letzten Mal liest.

1979– 2000

STECKBRIEF

Staatsgebiet **755 qkm**

Einwohner **1.715.000**

Berufe **Beschäftigte im Dienstleistungssektor**

Speisen **Große Auswahl an nationalen und internationalen Lebensmitteln**

Währung **Deutsche Mark**

Die Wiedervereinigung Deutschlands war ein großes Thema – in Sonntagsreden. Doch niemand in Ost oder West hat geglaubt, dass sie in naher Zukunft Realität werden könnte. Und so war es ein kollektiver, positiver Schockzustand, als am 9. November 1989 die Mauer fällt und dann in kürzester Zeit der Ostblock zusammenbricht. Es ist im allerbesten Sinne ein „Sonderzug", der sich ein paar Wochen später in Dresden auf den Weg macht, um in die Partnerstadt Hamburg zu fahren. An Bord ist auch eine Frau, die sich ihren ganz speziellen Traum erfüllen möchte...

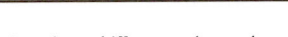

Containerschiff, 350 m lang, ab 1997

In *Camp David* unterzeichnen der ägyptische Präsident Sadat und der israelische Regierungschef Begin unter Vermittlung von US-Präsident Carter einen historischen Friedensvertrag.

Im *Iran* übernehmen nach dem Sturz des Schahs die Mullahs unter Ayatollah Khomeini die Macht. Die US-Botschaft wird besetzt, die Befreiung der Geiseln misslingt.

China beginnt unter Deng Xiao Ping seine Reformpolitik und öffnet sich langsam.

In *Spanien* und *Portugal* werden die letzten Diktaturen in Westeuropa beseitigt, beide Länder demokratisch und 1985 EG-Mitglieder.

1980 wird Ronald Reagan US-Präsident, verkündet eine Politik der Stärke und leitet ein Wettrüsten mit der Sowjetunion ein. 1983 und 1987 führen ein Computerfehler beziehungsweise eine Fehleinschätzung seitens der Sowjets fast zum Atomkrieg, was erst 20 Jahre später publik wird.

1980 bricht der Erste Golfkrieg aus, nachdem der Irak den Iran angegriffen hat. Der Krieg endet nach sieben Jahren ohne Sieger, aber mit bis zu einer Million Toten.

1982 verlässt die FDP die sozial-liberale Koalition, Helmut Kohl wird durch ein Misstrauensvotum gegen Helmut Schmidt Kanzler. CDU und FDP gewinnen die Wahlen 1983 deutlich.

Die *Friedensbewegung* in Westeuropa gewinnt Millionen Anhänger, die sich gegen die Nachrüstung der Nato mit Mittelstreckenraketen engagiert.

1985 wird Michail Gorbatschow Staats- und Parteichef in Moskau und leitet eine Reformpolitik ein.

1989 kollabiert das System der DDR. Honecker wird gestürzt, unter Nachfolger Egon Krenz wird am 9. November die Mauer geöffnet.

Innerhalb kürzester Zeit brechen die kommunistischen Systeme im gesamten Ostblock zusammen. Die DDR, Polen, die Tschechoslowakei, Ungarn, Rumänien und Bulgarien wählen neue Regierungen. Die DDR tritt der Bundesrepublik bei, am 3. Oktober *1990* ist Deutschland wiedervereinigt.

Die Sowjetunion zerfällt: Nach einem gescheiterten Putschversuch wird Boris Jelzin russischer Präsident, zahlreiche Staaten erklären ihre *Unabhängigkeit*: Ukraine, Weißrussland, die Baltenrepubliken, Georgien, Armenien, Aserbaidschan, Kasachstan und weitere zentralasiatische Länder.

1991 besiegt eine Koalition unter Führung der USA den Irak im Zweiten Golfkrieg, nachdem der Irak Kuwait überfallen hatte.

Auch *Jugoslawien* zerfällt in seine Einzelteile, es kommt zum Bürgerkrieg mit Massenerschießungen und Vertreibungen. Slowenien, Kroatien, Serbien, Bosnien-Herzegowina, Montenegro und Mazedonien gehen daraus hervor. Friedlich trennen sich Tschechen und Slowaken in zwei Staaten.

Die *EU* wird erweitert und nimmt Österreich und Finnland, Malta und Zypern, später Polen, Tschechien, die baltischen Staaten, Ungarn und die Slowakei auf.

Die Marktwirtschaft führt zum *Zusammenbruch* der ostdeutschen Industrie, Tausende Unternehmen werden abgewickelt, die Arbeitslosigkeit steigt schnell an. Es kommt in ganz Deutschland zu ausländerfeindlichen Ausschreitungen und Anschlägen.

1998 gewinnt die SPD mit den Grünen die Bundestagswahl, Helmut Kohl muss nach 16 Jahren Kanzlerschaft abtreten. Sein Nachfolger wird Gerhard Schröder.

Die Globalisierung führt zu einer immer stärker werdenden Vernetzung der Weltwirtschaft, gleichzeitig beginnt die „Internetrevolution", die Arbeitsleben und Alltag radikal verändert.

1979 bis 2000

1984 2.10.: Bei der Kollision einer Hafenbarkasse mit einem Schleppzug kommen 19 Menschen ums Leben.

1986 8.6.: Auf dem Heiligengeistfeld kesselt die Polizei 800 demonstrierende Kernkraftgegner stundenlang ein, was Proteste nach sich zieht.

1987 19.11.: Kompromiss um die besetzten Häuser der Hafenstraße.

1989 23.7.: Etwa 2,6 Millionen Menschen beobachten die Auslaufparade von 215 Segelschiffen. Es ist der Höhepunkt der Feiern zum 800. Hafengeburtstag.

1990 3.10.: 200.000 Hamburger feiern auf dem Rathausmarkt um Mitternacht die Wiedervereinigung Deutschlands.

1992 4.4.: Die Nordelbische Synode wählt mit Maria Jepsen die weltweit erste evangelische Bischöfin.

1993 3.11.: In Fuhlsbüttel wird das neue Flughafenterminal in Betrieb genommen.

1995 7.6.: Nach 1159 Jahren wird Hamburg wieder Sitz eines Erzbischofs. Das Erzbistum Hamburg umfasst neben der Hansestadt, Schleswig-Holstein und Mecklenburg.

1996 18.10.: Der Internationale Seegerichtshof wird in Hamburg etabliert.

1997 15.12.: Der im späten 15. Jahrhundert entstandene Marienaltar aus dem Hamburger Dom kommt für kurze Zeit nach Hamburg zurück. Er wird in St. Petri restauriert, dann in der Kunsthalle gezeigt und kehrt anschließend ins Warschauer Nationalmuseum zurück.

1998 15.1.: Das Staatsarchiv, das Gedächtnis der Stadt, bezieht einen Neubau in Wandsbek.

1998 14.10.: Im Innenhof des Museums für Hamburgische Geschichte feiern 500 Gäste aus Politik, Gesellschaft, Wirtschaft und Kultur den 50. Geburtstag des „Hamburger Abendblatts".

1999 26.9.: Etwa 100.000 Menschen ziehen über die autofreie Köhlbrandbrücke, um deren 25. Geburtstag zu feiern.

800   900   1000   1100   1200   1300

Sonderzug aus Dresden

gen über die Stasi und ihren Spitzelapparat, vom Leben der Politbüro-Funktionäre in Wandlitz, aber vor allem von Reisen in den Westen. Erst vor zwei Wochen ist die Berliner Mauer gefallen, und seither gibt es kein Halten mehr. Jeder, der kann, fährt rüber. Will mit eigenen Augen sehen, will selbst erleben, wie es hinter der Mauer aussieht, hinter der Grenze, die noch vor drei Wochen fast unüberwindlich war. Und heute zeigt man den Grenzern einfach seinen blauen DDR-Personalausweis, und das war's.

Cornelia und Steffen wollten eigentlich längst drüben gewesen sein. Am liebsten wären sie gleich in der Nacht vom 9. November losgefahren. An dem historischen Abend hatten sie auf der Bühne der Dresdner Staatsoperette gestanden, als Darsteller und Sänger in dem amerikanischen Musical „Alexis Zorbas". Erst nachdem der Vorhang gefallen war, erfuhren sie die unglaubliche Geschichte von der Pressekonferenz in Berlin, auf der Günter

A ls Cornelia Drese und ihr Freund Steffen Friedrich am 24. November 1989 am Neustädter Bahnhof ihrer Heimatstadt Dresden den Zug der Deutschen Reichsbahn besteigen, herrscht Volksfeststimmung. Eigentlich müssten die Menschen an diesem Freitagabend müde sein, denn hinter ihnen liegt ein anstrengender Arbeitstag, aber jeder im Zug ist aufgekratzt. Viele junge Leute sind dabei, begeistert erzählen sie sich Episoden, die sich in den vergangenen Wochen ereignet haben. Unfassbare Geschichten vom Demos, von Enthüllun-

MARIA JEPSEN
(geboren 1945)

hat Altphilologie und evangelische Theologie studiert, bevor
sie in den kirchlichen Dienst tritt.
Sie wird Pastorin in Meldorf
und 1991 Pröpstin in Harburg.
Am 4. April 1992 wird sie im
Sprengel Hamburg zur weltweit
ersten lutherischen Bischöfin
gewählt. 2002 bestätigt die Synode sie für weitere zehn Jahre in
diesem Amt. Sie tritt jedoch 2010
zurück, als bekannt wird, dass sie
von den sexuellen Übergriffen eines Ahrensburger Pastors wusste,
ohne rechtzeitig etwas dagegen
unternommen zu haben.

DOMENICA NIEHOFF
(1945 – 2009)

arbeitet als Prostituierte auf
St. Pauli, spielt aber zugleich eine
gesellschaftliche Rolle. Sie ist
mit Schriftstellern und Künstlern
befreundet, tritt in Talkshows auf
und setzt sich für die Rechte der
Prostituierten ein. Ab 1990 arbeitet sie als Streetworkerin, initiiert
soziale Projekte und veröffentlicht
ihre Autobiografie. Nach mehreren
geschäftlichen Misserfolgen lebt
die bekannteste Ex-Prostituierte
Deutschlands zeitweise in der
Eifel, kehrt aber nach Hamburg
zurück, wo sie 2009 an einer
Lungenerkrankung stirbt.

JOHN NEUMEIER
(geboren 1942)

erhält in seiner Heimatstadt
Milwaukee, in Kopenhagen und
London Ballettunterricht und wird
für das Stuttgarter Ballett enga-
giert, wo er sich als Solist einen
Namen macht. Nach Frankfurt am
Main wechselt er 1973 nach Ham-
burg, wo er Chef des Hamburg
Balletts an der Staatsoper wird.
Mit außergewöhnlichen und stil-
bildenden Choreografien führt er
die Hamburger Ballettkompanie
zu Weltruhm. 2006 gründet er die
Stiftung John Neumeier, die seine
Bullett-Sammlung und die Doku-
mentation seines Lebenswerks in
Hamburg erhalten soll. 2007 wird
er Hamburger Ehrenbürger.

800 900 1000 1100 1200 1300

Schabowski die Öffnung der Grenzen verkündet hatte. Tausende gingen jetzt nach Westberlin. Jeder konnte rüber, einfach so. Jetzt sitzen die beiden im Sonderzug nach Hamburg, für den sie eher zufällig Tickets bekommen haben. „Wollt ihr fürs Wochenende mit in die Partnerstadt Hamburg fahren?", hatte ein älterer Kollege gefragt, der bei Gastspielen schon mehrfach im Westen war, und ihnen seine Fahrkarten freundlicherweise überlassen.

Ein paar Abteile weiter sitzt Wolfgang Berghofer, Dresdens Oberbürgermeister.

Erst vor zwei Tagen hat er die Einladung seines Hamburger Amtskollegen Henning Voscherau angenommen. Ein Sonderzug mit Bürgern aus der sächsischen Partnerstadt sei in Hamburg willkommen, um alles Übrige werde man sich kümmern. Die Organisation ist chaotisch, aber effizient. Die Gastgeber für die Besucher aus Dresden werden per Aufruf im „Abendblatt" gesucht und sind schnell gefunden. Auch der Rest wird sich finden.

Cornelia und Steffen sind glücklich, als sich der Zug endlich in Bewegung setzt. Nie zuvor sind sie im Westen gewesen, kennen Hamburg nur von Postkarten und aus Erzählungen. Und nun werden sie selbst über die Grenze fahren, werden sehen, wie die Menschen dort leben, wie der Alltag dort funktioniert. „Ob es möglich sein wird, ob wir tatsächlich Karten bekommen? Der Andrang soll ja groß sein", sagt Cornelia. „Und wahrscheinlich sind die Karten extrem teuer. Keine Ahnung, wie das funktionieren soll", meint Steffen. Eigentlich haben die beiden jungen Leute im Moment nur einen Wunsch, sie wollen eine Vorstellung des Musicals „Cats" im Hamburger Operettenhaus besuchen. So viel haben sie schon davon gehört, sie haben sich von einer befreundeten Tänzerin die Noten im Westen besorgen lassen, um die Songs selbst singen zu können.

Ab Mitternacht wird es stiller im Zug. Nachdem später die Grenzformalitäten erfreulich schnell und unkompliziert abgewickelt sind, schlafen viele der Reisenden dann doch ein. Cornelia und Steffen sind zu aufgekratzt. Sie schauen aus dem Zugfenster und sehen Leuchtreklamen im Dunkel. Die Neonlichter von Tankstellen, Häuser mit intakten Dächern und hellen und sauberen Fassaden, es scheint alles anders zu sein als im Osten. Als der Morgen graut, ist schon mehr zu erkennen. Man sieht herausgeputzte Bahnhöfe, Supermärkte, schicke Autos und viele Werbetafeln. Ungewohnt und fremd ist das, fast ein bisschen unwirklich. „Bei wem werden wir wohl landen? Die kennen uns doch gar nicht", sagt Cornelia noch, bevor der Zug im Hamburger Hauptbahnhof einfährt. Sie schauen aus dem Fenster und sehen schon vom Weitem, dass der Bahnsteig von Menschen wimmelt. Sie winken, und die Dresdner winken aus den Zugfenstern zurück. Kaum sind die Türen geöffnet, fallen sich wildfremde Menschen in die Arme, es gibt Freudentränen, und alle reden durcheinander.

Ein junges Paar aus Altona nimmt Cornelia und Steffen für das Wochenende auf.

Sie haben sich ein großes Programm ausgedacht, wollen den beiden Dresdnern die Alster zeigen, natürlich den Hafen, auch die Reeperbahn. Dann soll es zu den schicken Geschäften auf der Mönckebergstraße gehen und ins Rathaus. „Wir würden so gern das Musical ‚Cats' sehen", sagt Cornelia schüchtern und erzählt ihren Gastgebern, dass sie Sänger an der Dresdner Staatsoperette sind und sich heimlich die Noten von „Cats" besorgt haben.

Und dann sitzen sie tatsächlich am Abend im Operettenhaus an der Reeperbahn und schauen gebannt zu, wie die Katzen singen und tanzen. Als die alte und schon etwas verlebte Grizabella am Ende des ersten Akts ihren Song „Erinnerung" singt, flüstert Steffen seiner Freundin allerdings ins Ohr: „Das kannst du besser." Am Sonntagabend verabschieden sie sich von ihren Gastgebern und steigen ganz erfüllt von neuen Eindrücken und Erlebnissen wieder in den Reichsbahn-Sonderzug, der sie nach Dresden bringen wird. Die Melodien aus „Cats" haben sie immer noch im Kopf.

„Ich kann es besser", sagt Cornelia leise und eigentlich nur zu sich, als der Zug quietschend anfährt und den Hamburger

Keine Angst, er hat nicht nur diesen einen Hut. Wäre Udo doch ohne Kopfbedeckung so undenkbar wie das Onkel Pö ohne Rentnerband. Dem Sänger und Rockmusiker Udo Lindenberg ist das Kunststück gelungen, vom musikalischen Bürgerschreck zu einem allseits geschätzten Hamburger Original zu mutieren. Seine Songs kennt jeder, und die Fans der frühen Jahre sind heute selbst Rentner. Udo, der seit Jahren im Hamburger Nobelhotel Atlantic wohnt, ist selbst zum Museumsstück geworden. Eine Ausstellung über Leben und Werk im Museum für Kunst und Gewerbe wird 2011/12 zum Publikumsrenner. Und in der Abteilung 20. Jahrhundert im Hamburg Museum kann man seinen Hut bewundern, auch wenn es nicht sein einziger ist.

Fernsehsender *Erstes, Zweites, Drittes –*
Schluss. Doch dann kam der 1. Januar
1984, und mit diesem Datum endete das
Monopol des öffentlich-rechtlichen Fern-
sehens: Sat 1 ging auf Sendung. Diesem
ersten deutschen Privatsender folgten
rasch einige, dann Dutzende, schließlich
Hunderte. Auf dem Radiomarkt war es
genauso, nachdem mit RSH in Kiel 1986
der erste private Sender an den Start
gegangen war. Heftig debattiert wurde
aber vor allem über das Fernsehen.
Spätestens mit Beginn der RTL-Sendung
„Tutti Frutti", in der es reichlich nackte
Tatsachen gab, sahen viele den Unter-
gang des Abendlandes kommen. Der
wurde dann doch noch abgewendet.
Die Qualität des Fernsehens konnte
mit der Quantität aber unstrittig nicht
mithalten ...

Restaurants *Jägerschnitzel, Forelle*
Müllerin Art und Schweinebraten
gab es zwar noch reichlich, aber
die Mehrheit der Restaurants war
längst in ausländischer Hand. Der
Siegeszug der Italiener, Griechen
und Chinesen war nicht mehr aufzu-
halten. „Deutsch" essen ging man
mit Oma und Opa, mit Freunden gab
es Suflaki, Carbonara und die 63
(Schwein süß-sauer) – mit entspre-
chenden Mengen Ouzo, Grappa und
Mai Tai. Es folgten Tapas, Sushi und
Mazza. Und manch Trendsetter ent-
deckte dann sogar ganz Exotisches:
Kohlrouladen und Armer Ritter ...

800   900   1000   1100   1200   1300

Hauptbahnhof verlässt. Wie alle anderen winken auch Cornelia und Steffen den vielen Gastgebern, die sich am Bahnsteig drängen und Taschentücher schwenken. Nur zwei Monate später sitzt Cornelia Drese wieder im Zug, diesmal fährt sie nach Wien. Im Koffer sind die Noten zu „Cats", sie hat sich für ein Vorsingen angemeldet. Im Januar 1990 werden in der österreichischen Hauptstadt Sänger für „Cats"-Produktionen gecastet. Manchmal kann sie es immer noch nicht glauben: Die Grenzen sind offen, ich kann dort hinfahren, muss dafür keinen Antrag stellen, niemanden fragen, sondern kann mich einfach in den Zug setzen. „Ich muss es schaffen. Und ich werde es schaffen", sagt sich die Dresdner Sängerin, als sie später in Wien auf den Moment wartet, in dem sie es beweisen wird. „Bitte, du bis jetzt dran", sagt eine junge Frau mit Wiener Akzent,

als sie vor die Jury treten soll. Die amerikanische Pianistin nickt ihr zu, und dann singt Cornelia Drese als Katze Grizabella ihre „Erinnerung".

Wenig später hat sie einen Vertrag in der Tasche. Jetzt ist sie die Grizabella, Abend für Abend. Aber sie singt und tanzt nicht in Wien, sondern auf der Bühne des Hamburger Operettenhauses, wo sie ein Vierteljahr zuvor noch als DDR-Bürgerin im Zuschauerraum gesessen hatte. Elf Jahre wohnt sie mit ihrem Ehemann und dem Sohn Martin in Hamburg. Geheiratet haben Cornelia und Steffen 1991 im Altonaer Rathaus. Bis 2001, als „Cats" abgesetzt wird, singt sie fast 1600 Mal die Rolle der Grizabella. Anschließend zieht das Ehepaar zurück nach Dresden, Martin bleibt in Hamburg. Seit 2008 betreibt Cornelia Drese in der sächsischen Landeshauptstadt ihre eigene Musical-Schule.

DANK

Die Autoren und der Verlag danken dem Hamburg Museum
für die umfassende Unterstützung dieses Projektes.

AUTOREN

Matthias Gretzschel (Jahrgang 1957) arbeitet seit 1990 als Kulturredakteur
beim Hamburger Abendblatt. Seit 2008 ist er verantwortlicher Redakteur
der „Museumswelt Hamburg"

Sven Kummereincke (Jahrgang 1967) ist seit 1992 für das Hamburger
Abendblatt tätig. Er ist stellvertretender Leiter des Hamburg-Ressorts.

BILDNACHWEISE

Bei den Illustrationen der „Köpfe des Jahrhunderts" handelt es sich
teilweise um idealisierte oder stilisierte Darstellungen aus späterer Zeit.

 – keine Abbildung vorhanden.

Alle unter der Überschrift „Museumsstück" vorgestellten Objekte sind
im Hamburg Museum in der Dauerausstellung zu sehen.

ILLUSTRATIONEN Kati Krüger
SCHIFFSILLUSTRATIONEN Frank Hasse, Kevin Töpfer, Timo Wünsche
UMSCHLAGABBILDUNGEN Marcelo Hernandez (Schulterblatt, Nummernschild,
Sponton), shutterstock/astudio (Uhr)/Orhan Cam (Michel)/Kiev.Victor (Schiff oben),
Hamburg Museum (Münze), Wikipedia (Schiff unten), Kerstin Schürmann (Chilehaus)

BILDER
Staatsarchiv Hamburg Elbkarte erstellt von Melchior Lorichs 1567: S. 2-5, 28/29
Staatsarchiv Bremen S. 94 (l.)
KZ Gedenkstätte Neuengamme S. 244 (M.)
Marcelo Hernandez S. 8, 11, 12, 14/15, 16/17, 19, 20, 23, 24, 26/27, 36, 46, 57, 70,
90, 106, 117, 124, 140, 150, 164, 176, 188, 199, 212, 219, 230, 248, 257, 267, 281
Hamburg Museum S. 30, 39 (r.), 42, 48 (r.), 52, 61, 63, 73 (l.), 74, 78, 81, 84, 95, 102,
107, 114 (l.), 119, 130, 131, 139, 142, 149, 153, 163, 162, 165, 172, 173 (l./M.), 177,
184 (l.), 189, 197, 201, 210 (M.), 213, 222 (l./r.), 223, 237, 249, 261, 273
Museum für Kunst und Gewerbe Hamburg S. 185
Stephan Wallocha S. 284
shutterstock AKaiser: S. 200; Antonio Abrignani S. 39 (l.); Artspace: S. 137; bioraven:
S. 82, 236; Roberto Castillo: S. 93; Morphart Creation: S. 41, 175; La puma: S. 209;
Hein Nouwens: S. 51, 152, 187; Denis Maliugin: S. 62; Aleks Melnik: S. 105, Morphart
Creation: S. 220; MaKars: S. 258; poltergeist: S. 161; Svetlana Prikhnenko: S. 69;
RetroClipArt: S. 118, 282; Sketchbook Designs: S. 268; 127
Wikipedia S. 39 (M.), 48 (l.), 61 (M.), 104 (M.), 113, 114 (M.), 116, 126, 129, 146, 170, 182,
196, 210 (l.), 218
ÖNB Wien-PORT_00082460_01 S. 39 (r.)
ullstein bild ullstein bild: S. 173, 194, 210 (r.), 221, 235 (l./M.), 260 (M.); Archiv Gers-
tenberg: S. 73 (M.), 94 (M.); histopics: S. 61 (l.); Kujath: S. 73 (r.), 260 (r.); Lebrecht
Music & Arts: S. 184 (M.); Conti-Press: S. 184 (r.); A. Mocsigay: S. 222 (M.); Tita Binz:
235 (r.); Abraham Pisarek: S. 244 (l./r.); Teutopress: S. 260 (l.), 272 (M./r.); dpa: S. 266;
Ingrid von Kruse: S. 272 (l.); Wallocha: S. 278 (l./r.), Raudies: S. 278 (M.)
Lithografie von Paatzwo um 1840 S. 48 (M.)

IMPRESSUM

HERAUSGEBER Hamburger Abendblatt, Lars Haider
REDAKTIONELLE LEITUNG/TEXT
Sven Kummereincke S.28-41, 42-51, 63-73, 74-83, 84-94, 95-106,
165-176, 189-200, 201-212, 213-222, 237-248
Dr. Matthias Gretzschel S.52-62, 107-118, 119-130, 131-14, 142-152,
153-164, 177-188, 223-236, 249-260, 261-272, 273-283
PROJEKTLEITUNG Olaf Schulz
LEITUNG HAMBURGER ABENDBLATT MARKETING/NEUE PRODUKTE
Vivian Hecker
LEKTORAT Andrea Wolf, Gabriele Schönig
VERLAGSGESCHÄFTSFÜHRUNG Jan Bayer, Frank Mahlberg

GESTALTUNG formlabor, Hamburg
GESAMTHERSTELLUNG Medienschiff Bruno, Hamburg
Printed in Germany
COPYRIGHT Axel Springer AG/Hamburger Abendblatt 2013

1. Auflage 2013

www.abendblatt.de
Dieses Buch und alle darin enthaltenen Beiträge und Abbildungen
sowie die Darstellung der Ideen sind urheberrechtlich geschützt.
Mit der Ausnahme der gesetzlich zugelassenen Fälle ist eine Verwertung
einschließlich Nachdruck ohne schriftliche Genehmigung des Verlages
strafbar. Kein Teil des Werkes darf in irgendeiner Form (durch Fotografie,
Mikrofilm oder ein anderes Verfahren) ohne schriftliche Genehmigung
des Verlages reproduziert oder unter Verwendung elektronischer Systeme verarbeitet, vervielfältigt oder verbreitet werden.

ISBN 978-3-86370-117-8